JN033588

沖縄返還と密使・密約外交

宰相佐藤栄作、最後の一年

馬場錬成

日本評論社

まえがき

「沖縄は核抜き、本土並み、ただで還ってくる」——五〇年前の沖縄返還の際に佐藤栄作首相がことあるごとに言明していたこのセリフは、虚言であることが後年、米側の公文書公開がきっかけでわかった。日本は首相、外相、蔵相ほか数名の政府高官だけが承知している数々の密約を結び、米軍駐留経費の支払いと米軍基地の自由使用、有事の際の核の持ち込みなどを保障していたことが明らかになっていった。

あれから五〇年。当時、筆者は読売新聞社会部の事件記者として沖縄返還反対闘争などを取材するかたわら、国会での与野党の熾烈な論争を取材する機会があった。佐藤退陣後、歳月を重ねるにしたがって、沖縄返還交渉の裏で行われていた事柄の全貌が、まるで手品の種明かしの如く明らかにされていく。毎日新聞政治部の敏腕記者として知られていた西山太吉記者が、外務省の機密電信文を漏洩させたとして警視庁に逮捕された事件はその中の一つのエピソードにすぎず、後年、次第に明らかになっていく事実を、筆者は驚きをもって受け止めていた。

さらに最近になってＮＨＫ・ＢＳ１スペシャル「日中〝密使外交〟の全貌～佐藤栄作の極秘交渉～」（二〇一七年九月二四日放送）の放映とチーフ・ディレクター、宮川徹志氏の著作によって、佐藤元首相が日中国交正常化を目指して首相公邸を舞台に中国密使による秘密外交を進めていた事実を知ることになり、首相官邸・公邸で展開されていた往時の実相が、ほぼ姿を現すことになった。本書ではそのあらましも沖縄返還交渉の舞台裏とともに描き、佐藤政権の密使・密約外交の総括を試みた。そして最終章で密使・密約外交で発生した事柄とそれに関わった人物のその後について簡潔に書きとめたが、そのどの項目をとってみても今なお相当なる検証が必要なテーマである。

佐藤政権最後の一年余は、東大安田講堂事件（一九六九年一月）の余韻がまだ冷めやらない時期であり、連合赤軍のあさま山荘事件（一九七二年二月）や、ゲバ棒からパイプ爆弾へとエスカレートしていった過激派学生の街頭闘争など、不穏な社会情勢下にあった。日本社会党と総評を主体として、全国規模で展開された革新勢力の院外活動と国会を舞台にした保革の攻防は熾烈であり、新聞をはじめとするメディアの報道姿勢も、権力をチェックする役割の自覚に立ち、いまよりもはるかにリベラルで能動的であった。筆者はそのような時代状況の中で新聞記者として活動していたものだが、ベールに包まれていた当時の歴史的事実がさらけ出されてみると、あらためてこれを書かずにいられない思いに駆られ、あれから五〇年の節目に書物として世に出したいと考えるに至ったのである。

本書の内容は、一九七一（昭和四六）年五月から一九七二（昭和四七）年六月まで一年余にわたって繰り広げられた佐藤政権と政界中枢の動きを、事実に基づきながら新聞記者の眼を通して記述したものである。首相官邸を中心とする政権中枢の動きは、何もかも極秘事項で固められているため、事実への接近にもおのずから限度があるが、筆者の取材記録と当時の新聞記事、多くの証言録、資料、日記、著書・論文などに残されていた史実を積み上げてまとめた。秘密の扉をこじ開けて国民に伝えることが、新聞記者の役割であると確信しながら書き進めた。

沖縄返還をめぐる対米賠償金支払いで交わした極秘の関係書類は廃棄されている。核の扱いで佐藤首相がニクソン米大統領と交わした密約、米国賠償金の肩代わり密約などがあったが、国会の質疑で政府は事ごとに虚偽の答弁で切り抜けていた。後年、こうした国会軽視、国民不在の有様が次々と明らかになっていったが、日本は政治の舞台でも、また学術の世界でもメディアの報道の中でも、一般国民が理解し納得するような公正な総括はなされず、政治倫理の範疇でも放置されたままになってきた。

こうした旧来から変わらない不正義な政治風土が、安倍晋三政権になって勃発した森友学園事件、加計学園疑惑事件をめぐる土地払い下げの文書改ざん、あるいはその答弁内容で、国会がたびたび紛糾し社会を騒がせることにつながったのではないか。安倍首相と麻生太郎財務大臣らの強引な国会運営は、佐藤政権最後の時期を彷彿させる光景であった。国会で多数を保持していれば、政治権力は何事も強引に押し切ることができる。佐藤政権最後の一年が残した負の遺産は、現在に引き継がれていると筆者は確信するようになった。

さらに、かつて「第四の権力」とまでいわれたメディアの非力ぶりはいまや目を覆うばかりであり、その有様を読者に伝えたいとの思いもあった。国会での多数をいいことに、政治倫理を踏みにじって政治権力をふるった佐藤政権の負の遺産が今なお根を張っていることを告発するために書いた。筆者は、科学技術、研究開発、知的財産権、ノーベル賞などを主テーマに取材活動を続けてきたものだが、本書ではその専門を離れ、また党派やイデオロギー、主義・信条とは関係なく五〇年前の新聞記者の目で本書を書いた。

書きぶりについては、新聞で用いられている時系列のドキュメント形式を基本とした。筆者が保存していた過去の新聞・雑誌・論文などの資料、朝日・毎日・読売の縮刷版や関係資料などを改めて読み込み、自身の取材体験と取材メモをもとに肉付けして、事実に基づいたドキュメンタリーとしてまとめた。資料をもとに時系列に書き進めていくと単調になりがちなので、場面によっては証拠や証言の裏付けがある当事者間のセリフを入れるなどの脚色法も一部取り入れて話の流れを作り、読みやすくなるように工夫をした。通常、新聞記事に書いている事実に基づいた脚色法を逸脱しない範囲でこの古い政治劇を再現するようにした。

この種の執筆慣行にならって、文中はすべて敬称略とした。

目　次

目次

第一章　沖縄返還をめぐる取材競争

スクープ

警視庁旧庁舎は、玄関部分の六階頭頂部に巨大な円筒形の塔屋をのせ、重厚な建造物は眼下を睥睨（へいげい）しているように見えた。向き合う皇居を遠望しながら、帝都東京の治安を守る象徴として一九三二（昭和六）年に竣工したもので、威容を誇る建物であった。

この建物の二階に「治外法権」のような一角があった。記者クラブである。正面玄関から二階に上り、左の廊下を奥に入った一角が記者クラブの区域になっている。入口に「七社会」と墨書された古めかしい木製の看板が掲げられている。「七社会」の他に「警視庁記者クラブ」、「ニュース記者会」があり、この三つの記者クラブが並んでいた。警視庁の記者クラブの中では「七社会」の加盟社（現在は新聞五社、通信社一社の計六社）同士の取材競争が一番激しく火花を散らしていた。

その日、一九七二（昭和四七）年四月四日、朝日新聞朝刊にスクープ記事が掲載された。

「〝沖縄密約〟電信持ち出しは　外務省の女性秘書」

「外務省　けさ警視庁に告発」

一面トップに黒々とした大見出しが踊っている。その年の通常国会、来年度予算案が衆院を通過するかどうか瀬戸際の三月二七日の予算委員会で、爆弾質問が飛び出した。社会党の若手のホープ横路孝弘（よこみちたかひろ）が沖縄返還に絡んで日米政府間に密約があったとしてコピー文書をかざして政府を追及したのである。横路は密約の証拠となる外務省の極秘電信文のコピーを示して政府側に迫っていく。連日、テレビ放映された弱冠三一歳の青年政治家はヒーローになっていた。国会は紛糾して予算案は年度内に成立せず、政府は次年度が始まる四月から一か月の暫定予算を組んで急をしのいだばかりである。

スクープの関連記事が二面、三面、社会面へと続いている。国会で爆弾質問があった外務省の極秘電信文を持ち出したのは、外務省の女性事務官であり、この日の朝、警視庁に出頭するという。前文に続いて、紙面は次のような記事文で埋まっている。

「外務省は、沖縄返還に関する密約が漏れ、これを社会党が国会ですっぱ抜いた問題について内部調査をしていたが、安川壮外務審議官付（秘書）、蓮見喜久子事務官（四一）を警視庁に国家公務員法一○○条（秘密を守る義務）違反で告発するとともに、本人を説得して四日に同庁に出頭させる方針にした。本人は電信文をコピーしたことを認めていたが、外務省は国会審議の状況などをにらみながら、これまで告発を見合わせていた」

そして前文の最後に「電信文のコピーは、蓮見事務官から報道関係者に手渡された模様である」とある。ここで言う「報道関係者」が朝日新聞記者でないことは明らかである。どこか他社の記者に渡ったことを示唆しているが、この記事を書いた記者はすでに何もかも知っていることをうかがわせる。さらにこの記事に続いて国会で社会党の横路が追及した三通の電信文の内容と、これまでの経過を簡潔に書いている。そして三面には、一面の記事を受けて大きな見出しと解説記事が掲載されている。

「抜け穴があった外務省の機密保持」

「見せかけの文書管理　マル秘慣れで緩みも?」

一日、一〇〇本以上の機密文書が省内を回っている現状を報告し、外務省の機密文書の管理について問題点を指摘している。そして今回、電信文をコピーした犯人を突き止めたのは、コピーにあった決済印の既決と未決の記録から、コピーができる人物を特定していたと指摘した。しかし国会審議がヤマを越えるまで告発と公表を抑え、予算案が衆院を通過した時点で告発に踏み切ったと書いていた。完璧なスクープである。

記者クラブにいる各社の記者は、すぐに電話に飛びついてキャップや同僚記者と連絡を取り合いながらあわただしく対応に追われていく。この事実のウラを取り、夕刊で追いかけなければならない。夕刊は締め切りが早いので急ぐ必要がある。各社の記者たちが続々と記者クラブに出勤し、せわしなく出入りをしている。とりわけ朝日新聞のブースは、スクープしただけに大勢の記者とカメラマンがクラブの部屋に集まっていた。

各社の記者たちは三階の刑事部に駆け上った。記事に「今朝出頭」とある外務省の女性職員は、一体、何時に警視庁のどこに来るのか。その確認をしなければならない。社の遊軍記者の応援を求め、カメラマンにも来てもらう必要がある。外務省の動きをフォローするために、外報部へも一報を入れなければならない。記者クラブの一角はたちまち人の出入りでごった返していく。

ことの真相を伝えるスクープ記事としてはあまりに整いすぎた内容だった。極秘文書を持ち出した犯人が警視庁に出頭するという当事者だけが知り得る極秘情報が、なぜ朝日新聞のスクープになったのか。しかも持ち出した犯人を突き止めるまでの経過に加え、告発する時期も、外務省は国会審議と睨み合わせて決めていることにまで言及している。

庁内の取材は刑事部だけではない。公安部にも手を広げておく必要がある。何よりも、出頭するという外務省職員をどこで誰が捕捉するのか。しきりに時計を見ながら、どの社の記者も血走った眼で庁舎内に散っていた。

刑事部長、捜査二課長など警視庁幹部の部屋の周辺は、異様な緊迫感に包まれていた。「事実関係はどうなっているのか」、「早く記者会見を開いてほしい」。そのような怒号に近い声が、記者たちで埋まった廊下に飛び交い、出勤してきた幹部たちは固く口を閉ざし、人ごみをかき分けてすばやく部屋に入る。扉の周辺は、私服の刑事たちが立ちふさがって固める異様な光景となっている。警視庁庁舎全体が早朝から騒然とした空気に包まれていた。

閣　議

同じころ、警視庁から数百メートル離れた国会議事堂周辺では、別のドラマが進んでいた。この朝東京地方は、夜明け前からふりしぶく雨の中で息をひそめ、厚く層をかさねた雨雲が下界にどんよりとのしかかっていた。国会議事堂と首相官邸周辺は、濃紺の出動服に身を固めたおびただしい数の警察官に取り囲まれていた。

一九二九（昭和四）年、この地に首相官邸が建ってからすでに半世紀近く経つが、その間、この中では幾多の歴史的な出来事が繰り返されてきた。ある時は主義と野望を賭して争われた血生臭い事件もあった。暗殺、戦争の決定、謀略、政変……。その一つひとつが日本の歴史に刻まれ、国民一人ひとりの運命をも変えるような出来事であった。

だが、この建物の中で行われていることは何もかも極秘であった。官邸そのものが社会から遠く隔絶された特異な存在であった。官邸のすぐ近くに国会記者クラブがあり、そこには国民を代表して何百人という新聞記者や放送記者が詰めている。記者たちは日本の政治の中枢で何が行われているのか、それを取材し読者に忠実に知らせる義務を帯びている。官邸は国家の要人がたえず出入りする場所であるが、記者たちには、ある種の特権が与えられている。しかし官邸内での取材活動は、がんじがらめに制限されていた。

官邸には写真を撮影することを禁じられている部屋がある。国民は写真ですらその部屋を目にすることができないのである。一つは首相執務室、そしてもう一つは閣議室である。二つの部屋は閣僚応接室を挟んだ両側に位置しているが、そこに続く階段と廊下には幾重にも衛視が立ちはだかり、内閣総理大臣と一九人の閣僚以外は近づくこともできない。

その日の閣議は国会開会中のため、官邸ではなく国会議事堂の閣議室で開かれていた。新年度の予算案をめぐって国会の予算委員会は紛糾し、年度内に予算案は成立しなかった。政府は一か月の暫定予算を組み、前日の深夜、ようやく衆議院本会議で予算案を通過させたばかりであった。閣僚の間に安堵感と率直な喜びがあっても不思議ではないが、閣僚たちの心中にその感情を憚(はばか)るような一点の曇りがあった。

その日の朝、朝日新聞の一面トップに、外務省で機密漏洩があったことのスクープ記事がでかでかと報道されたからである。その記事は刑事事件でありながら、記事全体の印象としてはきわめて重大な政治的な問題を含んでいるように見えた。それが政治を動かす男たちの判断に戸惑いを投じていた。閣僚の中には、その記事に書かれている事実を事前に知っていた者が何人かいたが、ほとんどの大臣たちは新聞を読むまで何も知らなかった。政界の濁流を巧みに泳いで生きてきた男たちは、この記事を読んだとき、政府は重大な政治問題の渦中に巻き込まれるかもしれないというおそれを本能的に感じ取っていた。

閣僚全員が顔をそろえたことを確認すると、内閣官房長官の竹下登が立ち上がった。

「これから報道関係の写真撮影があります」

長官が扉の前に立っていた内閣秘書官に眼で合図を送ると秘書官は扉を押し開き、そこから一〇メートルほどさきの廊下の向こうに待機していた大勢のカメラマンに手を振って合図をした。

新聞社やテレビ局のカメラマンが潮のように押し寄せてきた。撮影時間は三分間だけと決められている。カメラマンたちは狭い入口から鈴なりになって一斉にフラッシュを浴びせる。こうして撮られた写真が閣議の模様を伝える写真として新聞やテレビで報道される。だが、この写真は、閣議でも何でもない。大臣たちが誰に聞かれても差支えのない個人的な話題を持ち出して雑談をしているだけの写真であった。閣議は閣議室で開かれる完全な秘密会議であり、そこで誰が何を語りどのような議論をしているのか、関係者以外は何人といえどもうかがい知ることはできない。しかし政治にとってはこれも日常業務の中の一コマにすぎなかった。

カメラマンが去ると官房長官が再び椅子から立ち上った。

「それでは閣議を始めますから、閣議室にお入りください」

まず、総理大臣が立ち上った。続いて外務大臣が、その次に通商産業大臣、それから大蔵大臣、法務大臣というような順番で二〇人の閣僚はぞろぞろと移動を始めた。この移動の順番にも自ずから決まったものがあった。順番の早い大臣ほど閣内と党内で占める政治力が大きいのである。実力のあるものほど先に立つ。これは政界という特殊な社会を作りあげるために、歴史的な過程の中で形成されていった政治力学の定理ともいうべきものであった。厚い絨毯と靴底とが摩れる微かな音以外はしわぶきひとつ聞こえない。閣僚たちは黙々と自分の決められた席に向かった。

内閣は行政権の主体的機関として広範で重要な職権をもっている。予算の作成、政令の制定、条約の締結、施政方針の決定、議案の国会提出……。こうした職権の行使にかかわる案件はすべて閣議にかけられる。閣議は行政の最高の意思決定機関であり、日本の政治を決める唯一無二の機関である。そういう場所で私的話題を持ち出して談笑することは許されないと佐藤栄作は考えていた。

ふだん閣議が行われる官邸の閣議室は南側に面している。観音開きの長方形の窓が五つあるが、鉄の固い錠を下ろして閉じられている。窓にひかれた薄いレースのカーテンは、ほとんど開かれたことがない。外界からの視界をさえぎる役目をしているからである。高い天井からは、五つの白い風船のような大きな電球が太いコードで吊り下がっている。四方の壁は鳳凰の刺繍を織りこんだ金糸の厚い布で覆われており、明かりの中で黄金色に光っている。それは隔絶された政治の世界をいっそう引き立てるために役立っている。

部屋の中央に、白い布で覆った楕円形の大きなテーブルがあり、それを取り囲んでやはり白い布カバーを掛けた二〇脚の椅子がある。これが閣議が行われるテーブル席であった。テーブルは長い間直径五メートルの円卓であった。一九六五（昭和四〇）年までは総理大臣と一六人の閣僚がこの円卓を囲んで閣議を開いていた。ところが同年五月、総理府総務長官が国務大臣に昇格し、続いて翌年六月、内閣官房長官が国務大臣に昇格して閣僚が一九人になった。この時点で直径五メートルの円卓では閣僚全員が並び切れなくなった。

そこで、円卓を縦と横に切って、四分円にした。そして十文字に作った新しい材質を真ん中に、四つに切った四分円を四方から継ぎ足してひとまわり大きなテーブルに作り直した。新しいテーブルは縦五メートル、横八メートルの楕円形となった。だから楕円形のテーブルクロスを取り去ってよく見ると、真ん中に、ある幅を持って縦、横の十文字に色が変わっている。閣議のテーブルにも、政治の一つの歴史が刻まれているのであった。閣僚の員数は、一九六六（昭和四六）年七月、環境庁長官のポストが新設されて二〇人になっていた。

テーブルに座る大臣の席次は、特に法律で決まっているわけではないが、国家行政組織法に列挙された順番がある。つまり「役所の序列」が決まっている。総理大臣の左から法務、外務、大蔵、文部、厚生、農林、通商産業、運輸、郵政、労働、建設大臣と回り、国務大臣に限って席次は大臣の氏名の五十音順になっていた。このときの国務大臣の席次は、まず防衛庁長官、次が環境庁長官、続いて科学技術庁長官、経済企画庁長官、行政管理庁長官兼国家公安委員長、総理府総務長官の順にテーブルを回り、次の官房長官でちょうど一回りすることになる。一九人の大臣は、もちろん総理大臣の佐藤が自らの考えにしたがって任命した顔ぶれである。大臣の任命は憲法で保障された総理大臣の強大な権力である。そしてまた、大臣をいつでも彼一人の考えにしたがって罷免できるという別の権力も憲法によって保障されていた。

日本国憲法第六八条

①内閣総理大臣は、国務大臣を任命する。但し、その過半数は、国会議員の中から選ばなければならない。

②内閣総理大臣は、任意に国務大臣を罷免することができる。

佐藤は歴代の総理大臣の中で、憲法第六八条で与えられた権力を、わずか一年にも満たない期間に最も多く行使した総理であった。彼は、前年の七月に改造内閣を発足させてからわずか半年の間に、四人の大臣を罷免した。罷免した理由には、それぞれ事情があったが、総理自身の地位は、逆にこの罷免によって救われた。もしも、内閣が全閣僚の厳密なる連帯責任において行政権を行使しようとしたなら、佐藤内閣は半年間に四回も内閣総辞職を強いられただろう。その意味では満身創痍の内閣であった。

官房長官は席に着くと、全閣僚が身支度を整えるのを待ち、閣議の開会を宣言した。外務省職員の自首を伝える朝日新聞のスクープがあった直後だけに、閣議ではこの件で何か報告や議論があったに違いないが、閣議後も厳重な箝口令（かんこうれい）が敷かれていた。閣議後の記者会見などで取材した記者たちには、国務大臣国家公安委員長、中村寅太（なかむらとらた）から、朝日のスクープに関して発言があり「この案件は、純粋な刑事事件として取り組みたい」という簡単な報告があったと伝えられている。中村が敢えて「純粋な刑事事件」と断ったところが政治的な事情があったことを示唆しているが、このことに記者会見で言及した閣僚はいなかった。

官僚と記者

話は朝日のスクープのほぼ一年前にさかのぼる。それは一九七一（昭和四六）年五月であった。毎日新聞政治部の西山太吉は、外務省記者クラブのキャップとして辣腕（らつわん）を振るっていた。

毎日新聞は、朝日、読売と並ぶ全国紙の一角を占めており、新聞ジャーナリズムにおける影響力は三紙拮抗する中にあって、絶大な存在感を示していた。西山は当時、沖縄返還の日米外交交渉の取材競争で連日、神経をすり減らしていた。沖縄がどのような条件で返還されるのか、沖縄の住民だけでなく、日本国民全体の大きな関心ごとになっていた。

アメリカの施政権下で自治が認められていた沖縄は、東西冷戦下で、いつの間にかソ連や中国、北朝鮮などを極度に意識した巨大な軍事基地に変わり、ベトナム戦争における爆撃機の出撃拠点と後方支援基地になっていた。アメリカ軍は強引に基地を拡張し、駐留する米兵が島内でさまざまな犯罪を起こし、島民を不当に差別してきた。いま、アメリカはどのような条件で沖縄を返還するのか。

国会では野党から、アメリカは法外な返還金を要求しているのではないかという指摘が相次いでいた。日米の交渉は両国政府の限られた当事者だけで進んでおり、不透明な交渉で、不利な立場に置かれた日本が不当な要求をのまされているのではないか、日本が不利になる交渉が国民の知らないところで進んでいるのではないかという憶測も飛び交っていた。

佐藤政権は間もなく七年を迎えようとしていた。佐藤は、東京帝国大学法学部を卒業後、鉄道省（のちの運輸省）に任官し運輸省の事務次官を最後に退官していきなり第二次吉田茂内閣の官房長官に抜擢された。総選挙に当選して政界に入ると、終始、吉田茂に仕え、自由党幹事長になったが、造船業界から政治資金を受領した収賄事件（造船疑獄）に連座して東京地検特捜部に逮捕される寸前までいった。当時の法相、犬養健（いぬかいたける）は、指揮権発動によって佐藤の不逮捕を指示し、佐藤は逮捕を免れたが犬養は指揮権発動直後に法相を辞任した。

佐藤を首相にまで押し上げていったのは、吉田茂を政治の師と仰いで行動を共にした政治家としての姿勢と、実兄の岸信介政権を支えて党と内閣の要職を堅実に勤め上げた実績によるところが大きかった。吉田のライバルだった鳩山一郎引退後に自民党に入党した政治姿勢も、この世界では評価されていた。同じ吉田門下の池田勇人（いけだはやと）は、一九六〇年七月に「寛容と忍耐」「所得倍増計画」を引っ提げて総理大臣になり、高度経済成長を実現した。しかし喉頭がんに罹患していることが判明し、一九六四（昭和三九）年一一月に総辞職して政界を引退し、翌年死去した。その後を継いで総理大臣になったのが佐藤であった。

佐藤は、池田の経済成長に重点を置いた政策を批判する立場から「社会開発」、「安定成長」、「人間尊重」といった堅実なスローガンを掲げ、手堅い政権運営に取り組み出した。人心掌握術にたけ、派閥横断的に有力な人材を政府・与党の要職につけて競わせて育成し、「人事の佐藤」ともいわれるようになる。

佐藤は七年八か月という長期政権を担ったが、退陣までの最後の二年間は歴史に刻まれたさまざまな出来事を残している。七〇年安保で吹き荒れた過激派学生と大学との紛争は苛烈をきわめ、その闘争が沖縄返還阻止闘争へと引き継がれていた。世情が騒然とする中、国会では沖縄問題をめぐって熱い論戦が展開され、政府は日米繊維交渉、中国の国連加盟問題、物価抑制策、公害問題などで対応に追われていた。とりわけ佐藤政権にとって、日米間の沖縄返還交渉と繊維製品の輸出入をめぐる交渉は、両国の産業界も巻き込み最重要課題だった。

沖縄返還で最も重要な節目になったのは、佐藤とアメリカ大統領のリチャード・ニクソンとの交渉である。一九六九年一一月、ニクソンと佐藤は、首都ワシントンで三日間にわたって日米首脳会談を行った。そこで沖縄返還は一九七二年の早い時期に実現することで合意していたが、それを保証する重大な二つの密約があった。両首脳がそれぞれ私的に指名した二人の密使が、頻繁に交渉を重ねてまとめ上げた密約である。日本の外務省、通産省とアメリカの国務省、商務省の事務レベルの外交ルートを完全に蚊帳の外に置き、密使を使って頻繁に交渉を行い、重要な交渉内容をまとめ上げて両国の政府部内でも極秘にされていた。ニクソンと佐藤は、どちらも性格的に秘密主義であり、政治姿勢も官僚を信用しない点でよく似ていた。世界の外交史でも例がない徹底した秘密外交折衝であった。

ただ、日米間には、外交折衝の手法で決定的な違いがあった。秘密主義とはいっても、アメリカはホワイトハウスを本拠とした政策決定のタスクフォースが有効に働いており、政策の中でも緊急性の高い問題解決や政策決定を行うために、大統領補佐官を中心にして随時構成される組織が機能的に動いていた。沖縄返還はこの構成された組織の中で物事が決められていった。これに対し日本の沖縄返還交渉は、佐藤一人の思惑の中で進められており、徹底した秘密主義で固められていた。なにがなんでも沖縄返還を実現して自らの政権の実績として残したい。それはほとんど執念に近い政治目標であり、佐藤と一握りの政治家と官僚だけの専権事項として進んでいった。

沖縄返還交渉の中で、日本は重大でかつ大幅な対米譲歩案をのまされていた。首脳会談が始まる前に核問題に関する合議議事録まで作成し、首脳会談ではニクソン・佐藤が通訳さえ排除し、二人だけで小部屋に移動して合議議事録に署名をしていた。このような事実が明らかになったのは、その後アメリカの外交文書などが公開されたからであり、四〇年後の二〇〇九年になってからは、有事の核持ち込みを約束する議事録の現物が、佐藤の自宅から発見された。その内容は、アメリカで公開された外交文書や諸記録に明記されていたものと一致した。この事実を知っていた人間は、日本人では佐藤とその密使となった京都産業大学法学部教授の若泉敬であり、アメリカは、ニクソンと大統領特別補佐官であるヘンリー・キッシンジャーだけであった。両国の行政当局をも出し抜いた歴史に残る国家間の密約があったことは、一九七一年当時、日米両国の四人以外誰も知らなかった。

西山太吉は毎日新聞政治部の中でも抜き出た力量を持った記者だった。社を超えていわゆる特ダネ記者と目されており、読売新聞政治部の渡邊恒雄とともに官僚からも一目置かれていた。一九六二（昭和三七）年の日韓国交正常化交渉における韓国側の請求権をめぐる取材合戦でも、西山と渡邊は激しく張り合っていた。渡邊は自民党大野派の領袖、大野伴睦（おおのばんぼく）の知遇を得て日韓交渉では太い情報パイプを持っており、西山もそれに対抗して時の政権の池田勇人、官房長官から後に外務大臣をやった大平正芳の担当となった。大平とは父親の遠縁にあたることがわかり、外務省記者クラブ担当になってからは、さらに太い取材パイプを誇っていた。

政治部記者は、大物政治家と親しく付き合い、信用を置かれるようになると政府の重要なポストをめぐる人事問題から重要な政策決定まで相談を受けることも少なくない。それを知っている官僚も情報を取るために大物記者に積極的に接近して時には情報を流すこともある。記者と持ちつ持たれつの関係を保つことで政治家と官僚は、重要な情報が特ダネとして報道されることに価値があることを知るようになり、記者は特ダネを書くことでさらに取材先から信用を獲得して次の情報を得るチャンスが増えていく。この相乗効果によって有力な記者はますます力量を発揮できるようになっていく。特ダネ記者には、特ダネが集まる流れが自然とできていった。

一九六二（昭和三七）年一二月の韓国請求権と経済協力協定をめぐる読売と毎日の特ダネの打ち合いは渡邊対西山のペンの戦争でもあった。一二月一五日付けの朝刊で読売は、渡邊がソウルから副総裁の大野の訪韓に同行して取得した韓国への借款二億ドル、無償供与三億ドルの合意を大特ダネとして掲載、同日付け毎日も一面トップで同様内容を掲載して「引き分け」となった。西山は当時の外務省条約局長の中川融（なかがわとおる）からの情報だった。

当時、政治部記者としてこの二人の力量はきわだっていた。沖縄琉球日報の初の外務省記者クラブの担当になった記者は、「西山記者は政治部記者として実力が抜き出ており、まさに雲の上の存在だった」とまで語っている（琉球朝日放送番組「密約」）。

閣議で沖縄返還協定の調印式はその年、つまり一九七一年六月一七日と決まった。パリで開かれていた外務大臣と米側代表の会談は大詰めに入っていた。これから一か月が勝負だと西山は考えていた。

毎週火曜日と金曜日には定例の閣議がある。閣議が終わると各大臣は自分の省庁に帰って記者会見をやる。そこでその日議題になった閣議の内容が国民に初めて知らされる。ある大臣は、内閣総理大臣の発言と司会役の官房長官の発言をかいつまんで披露してみせる。また正式議題として話にのぼったことだけを簡単に話して済ます大臣もいる。

共通していることは、多くの国民や野党に知られると面倒になる話は、決して漏らさないことだった。そのような内容は、閣議の席で決して外部に漏らさないようにきつく口止めされていることも記者たちは知っていた。それだからこそ記者たちは巧みに質問を浴びせ、誘導尋問に近い問い方をして、密室の閣議の様子を知ろうとする。閣議の内容はもとより、閣議後の雑談で総理大臣はどんなことを言ったのか。どの大臣にどのような指示をしたのか。そのすべてを知ることはほとんど不可能に近い仕事だったが、記者たちは決してあきらめずに、大臣の言葉遣いや表情からも真実を読みとろうと努力する。

記者会見が終わると、記者たちは一斉に社の政治部デスクに報告しなければならない。デスクの手元には、いろいろのニュアンスを含んで各省庁の大臣がしゃべったその日の閣議の様子が集まってくる。こうして集まってきた閣議の様子をつきあわせてみると、各大臣の発言したことは皆それぞれ少しずつ違っている場合が多かった。時には、総理大臣の発言としてまったく反対の意味のことを別々の大臣がしゃべっていることもある。新聞記者はそれを材料に、もう一度取材をし直し、閣議で語られた真実の内容が何であったかを突き止めなければならなかった。

また閣議の席上、報道陣にはオフレコとして語られた内容であっても、記者たちの鋭い質問に対し何人かの大臣は言葉の端々に不自然さを露呈させることがある。ちょっとしたほころびの中から政治の本当の流れをつかむことが少なくない。閣議後の記者会見の話を一か所に集めることの意味は、そういうところにあった。

午後六時を回っても、まだ外は昼間のように明るい。だが、五時過ぎに終業になる役所は、魂が抜けたようにガランとして静まりかえってしまう。その中で外務省三階の記者クラブだけはまだ証券会社の店頭のように賑わい、電話の音と話し声で包まれている。テレビのニュースがひととおり終わり、雑談にも一区切りつくころ、櫛(くし)の歯が欠けるように新聞記者の姿が部屋から消えていく。外務省の表玄関前の駐車場には、各社の旗をなびかせた車が二〇台近くずらりと並んでいる。その車に乗って、記者たちは思い思いの取材先へと夜回りに出掛けていく。

夜回りは、新聞記者にとってしばしば勝負を決するほど重大なネタをつかんでくる取材活動だった。

夜、自宅に帰ってきた政界の大物や官庁の次官や局長クラスの家を訪ね、雑談を交わしながら当面の問題点を持ち出し、その人物がどのような考えを持ち、政界はどの方向に流れていくのか探るのである。取材される側もまた逆に記者に探りを入れてくる。要人の間を飛び歩いて取材している新聞記者は情報の宝庫でもあった。派閥の領袖や幹部、政敵たちは何を考えているのか。政権の主流派はどちらに向かおうとしているのか。政治家もまた記者たちの話の中から重要なヒントをとることもある。

沖縄返還交渉で日米両政府が取り交わした重要な交渉内容を知っている人間は、外務大臣、政務次官、事務次官、二人の外務審議官、官房長、アメリカ局長、条約局長の外務省幹部八人に限られているだろうと誰もが考えていた。それ以外の人間は、知ることのできない国家機密であった。

そのころ記者の関心は沖縄返還協定の協定文の中に、「核抜き」を何らかの形で盛りこむのか、批准書の交換はいつどのような形でやるのか、係争中の裁判権はどうなるのか、アメリカの短波放送ＶＯＡ（ボイス・オブ・アメリカ）は、返還後も存続されるのか、といった事柄だった。こうした協定文のさわりになるような重要な問題について、記者たちはいろいろな質問をもって夜回りに行くが、どの政府高官も肝腎な事になると口を閉ざしてしまう。局長クラスの高級官僚の夜回りでは、酒が出るのが普通だが、記者たちも酒が回ってくると多少理屈っぽくなり、「大臣はこう言っていた」というような揺さぶりをかけてみるが、長年、海千山千の新聞記者と付き合ってきた高官たちには通じるはずもなかった。

午後五時の退庁の時間が近づくと、廊下を歩く職員の足音も気ぜわしくなる。書類をかかえた女性職員が駆け足で通り過ぎていく。沖縄返還協定交渉の大詰めを迎えたある日、森治樹外務事務次官を真ん中にして取り囲むように数人の新聞記者が座って軽い酒盛りをしていた。記者たちの関心は、沖縄返還協定の日米の最終交渉の内容にあった。その交渉はアメリカの国務長官と外務大臣の愛知揆一の間で、パリで開かれていた。協定の概要は、明日にも外務大臣がパリで報道関係者に発表するかもしれない。事実上、沖縄交渉は終わっていた。

残っているのは那覇空港の全面返還や牧港の米軍住宅の返還がどのような条件で決着するのかという問題だった。牧港の米軍住宅地は、東京でいえば山の手の高級住宅地にあたる。総面積二〇〇万平方メートル、一五〇〇戸。それが全部、島民に返還されるのだ。しかし米軍当局にとっては痛くもかゆくもない。もともと返還によって米軍基地は縮小され、それにともなって軍属も島を去っていく。必要なくなった住宅を日本に還すだけなのだ。那覇空港の全面返還は確かに明るいニュースに違いなかったが、まだ嘉手納空軍基地と普天間海軍基地が残されていた。

労働組合や左翼系団体は、日々、返還協定に反対する運動を繰り広げていた。このままでは、アメリカの軍事基地はそっくり残り、昔の島には戻らない。戦後二六年間、沖縄は島民の意思とは関係なく強制的にアメリカの統治下におかれ、軍事基地が勝手に拡大されてきた。極東の安全を守るためという大義名分のもとに、沖縄に強大な軍事基地が作られ、朝鮮戦争やベトナム戦争の重要な補給地となった。返還されても軍事基地は残る。そのような状況の返還は意味がない。

反対闘争が目指していたのは無条件全面返還の実現であった。交渉は事実上決着がついたというが、アメリカが主張している、返還後も基地の機能を低下させないという点を、日本側はどんなことで切り抜けるのか。核抜きにしても、どのような形で協定文に盛り込んであるのか。与党の一部は、「核抜き、本土並み」ができないなら、将来、実現するための手順だけでも示せとまで言っている。この辺の交渉経過が国民にはさっぱりわからないことであり、記者たちの関心を集めていた。

復元補償費

夕方になると外務省記者クラブにいる記者たちは、庁内の幹部クラスの部屋を回り始める。当面は沖縄返還協定の内容に関する感触を官僚から取るためである。

西山は定期便のように夕方には必ず外務審議官の安川壮（やすかわたけし）の部屋に顔を出していた。安川は九州の名門、安川財閥の御曹司であり、西山の出身地である下関市の対岸、北九州市の出身であった。安川の父親の第五郎は、一九六四年開催の東京オリンピックの組織委員会委員長として知られた人物であり、安川本人も東大卒後外交官になった秀才として地元で知られていた。一方、西山の実家は下関を拠点として青果商を営んでいた。台湾バナナの輸入販売で財をなし北九州市に移り住んだこともあり、この二人はいわば同郷人としての縁から親しみを持つようになる。

あるとき私鉄ストで電車が動かず、外務省の職員は帰るに帰れないという事態になった。安川の秘書である蓮見喜久子も帰宅に窮しているという。そこで社の車で送ってやりましょうという話になり、蓮見は安川と懇意にしている西山の申し出を素直に受け入れた。そんなきっかけから二人は急速に親しくなり、やがて飲食をともにするようになり深い関係へと発展していった。

蓮見の夫はもともと外務省の職員だったが病気で退職し、そのかわりに妻の喜久子が臨時職員として勤務することになる。四〇歳になったばかりであった。何よりも元外務省職員の妻という信用があった。

省内ではナンバー2のポストである外務審議官の秘書として抜擢されたのもそのような背景があったからだ。

西山と安川外務審議官が親しいということは蓮見を含め、省内ではよく知られていた。そうはいっても外務審議官は肝心なことは西山にも言わない。ヒント程度のことはときたま言うことはあるが、核心に触れることは言わない。

国民にとって重大な交渉事が政府内の一部の人間だけの密約で運んでいくことは、国民主権の憲法上からも許されない。何か密約があるというカンを西山は強く抱いていた。新聞記者はカンという言葉をよく使う。カンは勘と書く。官僚や政治家の言葉の端々には、重要なセリフが出ることがよくある。意識して語る場合と無意識のうちに語る場合がある。セリフの重要性を知った記者は、それを派生させてもっと確かな言葉や状況へと導く質問や会話へと発展させる。それこそが新聞記者の力量が問われる場面であった。

西山は、復元補償費をめぐる交渉に、日米間で何か密約めいたことが進んでいるのではないかというカンが働いたのである。西山が紙面で沖縄返還交渉についていろいろ記事を書いていることは、蓮見も知っていたが、交渉についても記事についても詳しい内容は何も知らなかった。

「外務省や安川さんには絶対に迷惑をかけない。蓮見さんの手元に回ってきた書類をちょっとだけ見せてほしい。もちろん、ストレートに書くようなことはしないよ。ちょっと確認だけしたいんだ。安川さんとの話の裏付けにしたいんだよ」

西山の要望に蓮見は応じるようになる。やがて二人は、赤坂にある第一・三州ビル五階に「秋元政策研究所」という看板を出した小さな部屋で会うようになる。読売新聞の経済記者として鳴らし、定年退社後は経済評論家としてテレビのコメンテーターとしても知られるようになる秋元秀雄の個人事務所だが、普段はほとんど使っていない。テーブルとソファがあるほかは何もない閑散とした部屋だった。西山は政治部記者になる前に経済部にいたことがあり、秋元はその当時知り合った記者であった。

昭和四六（一九七一）年五月下旬の午後七時半過ぎである。この研究所の部屋で西山が待っていると蓮見が入ってきて書類を見せた。安川が決済するまでの束の間にコピーして持ち出してきた書類である。西山は「極秘」と黒々と印字された書面を手にすると表情が変わった。西山は、無言で食い入るように極秘文書を読み進んでいく。

西山は何回も三通のコピーを最初から丁寧に読み直してみた。冒頭の宛先と内容から見て、外務大臣と外務大臣代理が駐米大使に送った極秘電信文である。そのころ外務大臣の愛知揆一とアメリカの駐日大使が、パリで沖縄返還にかかわる最後の詰めを話し合っていることは誰でも知っていた。しかしその内容については何もわからない。

新聞記者たちは、夜回りを激しくかけて交渉内容のかけらでも得たいと必死になっていたが、かけらどころか影さえも見えない。それがこの電信文を見るとパリでの交渉内容の核心部分が書いてある。しかも記者たちがもっとも知りたいと思っていた沖縄返還にともなう米軍基地の補償費をめぐるやりとりであった。西山は胸の高まりを抑えながら何回も読み直していた。

極秘電信文（１０３４号電文）（要約）
昭和四六年五月二八日　外務大臣発　駐米大使殿
本日五月二八日、外務大臣と駐日米国大使とで行われた会談の概要内容は次の通り。本大臣より日本案を重ねて受諾されたいと述べたが駐日大使は、日本側の立場はよくわかり財源の心配までしてもらったことを感謝する。しかし米側は議会に対して、見舞金などはいっさい出さないという言質をとられているので非常な困難に直面していると述べた。さらに日本側の文案では、必ず議会に対して財源に関する公開の説明を要求されるので、かえって困るのではないか。問題は実質でなく外観（appearance）なのだと補足した。本大臣からは重ねてなんとか政治的な解決の道を考えたい旨述べておいた。
以上

極秘電信文（５５９号電文）（要約）
昭和四六年六月九日　外務大臣代理発　駐仏大使殿
井川条約局長とスナイダー在日米公使との東京会談で米側から次のような提案があったので、（筆者注、日米会談にパリ滞在中の）外務大臣に対し報告されたい。
米側は、一八九六年二月に制定された法律に基づき、請求権に関する日本側の提案を受諾することが可能になったと述べた。これに対し日本側は、返還協定に次の項を追加するようにと提案した。米側の見舞金支払いは、四百万ドルを超えないものとし、日本政府は、米国政府が見舞金を支払うための信託基金として、米側に同額を支払う。

これに対し米側からは、以上の内容を盛り込んだ書簡を、日本国外務大臣から駐日米大使宛に発出してほしいとの要望があった。この書簡は米国政府部内で説明するときに極秘で提示するものである。

以上

極秘電信文（877号電文）（要約）
昭和四六年六月九日　駐仏大使発　外務大臣殿
外務大臣は駐日米国大使宛に（筆者注、米国が土地現状復旧費用として支払うことになっている四〇〇万ドルは、日本側の対米支払い金額三億二〇〇〇万ドルに含めることを）書いている書簡は公表されないものかと米側に念を押した。ロジャーズ国務長官から、できるだけ公表しないように努力するが議会との関係で発表せざるを得ないことも皆無ではないと回答があった。今後、日米双方で書簡の表現を考えたい。
以上

これは日米政府間の密約である。何ということが進んでいるのかと西山は思った。沖縄返還にともなう米軍基地の現状復元保障費は、アメリカが支払うべきものだが、実は日本が払うことになるのだ。しかもアメリカが支払うように見せかけるため、その金額を日本側がアメリカ政府に支払う返還金三億二〇〇〇万ドルの中に含ませるという。

沖縄返還とひきかえに日本がアメリカに支払う金額の三億二〇〇〇万ドルの内訳について、政府は次のように説明していた。

①琉球電力、琉球水道、琉球開発金融の三公社の有償引き継ぎ分　一億七五〇〇万ドル

②米軍基地に働く労働者の退職金などの労務費　七五〇〇万ドル

③核兵器の撤去費など　七〇〇〇万ドル

これで合計三億二〇〇〇万ドルになる。

しかしこの極秘電信文を読むと、三億二〇〇〇万ドルの中には、アメリカが日本に支払う土地現状回復費の四〇〇万ドルが含まれるという。また、後年の米文書公開などによってＶＯＡ（ボイス・オブ・アメリカ）の日本国外への移転費一六〇〇万ドル支払いの密約分も含まれていた。これまでどこにも出てきていない話と数字を知った西山は、この極秘電信文を読みながら、沖縄秘密外交を暴露した場合のニュースの大きさと、それが及ぼすさまざまな影響とを考えていた。

そのとき西山は、このスクープが持っている危険性を直感した。もし、紙面に掲載した場合は、よって来たるなにがしかの圧力と闘わなければならない。誰から入手した情報であるか外務省は徹底して調べるだろう。西山が懇意にしている審議官の安川も相当な疑いをかけられる可能性がある。極秘電信文のコピーを持ち出した蓮見まで調べが波及する可能性も否定できない。西山はストレートにニュースとして取り上げるにはあまりに大きな危険性があると考えた。この原稿をどのようにして書くかそのチャンスを待つことにした。

すっぱ抜き

外務大臣の愛知とアメリカの国務長官ロジャーズは、六月九日午前九時半（日本時間九日午後五時半）から、パリのアメリカ大使館で沖縄返還協定の最終会談を開いていた。この会談で、交渉の懸案になっていた重要事項がすべて決着することになっていた。

会談結果は、パリにいる外務省のスタッフから要約として記者発表される。その内容がローマ字で書かれたテレックスで新聞社に次々と入ってくる。東京側はこのローマ字を数人がかりで記者が新聞原稿スタイルに書き直し、紙面化されていく。

沖縄返還に関する日米交渉は、この協定で事実上の終止符を打った。現地にいる日本政府関係者から発表された重要事項は次のようなものだった。

①沖縄返還協定の調印式は、六月一七日、東京とワシントンで同時に行い、その模様は衛星中継によって日本とアメリカに同時実況される。

②那覇空港は、本土復帰と同時に全面的に日本に返還される。ただしＰ３哨戒機の移転費は日本が負担する。

③軍用地の復元にともなう補償は、アメリカ側が見舞金として出す。その額は約四〇〇万ドルになる。

④ＶＯＡ（ボイス・オブ・アメリカ）放送は、さらに五年間存続させる。ただし復帰二年目から、将来の運営について日米の話し合いを始める。

⑤「核抜き」の保証は、日米共同声明の中で示されている「日本政府の政策に反しない返還」（同声明第八項）を協定文の中に引用することによってあてる。
⑥本土復帰は、四七年四月一日を目標とする。
毎日新聞の本社にあがって、まだインクの乾き切らないゲラを読みながら、西山はとうとうあの秘密外交問題は世間に露見しないうちに協定の調印式を迎えることになるだろうと思った。この秘密外交をスクープできなかったことが、堅いシコリとなって西山の胸の中に残っていく。


パリの最終会談が終わった翌々日の六月一一日のことである。朝日新聞の一面トップに黒々ときわだって大きな見出しで特ダネが掲載された。

「沖縄返還協定案の全文」

「共同声明を基礎に」

「批准書は東京で交換」

六段抜きの派手な見出しをつけ、一ページのほぼ三分の二をさいて第九条までの協定案全文と付属文書の合意議事録まで掲載されている。外務省から発表された協定文は、あくまでも要点だけをまとめたものだった。それを朝日は、細部にわたる協定文の全文をすっぱ抜いている。

「愛知外相とロジャーズ国務長官とのパリ会談で沖縄返還協定のすべての交渉事項に終止符を打ったが、朝日新聞社が入手した「琉球諸島および大東諸島に関する日本国とアメリカ合衆国との間の協定」案によると、その全文は次の通りである」

誇らしげな前文ではじまっている。堂々としたスクープだった。朝日はそのころかなり精力的に夜回りをしていたが、各社も同じだった。パリの特派員が現地で入手した資料だったかもしれないが、それにしては時間的に早過ぎるスクープだった。

協定文の「案」となっているが、正式の協定文になるときはごく細部の字句を手直しして、日本語と英文の両方を作り確定される。だから朝日のスクープは、協定文そのものを全文掲載したことと変わりがない。この案文を朝日の記者に手渡した人物は、相当の地位にいる人物であることは間違いない。

条約局長、アメリカ局長、外務審議官、事務次官……そういう地位の官僚が可能性があるが、どの官僚も一社の利益のために故意に重要なニュースを流すということは考えられなかった。あるいはもっと下級の課長クラスということもありうる。

だが、協定文の案を作成したり直接関係する課長クラスや事務官は人数が限られている。沖縄返還協定文という外交史に残るような大きな協定文を手がける役人は、将来、局長や次官という道が開けているエリート役人でもある。そういう立場の役人が、わざわざ危険をおかして朝日に案文を流したところで、自分の利益になることはほとんど何もない。万一、そういう行為がばれた場合、いっぺんに出世コースから外され、惨めな末路になることはわかりきっている。

過去にそういう例はいくつもあった。役人の地位が下級になればなるほどネタをとるのが難しいことはいわば常識だった。こうして考えてみると、朝日のネタ元はいよいよわからなくなる。そのわからなくなるような常識では考えられない事態の中からスクープは生まれるのだった。

調印式前

沖縄返還協定調印式は、一九七一（昭和四六）年六月一七日に東京とワシントンの式場を衛星中継のテレビ回線で結び、実況しながら行われることが決まっていた。それに合わせて反対闘争が全国で沸き起こっており、過激派学生たちの闘争がますますエスカレートしていた。火炎ビン闘争は一九六九年の「七〇年安保闘争」から、学生たちがよくやる過激行動になっており、そのころ、読売新聞社会部の警察担当（サツ回り）だった筆者は、この年一月の東大安田講堂事件を取材したとき飛んできた火炎ビンを危うく避けて間一髪、難を逃れた体験がある。連日、過激派デモの取材に追い回され、機動隊と学生の激しい衝突現場を取材する日々であった。

沖縄返還協定の調印式まであと三日に迫っていた。この時期をとらえて日本社会党、日本共産党など革新系の政党や労働組合が全国各地で集会を開き、大学では過激派学生がバリケード封鎖してストライキに入っていた。警視庁公安部は、その日までに早大、東洋大、東大、一橋大、東京外語大、北大、東北大、阪大、岐阜大、和歌山大、京大、愛媛大、同志社大などの一三大学がストに入ったと発表していた。また法政大、中央大などでは学生とその過激行動を阻止しようとする大学当局および警官隊とが小競り合いを起こし、石と火炎ビンが飛び交う騒ぎがあちこちで起きていた。七〇年安保闘争は、安田講堂事件で大きなヤマを越えていったん小康状態に入っていたが、沖縄返還の時期を迎えて反対闘争が広がった。とりわけ過激派学生の動きが息を吹き返し、火炎ビン闘争からパイプ爆弾の投てきへと、行動も激しさを増すようになっていた。

筆者はそのころ、社会部のサツ回りから遊軍担当へと配置替えとなり、社会部デスク（次長）の中澤道明の配下に入り日曜版特集を担当していた。中澤は慶大法学部卒の文系だったが、自然科学への関心と知識が半端ではなく、筆者と二人で当時勃興した生命科学、遺伝子の仕組みを研究する分子生物学、脳科学などについて取材し、「人間　この不可思議なもの」というタイトルで、毎回一ページを埋めて一年間の予定で始めた大型企画を手がけていた。社会部にふさわしくないテーマの連載であり、社内でも話題になっていた。

取材・執筆は二人だけである。取材に行くのも二人でコンビを組み、まるで刑事の聴き取り捜査みたいだと笑われていた。そんな折々に中澤はかつて特派員をやったベトナムと沖縄の話をしてくれた。沖縄の施政権はアメリカにあるので外国と同じであり、新聞社は特派員を常駐させていた。中澤の話から終戦間際の沖縄の悲劇と、その後の占領下の抑圧、アメリカ軍の理不尽な行動などを知り、他人事ではないような気分になっていた。中澤は、沖縄は「完全に米軍基地になっている」と言い、その実態を何度も語っていた。あるとき、沖縄返還反対運動に話が及んだとき「沖縄返還は日本にとって願ってもないことなのに、なんで革新陣営は反対するのだろう」という筆者の未熟な言葉に中澤はこう言った。

「屋良（やら）主席がときどき上京するようだから、そのときに捕まえてインタビューしたらどうだろうか。最近の沖縄島民の考えや返還反対運動の状況が理解できるんではないか」

できたら一週間くらい沖縄へ取材に行くのがいちばん早いが、向こうには特派員もいることだし、取材する理由が見つからない。上京した際にどこかで捕まえて名刺交換から糸口を見つけたらどうかというヒントだった。屋良主席の上京するスケジュールを調べて会見する機会を狙った。結果的に、東京滞在中の単独インタビューは難しいが、東京から沖縄に帰るとき、空港で短時間の接見なら可能ということになった。

空港の指定された控室に入ると、すっくと立ちあがった紳士は、若造の記者を真っすぐに見据えて名刺を差し出し「屋良朝苗(やらちょうびょう)です」と名乗った。主席は、沖縄の歴史と太平洋戦争末期の悲惨さを簡潔に語り、沖縄返還が実現しても米軍基地がほとんど残るなら施政権も実質的に戻らない。それが島民のためにならないだけではなく、日本の国家として復権にはつながらない。そのような言葉をよどみなく語り、最後につぶやくように、「毎日、毎日、担いきれない課題を背負って生きています。いまここでは語り切れないので資料を送りますから勉強してください」という教育者らしい言葉を残して、迎えの案内にしたがってそそくさと部屋を出ていった。ほどなく沖縄から分厚い資料が届き、筆者はしばらく沖縄返還に関する資料を読みあさった。

資料を読むと「核抜き、本土並みの返還」という言葉が随所に出てくる。読み進むうち本土並みという言葉と沖縄の事情は、まったく違ったものであることをおぼろげながら理解するようになる。沖縄は、朝鮮戦争から始まってベトナム戦争へと引き継がれた米軍基地そのものであり、島民は二七年の長きにわたって米軍を支える「隷属の民」だったのだ。米軍兵士が犯罪を犯しても、捜査権も裁判権もない。その実態は沖縄返還後も実質的に変わることはないという。一九七〇(昭和四五)年の暮れ、コザ市で米兵の車が横断中の住民をはねる事故があり、その不当な処理をめぐって島民の積年の憤懣が爆発したコザ暴動が発生し、その詳細を記録した資料もあった。筆者は、それまで何も知らなかった自分を恥じるばかりだった。

主席から送られてきた資料には、「核抜き、本土並み」の返還条件から返還後の法的整備や公共施設のインフラ問題、地域産業から教育制度の整備などに関するものもあった。戦後、アメリカにいわば占領されていた国土が戻ってくる。しかしアメリカにしてみれば無条件で還すわけにはいかない。国益の名のもと、アメリカにも、それなりの事情がある。議会で返還の正当性を理解してもらえなければ、還すことは不可能だ。返還協定調印式が目前に迫っているが、そうした課題をすべて解決のうえで調印式を迎えるのだろうか。にわか勉強をしただけの筆者には理解できないことだらけだった。

あるとき日曜版編集室で連載原稿を書いていたときだった。社会部のデスクから電話があり「いますぐ、こっちへ来てくれ」という。急いで編集局社会部のデスクにいくと「野音（やおん）で内ゲバが始まり、火炎ビンが飛び交っているそうだ。読者からのタレコミだよ。ちょっと見てきてくれ」という。筆者はサツ回り時代に数えきれないほど過激派学生の街頭取材をした経験があるので、それを知っているデスクからの下命だった。

野音とは日比谷公園にある野外音楽堂であり、ここは各種の集会の会場になっていた。読者からのタレコミというのが怪しい。過激派学生たちは、自分たちのセクトの存在感を出すために、新聞社に売り込んでくることがある。ともかくも常備してあったヘルメットをかぶり、携帯無線通信機（トランシーバー）を持って現場へ向かった。

野音に行ってみると、数千人の学生が集結しており、それぞれセクトの旗やのぼりをなびかせ、グループの輪がいくつもできて演説が始まっていた。公園を取り囲むように機動隊のバスが連なり、車内には出動服で身を固めた隊員がすし詰めになっている。筆者は、機動隊を指揮している覆面パトカーを探し、その責任者から状況を聴くことから取材を始めることにした。

沖縄返還反対運動の過激派集団の動きは、警視庁公安部が把握していた。革マル、中核、ブント、反帝学評などの過激派セクトには内部通報者が入っているらしく、そういう情報網からも情報が入るし、デモがあるときは私服を着た一見してそれとわかる警察官があちこちに配置されていた。携帯電話などない時代である。通常の連絡網はもっぱらポケットベルだけだが、それとて一方的な呼び出し合図だけであり、外で使える電話は、唯一公衆電話だけだった。しかし日比谷公園周辺の公衆電話はどこも壊れていて使い物にならなかった。

筆者は「報道」と黒字で表記したヘルメットをかぶり、腕には白地に赤で「報道」と染め抜いた腕章を巻いていた。肩からトランシーバーを下げて、本社のデスクといつでも連絡ができるようにしてある。いまうっかり公園内に入ると、どこで何が発生しているのか全体像が見えなくなる。公園を取り巻いている機動隊のバスからバスへとすり抜けるように移動しながら、警視庁警備部の刑事が乗っている覆面パトカーを探し歩いていた。

野音の半円形のステージが見える位置まで来て改めて全体を見るとヘルメット姿の過激派学生があたりを埋め尽くし、その周辺を平服の学生たちが十重二十重と取り囲んでいた。筆者は、ヘルメットとトランシーバーが目立たないように上着で隠しながら一般人のふりをして過激派学生の演説を聞いていた。

その時である。ステージの裏で突然、火の手が上がって群衆の雄たけびが波状となって広がってきた。激しい投石が始まった。誰と誰が対立しているのかまったくわからない。学生同士の内ゲバなのか学生と機動隊との衝突なのかもわからない。ただ、異様な熱気と怒号が渦巻き、ときたま石つぶてが飛んでくる。筆者は群衆の流れに身を任せながら日比谷図書館の方に引き返していく。

そのとき突然、学生の歌声が怒涛のように沸き起こった。労働歌・革命歌として知られ、当時左翼系の学生たちに歌われていた「インターナショナル」の合唱である。現場が混乱し収拾がきかなくなると突如スクラムを組んで「インターナショナル」の大合唱をすることで全体を共通の輪にまとめ上げる。セクトの壁を越え、過激派もノンポリも関係なく一つの輪となって若いエネルギーがほとばしっていく。あっという間に学生たちのスクラムが延々と続いて広がり、大合唱が公園全体を包んでいく。

突然、誰かに「入れ！」と声をかけられたような気がして周囲を見回すと、見知った顔が目に入った。毎日新聞出身のジャーナリスト大森実が主宰する週刊紙「東京オブザーバー」の記者をしている土屋達彦だった。彼とは東大安田講堂事件の取材現場で知り合った。学生に封鎖されていた安田講堂は、一九六九（昭和四四）年一月一八日から一九日にかけて機動隊が導入されて解除されたが、過激派学生らが連日デモをする東大周辺の取材で知り合い、筆者とは同世代であることからときどき情報交換をする付き合いになっていた。安田講堂が封鎖されていたとき、土屋はカメラマンを連れて講堂の中に入り込み、学生たちの考えや言い分をつぶさに聞き取って報道した記者として一目置かれており、筆者はその時の取材の内容を詳しく聞いたことがあった。同世代なのにこいつすごいなと思ったものである。当時、一般の新聞社は「ブル新（ブルジョア新聞）」と呼ばれて過激派学生から敵視されており、取材中の読売新聞記者が学生に取り囲まれて袋叩きにあうという事件もあった。

勇気ある取材で知られていた土屋が、学生たちとスクラムを組んで歌っている。学生たちから見ても兄貴分程度の年齢差である。土屋が首を巡らせて入れという仕草をする。周辺の学生たちも入れと言う。とっさに筆者がスクラムの間に割って入ろうとすると、土屋は「腕章を外せ！」と怒鳴る。学生たちの笑い声の中で筆者はあわてて「報道」と染め抜かれた腕章を外し、スクラムの中に入って学生たちと一緒になって歌った。

「インターナショナル」は、過激派学生の取材で、何十回も聞いている歌だから歌詞も節回しもみなわかっていた。ノンポリの学生たちといえども、主義信条がなかったわけではない。ヘルメットとゲバ棒の行動に一歩踏み出すかどうかは、仲間たちの環境に支配されることが多く、反対闘争にかける信条は同じであった。筆者も土屋も学生たちと一体となった感情を押しとどめることができなかった。

歌い終わると二人は、そそくさとその場を離れ、足早に歩きながら近況を語り合った。そのとき土屋は、「東京オブザーバー」を離れ、産経新聞社会部に転出していたことを知る。土屋は慶大文学部卒業時にある全国紙の記者として採用内定を受けていた。ところが最後の健康診断で、胸に影があるという理由で内定を取り消されたことがあった。学生時代に患った痕跡が残っていた。そんな話もしながら「お互い、ブル新で頑張るか」と冗談を言い合い途中で別れていった。

戦争で負けて取られた領土をテーブルの上で取り返す。そのような領土の返還は、世界の歴史の上でも例がないことであった。それを可能にしたのは沖縄返還交渉の裏舞台で繰り広げられた駆け引きであった。しかしそのどれもこれも極秘のうちに進行したものであり、アメリカ大統領と日本の総理大臣しか承知していない重大な密約が存在していた。返還協定調印の準備に、アメリカ財務省と日本の大蔵省、アメリカの国務省と日本の外務省は、ごくひと握りのスタッフだけが関与する秘密交渉を行い、国会にも報告しない数々の密約を結んでいた。返還交渉は順調に進んでいるかのように見えていたが、内情は密約の正否にかかっていた。それを陣頭指揮したのは首相の佐藤栄作であり、当時の大蔵大臣、福田赳夫が補佐し、大蔵省財務官、外務省の数人の高官だけが承知していることだった。

国民のまったく知らないところで何が行われていたのか。その真相は数十年の時間を経てアメリカの外交文書が公開され、日米高官と国際政治学者の記録や研究論文、著作物が刊行されるまで、闇に埋もれたまま誰も知ることがなかった。

第二章　密約にまみれた返還交渉

なぜ密約外交が始まったのか

通常、国と国との交渉は職業外交官が課題にあがっている内容について折衝を繰り返し、最終案がまとまったところで首脳会談へと進む。まして太平洋戦争で取り上げた領土の施政権を日本へ返還するとなれば、両国の政治・行政・軍事事情から事務的な折衝まで多数の案件をすり合わせなければならない。通常ならアメリカの国務長官と日本の外務大臣をトップにして、両国の駐在大使および国務省と外務省の外交官が諸問題を出し合い、主張を調整しながら首脳会談のおぜん立てが進むはずだ。

しかし沖縄返還の外交折衝では、重要な案件がそうした公式の外交ルートとは別に、アメリカ大統領の特別補佐官と日本の首相が依頼した密使が交渉する裏のルートで進んでいた。重要な交渉ごとは、表の外交ルートにはまったく知らされないまま裏の取引で決まっていく。アメリカが秘密交渉に応じたのは、アメリカにとって何も不利益になることがないという計算があったのだろう。ホワイトハウス主導の秘密交渉であっても、返還交渉に臨む国家の方針を多角的に論議してまとめるタスクフォースがあり、そこでアメリカの返還実現の条件をまとめ上げていた。

アメリカは返還にあたって絶対に譲れない二つの条件をあげていた。

①沖縄の軍事基地は返還後もアメリカが自由に使えること。

②返還に関するカネは、アメリカは一ドルたりとも支払わないこと。

この二つの条件をのむなら施政権を日本に還してもいい。このハードルを越えるためには、日本側が大幅に譲歩する以外道がなかった。佐藤は沖縄返還をなにがなんでも自分の手柄にしたいと考えていた。しかし通常の外交ルートによる交渉は外務省主導になるので、譲歩することになれば国会でも報告する義務が出てくるし、そうなると革新陣営も国民の多くも許さない。佐藤が表明した「沖縄は、核抜き本土並み、ただで還ってくる」という条件をクリアするためには、アメリカと内々で交渉して相手の手の内を探る必要がある。

アメリカはホワイトハウスが主導し、議会筋や軍部に対する根回しで了解を取り付ける。沖縄を重視する軍部の反対はあったが、軍部を説得できる返還条件さえ整えば、大きな問題にはならない。このような計算があったから密約外交に乗ってきたのである。その変則的な外交交渉は、ジョンソン大統領時代から始まった。

本書はその経過を、主として、密使になった京都産業大学教授の若泉敬、同じく京都産業大学教授の高瀬保の著書に書かれている内容と、それを裏付ける形の『佐藤榮作日記』（伊藤隆監修、朝日新聞社、以下、佐藤日記と表記）、首相主席秘書官による『楠田實日記』（和田純・五百旗頭真編、中央公論新社）、そのほか多数の関連文献、資料などを読み込み、それを一つの史実としてまとめあげて書いた。特に佐藤日記に書かれている内容は、二人の密使の著述内容を裏付けるものとしてはきわめて役立つ記録だった。

首脳会談第一幕・ジョンソン大統領

沖縄返還は、二回にわたる日米首脳会談で決まった。一九六七（昭和四二）年一一月に行われたアメリカ大統領のリンドン・ジョンソンと佐藤の会談が最初で、二回目が一九六九（昭和四四）年一一月のアメリカ大統領、リチャード・ニクソンと佐藤の会談である。大統領は替わっても返還交渉は引き継がれて進んだが、二つの首脳会談は、きわめて異例な経過をたどったものとして外交史上稀有のものとなった。日本の外務大臣さえも「蚊帳の外」におかれ、佐藤の秘密主義は徹底していた。

佐藤の密使となった二人の大学教授がいた。二人は政府から辞令を交付され俸給をもらっている官吏ではない。文字どおり佐藤の個人的依頼を受け、日本の内閣総理大臣の密使としてアメリカのホワイトハウスや政府機関のしかるべき高官との交渉を任される。日本の中央行政官庁で沖縄返還交渉に密接に関わった外務省、大蔵省、通産省などの官僚とも隔絶された場所で、重要な国家の交渉を任される。佐藤の一存で意のままに使われる「使い走り役」と言ってもいいだろう。密使を引き受けた二人の教授は、その重要な役割に真摯に取り組んだ善良な第三者という立場になるが、佐藤に都合よく利用された「使者」でもあった。

ところで、こうした密使の渡航費、現地での滞在費、外国との連絡電話代などの諸経費は、一ドル三六〇円時代であるから日本円に換算すれば膨大な額になったはずである。総理密使がアメリカのモーテルのような「木賃宿」に宿泊することはできない。密使といえども国家を代表しているいわば外交官であり、相手側に対し儀礼に欠けるような振る舞いはできない。

筆者はこの取材の過程で、後述する佐藤の中国密使について調べていたとき、総理秘書官の日記から、香港に派遣する密使への「餞別」として、折に触れて二〇〇万円から三〇〇万円を包んでいることを知った。つまり内閣官房機密費の中から、いわばつかみ金でこうした金額を出していたのだろう。アメリカは香港と比べて渡航費も滞在費も高かったはずだから、アメリカへの密使には二〇〇万、三〇〇万円よりもやや高い金額を包んでいたのではないだろうか。

一九六八年四月二四日の楠田實(くすだみのる)の日記（以下、楠田日記と表記）によると、若泉に餞別を手渡そうとしたらがんとして受け取らない。かなり押し問答したが受け取らなかったことを佐藤に報告したところ「それじゃ、あんまりむり押しするな」となったことが書いてある。さりとて若泉はこうした不透明なカネの受け取りを潔しとしない性格だったようだ。確かに若泉はキッシンジャーとの国際電話での交渉に途方もない時間を費やしており、電話代だけでも相当な額になっただろう。その後、金額は書いていないが若泉にも餞別を出していたことが楠田日記にも出てくるので、若泉といえども受け取らざるを得なかったのだろう。当時の金額はいまの物価に換算すると三倍以上になるだろう。官房機密費で処理していれば領収書なしであり、会計検査院の監査も免除されており、使途が公開されることもない。この官房機密費の仕組みは今なお続いており、その使い道をめぐってメディアなどで話題になることはあるが、実態はベールに覆われている。

最初の密使

佐藤は、容易に人を信用しない用心深い性格であることはよく知られていた。それゆえなのか秘密主義でもあった。沖縄返還交渉では、その性格をもろに発揮した稀有の外交手法で交渉が進められた点でも特異だった。

沖縄返還交渉で最初に密使になった京都産業大学外国語学部教授の高瀬保が一九九一年に刊行した『誰も書かなかった首脳外交の内幕』(東洋経済新報社)での詳述は、度肝を抜くような内容で筆者を驚かせた。

高瀬は、東京外事専門学校(現東京外国語大学)、慶大を卒業後、ハーバード大学、スタンフォード大学で学び、その後スタンフォード大学フーバー戦争・平和・革命研究所の研究員として東アジアの安全保障問題を研究、一九六八年から京都産業大学教授として国際関係論を担当していた。彼の著書によると在米中の一九六三年、アメリカ国防総省から委託されて沖縄の経済力について調査を始める。アメリカ本土から軍用機で日米間を往復する特別扱いであり、ビザも米軍当局から即刻降りる好待遇だった。

こうした高瀬の活動を知ったのが、政権発足後間もない佐藤だった。なぜ頻繁に沖縄に調査に出かけるのか。一九六五年一二月三一日（佐藤日記では一二月三〇日とある）、官邸に呼ばれて佐藤と面談したのを最初に、高瀬は頻繁に佐藤に会って沖縄返還に関する情報交換を行うことになる。ただ佐藤日記では高瀬の話は「電子計算機（筆者注、コンピュータのことを当時はこう呼んでいた）など近代科学の力を動員して、高度の文化国家建設への努力をせんとするもの。なかなか面白い」と記されている。しかし高瀬はそのころ、アメリカの国防総省から委託されて沖縄にたびたび調査に行っているので、当然そのことにも触れただろう。そのころ首相の私的諮問機関として沖縄問題等懇談会（沖縄懇）が発足し、高瀬はその組織や運営のアドバイザーの立場で動き、佐藤には主としてアメリカの返還への立場や考えをレクチャーしていた。

一九六九年一月、アメリカの大統領が民主党のジョンソンから共和党のニクソンに替わった。一九六七年一一月にジョンソン・佐藤の首脳会談があった際に、沖縄返還は「両三年内に返還時期について合意すべき」とした共同声明が出され、七二年には沖縄返還が実現することへの道筋を切り開いた。

佐藤日記によると一九六八年一一月一〇日、「高瀬君を近く渡米、ニクソンに会す予定」とあり、佐藤は高瀬を次期大統領就任が決まったニクソンのもとへ派遣することにしたようだ。高瀬の著書によると、佐藤はジョンソン時代に約束した沖縄返還への約束をニクソンが引き継いで守ってくれるかどうか、直接彼の考えを探ってほしいと依頼する。そのときニクソンが、日米首脳が合意した返還の実現を渋るようなことがあれば、日本はどうするか。高瀬の質問に佐藤はきっぱりと言った。

「日本側が譲歩しよう。核付き、基地の自由使用まで後退しよう。その腹づもりで会ってきてほしい」

高瀬は、一民間人に首相がそこまで譲歩案を言ってきたことにびっくりする。沖縄返還さえできれば、あとはすべてアメリカ側の条件を認める。土下座外交の典型である。沖縄返還にこだわる佐藤の考えがこの言葉に表れていた。しかしその直後、佐藤は自身の私的外交顧問だった賀屋興宣（かやおきのり）に、そのことを打ち明ける。賀屋は佐藤の考えに反対する。

「日米安保条約を沖縄にも本土並みで適用しないと、日本国内で大変な政治問題になりますな。アメリカの政権が替わったからと言って、日本側から譲歩案を出してはなりません。それが外交です」

賀屋は、戦前の大蔵省で辣腕を発揮する官僚として軍部からも一目置かれ、日米開戦には終始反対するが東條内閣の開戦時の大蔵大臣であり、戦後A級戦犯として終身刑となった。一〇年の刑期を終えて出所後、衆院選に旧東京三区で自民党から出て当選する。岸内閣で日米安保条約改定に取り組み、池田内閣では法務大臣や自民党政調会長などの要職を務めた。タカ派の政治家として知られ、岸・佐藤兄弟と親しく、政界引退後は佐藤の私的アドバイザーになっていた。

高瀬の著述内容が事実だとすれば、佐藤は沖縄返還交渉の最も重要なところを、自民党の政治家や閣僚などには何も相談せず、独断で一民間人に譲歩案をニクソンに伝えさせようとした点で常軌を逸していた。佐藤はよほどの外交音痴か、なにがなんでも沖縄返還を実現することで頭がいっぱいになっていたと想像できる。

高瀬が佐藤の密命を帯びてアメリカに飛び立つ直前だった。高瀬が大学で講義している最中に佐藤から電話が入った。ときの総理大臣からの電話にびっくりした事務職員が慌てて授業中の高瀬に取り次いだ。佐藤は、譲歩案を示すことを取り消し、あくまでも核抜き、本土並みを伝えて確認を取ってこい、もしニクソンがノーと言ったらそのまま帰国せよと下命した。電話一本で国家の命運を決めるようなことを簡単にひっくり返すことに佐藤の本質が表れていた。

高瀬は一一月二一日、二二日に、ニューヨークのニクソン組閣本部を訪れて大統領就任直前のニクソンと会い、佐藤からの伝言として大統領に当選したお祝いの言葉を述べている。ニクソンと外交顧問のリチャード・アレンは、間接的な表現ではあったが、ジョンソン路線と変わりはなく、「両三年の目途付け」を確認した（高瀬の著書『誰も書かなかった首脳外交の内幕』〔東洋経済〕）。

このころ佐藤の命を受けて活動していたもう一人の密使は若泉敬であった。高瀬と若泉は同じ京都産業大学教授だったが、学部が違っていたこと、勤務するキャンパスが京都と東京に分かれていたことで、二人の接点はなかったという。二人の密使はそれぞれ著書の中で、名前を記述しないで同じ大学の同僚が佐藤の密使として動いていたことを示唆している。佐藤は、偶然、別々に知り合った同じ大学の教授を一時期、ダブって密使として使っていたことになる。佐藤の口から二人の密使にその関係を語ったことはなかったようだ。

二人目の密使

一九六六（昭和四一）年九月三〇日である。端正な顔立ちに精悍さを宿し、黒髪をきっちりと七三（しちさん）に分けた三六歳の少壮の国際政治学者が、秘書官に案内されながら人目を避けるようにして首相官邸の裏口から入っていった。京都産業大学法学部教授の若泉敬である。

その一か月ほど前に若泉は、官房長官の愛知揆一と話をする機会があり、核時代における日本の安全保障のあり方について熱心に語ったことがあった。愛知はこの話にひどく感心し、総理に直接会って話をするようにお膳立てして、若泉の官邸訪問が実現した。国際政治学の論文にも広く目を通し、この若さでホワイトハウスの高官やアメリカの学術界の枢要なメンバーと面識があることを言葉の端々に出しながら、気負いもなく冷静で理路整然とした語り口は聴くものを離さない魅力があった。

若泉は、福井県今立郡服間村（現越前市横住）で生まれ、福井県青年師範学校本科を卒業し、明治大学政治経済学部政治学科に進学する。一年後に東大法学部に入り直して卒業する。在学中から芦田均などの政治家や言論界の巨人、大山岩雄など著名人の知遇を得る。大山は若泉を評して「まだ学生であるが、その感覚と能力は卓越し、信頼するに足る有為の人材の一人である」と書き残している。

東大法学部を卒業後、保安庁（防衛省の前身）保安研修所の教官となり、ロンドン・スクール・オブ・エコノミクス大学院を修了。その後、アメリカのジョンズ・ホプキンス大学高等国際問題研究所（SAIS）の客員研究員となり、マイク・マンスフィールド（上院議員、後に駐日大使）、ディーン・アチソン（元国務長官）、ウォルター・リップマン（アメリカ随一の政治評論家）、ウォルト・ロストウ（後に国家安全保障担当大統領特別補佐官）らアメリカの中枢に影響力のある人物と面識を持つようになる。若泉はこうした人物との議論でも、卓越した英語力で臆することなく自説を主張し、論旨の確かさと独自の歴史観とが相まって日本の若手研究者として一目置かれるようになる。

九月三〇日、官邸に入った若泉は、警察庁から出向していた秘書官の勝田俊男同席のもとで、初めて佐藤と面談した。若泉は核時代の日本の安全保障のあり方を熱心に説き、佐藤はそれを一時間あまり聴いた。若泉はその時の印象について、佐藤はきわめて用心深く、人を容易に信用しない人物であるように書いている。佐藤は元々、自身の考えを披瀝することはほとんどなく、何ごとも時間的にぎりぎりまで追い込まれない限り自分の考えや方針を出すことがない人物であることは衆目が一致していた。佐藤は愛知からの推薦で一応話を聞いてみたものであり、「早耳の栄作」といわれた佐藤にとっては、参考意見聴取程度の意味でしかなかったのだろう。若泉は佐藤のそのような人物評を最初に会ったときに見抜いていた。佐藤日記には若泉と会ったことすら書かれていない。

佐藤は、首相になって間もなくから沖縄返還への流れを作ることを考えていた。一九六五（昭和四〇）年八月一九日、現職の首相として初めて、アメリカ統治下にあった沖縄を訪問した。那覇空港に降り立った佐藤は訪問スピーチで「沖縄の祖国復帰が実現せずには、わが国の戦後は終わらない」との名セリフを吐き、沖縄返還に強い意欲を表明して評判となった。後世に残るこの言葉をスピーチに盛り込んだのは首席秘書官の楠田實であった。その後、佐藤は沖縄返還にことのほか意欲を見せる。「待ちの政治」と評された佐藤の政治姿勢の中で、唯一、積極的に意欲を見せた政策だった。

若泉はその後も学会などで欧米を訪問し、核拡散防止条約の扱い方などについて著名な国際政治学者や官僚と意見を交換していく。そのころ、若泉の評価を不動のものにした二つの論文があった。いずれも月刊誌『中央公論』に発表したもので、一九六六年九月号に発表した「ロバート・マクナマラ米国防長官との単独会見」であり、次いで、一九六七年三月号で発表した「核軍縮平和外交の提唱」である。

とりわけ、アメリカでも最も難しいとされていた現職の国防長官に、外国人として初めての単独インタビューを三六歳の日本の研究者がやってのけたことは、内外で驚きの波紋が広がった。佐藤が若泉と初めて会ったのもこの論文発表の直後である。マクナマラとの会見が実現したのは、親友で国防総省にいたモートン・ハルペリンやアメリカの駐日大使エドウィン・ライシャワーがジョン・F・ケネディ大統領の特別補佐官だったマクジョージ・バンディに働きかけて実現したものであり、若泉の識見と学者としての力量を認めてこそのアメリカ側の動きであった。

一九六六（昭和四一）年の暮れに、大蔵大臣から自民党幹事長になった福田赳夫は、佐藤が日ごろから沖縄返還の実現を口にし、対米外交折衝がきわめて重要な時期に来ているが、外務大臣に任命した三木武夫と外務省の外交官らの対応に不満を漏らすようになっていることを気にしていた。外交折衝では、返還実現への道筋がさっぱり見えてこないのである。アメリカはベトナム戦争のさなかにあり、重要な軍事基地になっている沖縄を手放すことは考えていなかった。福田はその事情を知っていたが、日本の安全保障と沖縄返還をセットにして返還実現への道筋が開けないかと考えていた。若泉の二つの論文を読み、マクナマラ国防長官と単独インタビューした若き国際政治学者の意見をぜひ聞きたいと思い、一九六七（昭和四二）年七月二四日、若泉と私邸で会った。

若泉は、アメリカ国防総省のハルペリン、大統領補佐官のウォルト・ロストウらをはじめ、ホワイトハウス周辺の重要なスタッフと情報交換をした内容を福田に披露した。福田は話の中で、ホワイトハウス、議会、国務省、国防総省などが沖縄返還についてどのような考えを持っているのかを知りたがった。アメリカの指導者が沖縄返還に対しどの程度実現性への認識を持っているのか、それを聞き出すことが最大の関心ごとだった。

福田は、沖縄返還交渉の経過をひととおり話した後に、日米の主張点がかみ合っていないようだとの感想を述べた。三木・ラスク会談は、思うように運んでいないと聞いていたからだ。これをどう打開していけばいいか。

「先生の忌憚のないご意見を聞きたくて、おいでいただきました」

福田は若い若泉を「先生」と呼んでいた。外務大臣・三木武夫と国務長官・ラスクが沖縄返還について話し合いをしても何も進展しなかった。このころアメリカ議会と軍部は、沖縄返還に反対していたからだ。その事情を日本の政官界はしっかりと認識していなかったが、逆に若泉はその辺の事情がよくわかっていた。若泉は、沖縄返還は高度に政治的な判断が要求される問題なので事務レベルの折衝だけでは容易なことではないと説明する。国務省と外務省の交渉では無理ではないかとの見解を述べた。

「直接ホワイトハウスを攻めなければ、とても返還への扉は開けられないでしょう」

若泉は、大統領特別補佐官（国家安全保障問題担当）で経済学者でもあったロストウときわめて親しい関係にあった。ロストウは、アメリカがベトナム戦争に本格的に介入したときに国務省の政策企画委員長を務めており、大統領のベトナム戦争介入に大きな影響力を持っていた。ロストウが一九六五年二月に来日したとき、スケジュール管理を若泉が引き受け、すべての行動の世話をしたことから、彼からは絶大な信用を得ることになる。若泉が学会などで渡米したときには、ロストウは若泉をホワイトハウスの自室に呼ぶだけでなく自宅にも招待して親交を持つ仲になっていた。

若泉はもう一人の重要な人物と親交があった。アメリカに留学していた当時から付き合いのあったハルペリンである。彼は若泉より八歳年下でありながら、弱冠二九歳で国際安全保障問題担当の国防次官補代理に抜擢されていた。国防省内の沖縄返還に対する本音を聞き出すには、最もいい位置にいる人物だった。

このような若泉の人脈と情報交換の話にじっと聞き入っていた福田は、若泉が話し終えると間髪入れずに言った。

「先生、すぐに総理に手配しますので、至急、会ってその辺の事情を話してもらいたいのです。宜しく頼みます」

福田は何ごとにも率直にものを言い、動きが早い。しかし若泉は、愛知の紹介でその前年の九月三〇日に初めて佐藤に会って話をしているが、そのときの体験から佐藤が本気になって若泉の話を聞いてくれるかどうか疑っていた。

福田の手配で二日後の一九六七年七月二六日、若泉は官邸を訪問し、昼食をはさんで佐藤と二時間近く話し合った。前半は核軍縮の時代に合わせた日本の外交のあり方と核時代における日本の安全保障政策について世界の動きと自身の意見を説明した。佐藤の方から沖縄返還について尋ねてきたので、ホワイトハウスのロストウ、国防総省のハルペリンから得られた率直な見解を語った。公約に掲げている沖縄返還を実現したい佐藤にとって、若泉の報告と意見はあまりいい内容ではなかった。それでも別れ際に佐藤は「これからも話があるときは、秘書官を通して連絡をくれればいい」と言って別れた。その日の佐藤日記には「若泉敬君と中食(ママ)。食後懇談。米国の沖縄その他について意見を聞く。（筆者注、アメリカは）何と言ってもベトナムで頭がいっぱい」とだけ書いている。

佐藤と若泉は二回会見して都合三時間話し合っている。しかし隠密に人を使って情報を集める癖がある佐藤は、若泉をまだ情報通の一人としか考えていなかった。

一九六七（昭和四五）年九月二九日の夕方、若泉は東京・赤坂プリンスホテルに幹事長の福田の個人事務所を訪れた。福田はいつもと変わらぬ飄々（ひょうひょう）とした風情で「やあ、やあ」と声を出しながら右手を差し出して握手を求め、椅子に掛けて表情を引き締めるとやおら切り出した。沖縄問題で是非ひと肌脱いでもらいたいという懇願だ。いまの状態では局面が動かないという状況を福田は悩んでいた。若泉の考える最も効果的な方法で、「アメリカの最高首脳」の意向を打診してもらえないかという相談だった。福田の言う最高首脳とは、大統領という意味だ。若泉は応じた。

「それならロストウと接触する以外ないです。しかし総理の私に対する要請や考えはどのようなものでしょうか」

この時点で若泉は佐藤と二回会っている。しかし、その会談の様子から、単にアメリカ政府中枢の事情通として話を聞いておくという態度にしか見えなかった。「早耳の栄作」という異名は、このように人から情報を集めて、情報通になっていたからではないか。

総理の信任状を持たないただの親友として大統領補佐官と会っても、出てくる話の中身には限度がある。単に情報を聞くだけという意味ならこれ以上会ってもあまり意味がない。若泉の表情を読み取った福田は総理もお願いしたいと言っているし、「その意を受けてお願いしている」とも語った。

若泉は、「総理の信任状があれば、沖縄返還に関する信頼できるアメリカの意向をそれなりにとってくることは可能と思います」と答える。若泉の頭の中にロストウの顔が浮かんでいた。信頼関係には自信があった。相当に突っ込んだ感触をとることができるだろう。

福田赳夫からの要請を受けた若泉は、その一か月後、一九六七年一〇月二四日、アメリカに渡り、ホワイトハウスでロストウと、国防総省でハルペリンと会見してアメリカ側の沖縄返還に関する考えを聞き出していく。しかしこのとき若泉は、日本の総理大臣の信任状（letter of credence）を持っている正式な代理人ではなかった。それでも若泉には、研究者仲間として付き合ってきた信頼があったので二人の高官は面会に応じ、意見交換することに応じていた。二人はいずれも、オフレコを条件としながらも、忌憚のないアメリカ側の考えを述べていく。沖縄返還に対するアメリカ政府の立場を要約すれば、次のようなものだった。

1．極東の安全保障で日本は相応の役割を果たし、アメリカのベトナム戦争を支持する立場を示すこと。

2．沖縄返還の合意は希望が持てるが、返還時期を明示することは難しい。小笠原だけの早期返還は可能である。

3．国防総省としては、返還後の沖縄の軍事基地の機能は、核貯蔵と戦略爆撃機B52の自由発進が条件である。

4．沖縄の自治権の拡大、日本本土との一体化の方向は、できるだけ促進することに異存はない。

そのころアメリカ政府は、ベトナム戦争の対応で日夜追われていた。ベトナム戦争は、ベトナムを南北に分けた内戦にアメリカが介入する戦争に発展したもので、ケネディからジョンソンへと大統領が替わっても、ベトナム戦争政策は引き継がれていた。ジョンソン時代のアメリカからの派遣兵力は五〇万人以上に達したが、南ベトナム解放民族戦線（ベトコン）のゲリラ戦術に悩まされ、六八年のテト（旧正月）にベトコンが攻勢に打って出て（テト攻勢）から形勢は逆転することになる。

そのころからアメリカ国内や世界各地でのベトナム反戦運動が沸き起こり、日本でも小田実を代表とする「ベトナムに平和を！ 市民連合」（べ平連）が活動を始めていた。アメリカ国内では、一九六八年に発生したアメリカ軍によるソンミ村での女性子どもを含む約五〇〇人の殺害事件が明るみに出て、反戦運動はさらに激しくなっていく。

そうした状況の中で、アメリカ軍のベトナム空爆と地上戦はますます激しさを増し、戦略爆撃機B52が連日、沖縄の米軍基地から飛び立っていた。アメリカは沖縄を米軍の軍事基地とすることにこだわっていた。

こうしたアメリカ側の空気をつかんだ若泉は、帰国後の一一月五日の夕方、アメリカ側の意向を報告するため世田谷区野沢にある福田の自宅を訪れた。そこで大統領の考えと、来るべき佐藤・ジョンソンの日米首脳会談で、佐藤から大統領に発言してほしい要旨など、主としてロストウからのアドバイスをもとに話をした。そして若泉が直接総理に会って、すべて極秘裏にやるという約束をもらえれば、実現できることだと語った。話を聞いた福田は、すぐにその場から首相官邸に電話を入れ、翌日午後四時半、官邸で佐藤と若泉との会見をセットした。

「両三年」

一九六七年の一一月六日、福田の仲介で官邸を訪問した若泉は、最初、総理秘書官と会って、外務省が行っている首脳会談へ向けた日米事務当局の折衝について説明を聞いた。その後、官邸の小さな会議室で佐藤と二人だけになった若泉は、アメリカ側が首脳会談で希望している大統領に対する佐藤の発言内容を伝え、今後、沖縄返還を実現するために日米間で協議することに合意できるだろうと意見を述べた。これに対し佐藤は、返還する時期がいつになるのか、それにこだわった。

沖縄が還ってくる時期を佐藤は「両三年ということで合意を取り付けたい」と言う。若泉は佐藤から出た「両三年」という聞きなれない言葉を心の中で反芻（はんすう）した。英語ではどのように表現するかを考えながら言った。

「両三年とは英語では何と言うべきかいま思いつきませんが、それはちょっと困難ではないかと思います」

佐藤は意外なことを口走った。

「英語では、〝アフュー イヤーズ〟でどうかな」

若泉は、佐藤の意図を初めて知って驚く。なるほど「アフュー イヤーズ（a few years)」を日本語表現にすれば両三年と言えるが、これは返還の時期ではない。返還を決める時期を両三年にしたいという意向だ。返還時期は当然、もっと先になる。つまり二段構えで返還への時期を設定することになる。まず返還実現の目途をつけるまでの時期を設定し、次に実際に返還時期を決めて実現するという道筋になる。なるほど、これなら可能性があるかもしれない。

佐藤はホワイトハウスのトップにぶっつけて、これを実現してほしいと言う。首脳会談のコミュニケの中に「両三年」を入れるように伝えてほしいという希望である。佐藤はまるで懇願するように若泉に語りかける。その表情から総理の真剣さが伝わると同時に、駆り立てられるような焦りの色が出ていると若泉は著書に書いている。

「わかりました。やってみます」

しかし若泉は心の中では、たとえ二段構えの表記にしてもアメリカ側が「a few years」とコミュニケで表記することは難しいのではないかと考えていた。それにしても、あまり英語が得意でもない佐藤が「a few years」というフレーズを口にして、具体的な返還へのスケジュールを語ったことに若泉は意外感を持った。若泉は自身の著書に「珍しくリーダーシップを感じた」と書き残している。

後年出版された山田栄三『正伝 佐藤栄作』（新潮社）の中で、このフレーズは一九六五（昭和四〇）年一月に、佐藤がジョンソンと最初に会談した際に、ジョンソンが沖縄返還に関連して何か語った際に漏らした言葉を記憶にとどめ、それを持ち出したものとわかる。佐藤の二男の信二がゴルフ場で佐藤から聞いた話であり、そのとき佐藤は信二に硬く他言を禁じていることも書いている。

この日の若泉との会見について佐藤は日記に次のように書いている。

佐藤日記（一九六七年一一月六日）

「若泉敬君と約一時間打ち合わせをした。場合によっては特使として派遣したらよいかとも思うが、まづまづのところか」

佐藤日記には「まづまづのところか」という文言がよく出てくるが、これは事態や発言を肯定的に受け止めたときに書いているようである。若泉を私的特使として派遣することをほぼこの日の会談で決めたことがうかがわれる。総理の意を体して外交折衝に動く私的密使が誕生した。若泉はこの日のことを「運命の日」と著書に書き残している。

二日後の一一月八日の正午前に、若泉は再び官邸を訪れ首相執務室で佐藤と面談し、コミュニケ案文に盛り込む「両三年」の文言について確認し、その場で正式に首相の密使としてアメリカの政府高官と折衝してほしいと佐藤から要請された。その話をした後佐藤は、官邸の小食堂に若泉を案内し、官房長官の木村俊夫、総務副長官の鯨岡兵輔（くじらおかひょうすけ）も交えて昼食会を開いた。話題はもっぱら、世間を騒がせていた沖縄返還反対の過激派学生の動向や大学紛争のことで、沖縄に関係する話題は一切出なかった。佐藤と若泉だけが、正式に密使として旅立つ壮行会であることを心に秘めての昼食会であった。

若泉が佐藤から直々に本人のサインのある信任状をもらったのは、翌日の一一月九日の夕方である。彼の任務の最重要課題は、コミュニケの中に「両三年に返還のめどを付ける」という文言を盛り込むことだった。信任状を懐にした若泉が、ロストウに会ったのは首脳会談の三日前の一一日土曜日だった。若泉は信任状を示した後、早速、返還のめどである「両三年」について説明し、正式にコミュニケに入れて欲しいと要請する。しかし親友のロストウは、若泉の説明を聴きながら次第に厳しい表情に変わり、沖縄返還に慎重な態度を崩さない。

「問題は軍部なんだよ。タカ派議員の中に強い反対がある」

ロストウは、特に国防総省が返還には強硬に反対しており困難だとの意向を示しながら、ベトナム戦争は重大な時期に差し掛かっており、軍事基地の沖縄を思いどおりに使えなければ返還はできないという軍部の意向を繰り返し語った。しかし若泉は食い下がった。大統領ならできるのではないか。ロストウなら大統領に進言できる立場にいるのではないかと迫った。

ロストウは、若泉が熱意を持って繰り返し語る「両三年」の言葉に動かされていく。それを実現するには佐藤がナショナル・プレスクラブでジョンソン政策を支持しベトナム戦争を支持するスピーチを行い、経済不況で行き詰まっていたジョンソン政権を支える日本側の政策を用意して首脳会談時にも表明することが不可欠だと言う。ロストウの見解を理解した若泉は、佐藤が発言すべき内容のほとんど一字一句に至るまで細かいすり合わせをロストウと行い、それぞれが二人の首脳にあげていった。

日米首脳会談は一一月一四、一五日の二日間ワシントンで開かれる。その準備のため、外交ルートの事務レベルでは最後の詰めをしていた。国務長官のラスク、外相の三木武夫、駐日大使のアレックス・ジョンソン、駐米大使の下田武三（しもだたけぞう）などの間でたびたび折衝が行われた。沖縄返還交渉、日本の安全保障の基本的な立場と政策などで双方の意見をすり合わせていた。ラスクは一貫して沖縄返還には難色を示し、日本側から出していた沖縄返還の具体的な要請を大統領まであげていなかった。アメリカから示される首脳会談後のコミュニケ案にも、「両三年」の文言はなかった。後年公開された駐日大使のアレックス・ジョンソンの回顧録を読むと、三木と佐藤は意見が合わず、佐藤は三木をまったく信用していなかった。そのことを肌で感じている三木は、首脳会談に出席したくない意向をたびたび大使に漏らしている。大使は首相と外相が不仲なことがホワイトハウスに聞こえると困ると思い、うまくとりなそうとしたことが書かれている。

コミュニケ

一九六七（昭和四二）年一一月一四、一五日、日米首脳会談がホワイトハウスの大統領執務室で始まった。

若泉は首脳会談に合わせてワシントン入りし、佐藤らが宿泊しているブレアハウス（迎賓館）近くのホテルに投宿し、呼び出しがあったらいつでも駆けつける準備をしていた。首脳会談の前日の夜、若泉はサングラスに黒いレインコートで身を包み、約束したブレアハウスの前まで行った。首脳会談の取材で来た多数の報道陣や政府機関の人たちと出会っても、気づかれないように変装したつもりだった。

入口までくると外務省から出向の総理秘書官が待ち構えており、彼の案内でブレアハウスの中に招じ入れられた。会議室で待機していると入室してきた佐藤は「本当にご苦労さん。君の骨折りのお陰で何とか望みが出てきたようだが、まだまだ難しいようだねえ」と話しかけてきた。ほかの人は席を外して二人だけの話になる。そこで若泉はロストウとすり合わせて作った内容をもとに説明した。佐藤は「両三年」の文言をコミュニケに入れることに最後までこだわった。何としてもコミュニケに入れたいと語り、そのためにアメリカ側に沖縄基地の機能を弱体化させないという保証を大統領に強調すると語る。問題は大統領にあげるまでに国務長官と国防長官の賛同を取り付けることだった。

一方、大統領、ジョンソンは、佐藤→若泉→ロストウのルートで密かに働きかけてきた「両三年のうちに返還のめどを付ける」という「めど付け」に対し、実は密かに期することがあった。三年後の一九七〇年までには、ベトナム戦争は終結するだろう。そうすれば軍施設としての沖縄の役割は軽減されているから事態はまったく違ってくるだろうと考えていた。一方の佐藤は、自分の首相任期中に沖縄返還への道筋を何としてもつけておきたい。自民党総裁四選を果たせば返還実現も可能だとの思惑を秘めていた。

ケネディ暗殺後に大統領に就任し、その後二期目の大統領を務めていたジョンソンは、ベトナム戦争への軍事介入を拡大させ、アメリカ世論の強い批判にさらされ、全米の激しい反戦運動の渦の中にいた。翌年の大統領選挙で民主党の候補に指名されることはかなり難しい状況にあった。

ジョンソンはその時点でベトナム戦争に幕を引くことを密かに決意していたふしがある。ベトナム戦争が終結すれば軍事基地としての沖縄の役割が軽減されるから、両三年のめど付けは困難なことではない。返還に反対する軍部とタカ派議員を抑えて、大統領は佐藤の希望に乗ることにした。両国の政府スタッフを排除した二人だけの首脳会談でコミュニケ案は確定された。その部分を抜き出すと次のようになる。

日米共同コミュニケ第七項（一部抜粋）

総理大臣（筆者注、佐藤）はさらに両国政府がここ両三年内に双方の満足しうる返還の時期につき合意すべきであることを強調した。大統領（筆者注、ジョンソン）は、これら諸島の本土復帰に対する日本国民の要望は、十分理解しているところであると述べた。

この声明によって、沖縄返還の時期を両三年内に定めることが決まり、実現へ向けて大きな一歩を踏み出した。佐藤日記には、その日のことが次のように書かれている。

佐藤日記（一九六七年一一月一五日、一部抜粋）

「……共同コミュニケ（筆者注、日記はすべてコムミニケとあるが、以下すべてコミュニケと表記）は東京にも直ちに報告されまづまづの処か　もともと「きよほうへん」を度外視して只最善を尽くしたのみ、出来栄えは後世史家の批評にまつのみ、陛下への報告が出来る事と悦ぶ」

この共同コミュニケ発表から四か月後の一九六八年三月三一日、ジョンソンは全米に向けたテレビ演説で北ベトナムへの北爆を部分的に停止し、無条件で北ベトナムとの対話を呼びかける劇的な演説を行った。そして演説の最後になって、突然、次期大統領選挙に出馬しないことを表明して自ら政治活動に幕を引くと宣言した。アメリカの政官界に大きな衝撃が走った。

首脳会談第二幕・ニクソン大統領

ジョンソン大統領の退陣後に向けた一九六八（昭和五三）年のアメリカ大統領選挙は、民主党のヒューバート・ハンフリーと共和党のリチャード・ニクソンの一騎打ちとなり全米各地で大激戦を展開する。結果はニクソンが一般有権者得票率でハンフリーにわずか〇・七パーセント上回るという薄氷の勝利だった。選挙戦でニクソンは、ベトナム戦争からの名誉ある撤退を掲げる一方、繊維業界に影響力のある南部諸州の大票田で勝つために、日本から入ってくる大量の繊維製品に貿易規制を実施することを公約に掲げた。このため、当選後には日米繊維交渉に発展、それが沖縄返還交渉にも大きな影響を及ぼすようになる。

一方の日本では、同年一一月二七日に行われた自民党総裁選で佐藤栄作は沖縄返還実現を公約に掲げ、三木武夫、前尾繁三郎（まえおしげさぶろう）を破って三選を果たした。三〇日に行われた内閣改造は、沖縄返還を見据えた人事体制を作り、外相に愛知揆一、蔵相に福田赳夫、官房長官に佐藤の腹心の保利茂、幹事長に田中角栄を起用した。

沖縄返還交渉は、民主党のジョンソンから共和党のニクソンに引き継がれたが、果たしてジョンソンと合意している返還への同意事項がすべて保障できるのかどうか。不安に駆られた佐藤は、先にも述べたように第一の密使、高瀬保を使って大統領就任直前のニクソンから両三年の返還めど付けの確認を得て、いよいよ返還実現へ意欲を燃やすことになる。ただし、このような佐藤の秘密外交も心に秘めた決意も、大蔵大臣の福田を除いて党と内閣の幹部は誰も知らなかった。福田がひたすら佐藤の思いを実現するために密約の片棒を担ぐことに精力を注いだのは、ポスト佐藤を期待した思惑からであった。佐藤の返還に秘めた決意と福田のポスト佐藤への秘めた思惑が一致し、沖縄返還実現への原動力となって突き進んでいった。

アメリカの歴史家の論評によるとニクソンは、容易に人を信用しない人物であり、本心は少数の人にしか打ち明けない政治家であった。その意味で孤独であり秘密外交を好むとの評価があり、官僚の言うことはあまり信用せず、ホワイトハウス主導で何事も決めていく政治手法ともいわれていた。

一方の佐藤もまた官僚をあまり信用しない人物であり、独自の人脈を駆使して情報を集めるので「早耳の栄作」という異名をもらっていた。何事にも慎重で時に優柔不断であり、本心をなかなか見せない点でニクソンとよく似た政治家だった。この二人の首脳によって沖縄返還が実現するのだが、それを確実にしたのは公式の外交折衝ではなく、両首脳の代理人となった若泉・キッシンジャーの秘密折衝の成果でありそこで作成された首脳間の密約であった。

さらにもう一つ重大な密約があった。沖縄返還にかかる経費を日本側がほぼ丸抱えで負担するという密約が、大蔵省の高官とアメリカの財務長官特別補佐官の間で取り交わされていた。その交渉を指揮したのは佐藤と大蔵大臣の福田だった。国民にも国会にも内密にして軍事基地への資金の流れを制度化した密約は、今日の「思いやり予算」、辺野古移転問題などへつながっているといわれている。後年アメリカで公開された公文書、日米で公刊された大学研究者らの論文と著作物によって、この密約が事実であることが裏付けられ、沖縄返還の日米折衝の驚くべき真相が初めて知られるようになる。どのような経過で密約が結ばれたか追ってみたい。

キッシンジャー補佐官

一九六九(昭和四四)年一月一五日の夕方、若泉はニューヨーク・マンハッタンの最高級ホテル「ピエール」にあったニクソン新政権の組閣本部に、大統領直轄の安全保障問題担当特別補佐官になったばかりのヘンリー・キッシンジャーを訪ねていった。キッシンジャーはハーバード大学の国際政治学の研究者として著作物と論文を立て続けに世に出し、論客としてこの世界では第一人者になっていた。若泉は学会や国際的な研究会でキッシンジャーと何度か顔を合わせているが、それ以上の付き合いはなかった。キッシンジャーは組閣本部に陣取り、彼の手足となる強力な組織である国家安全保障会議(NSC)の人選を固め、スタッフを差配して仕事を始めていた。

若泉と会ったキッシンジャーは、ドイツなまりの英語で「ロストウから君のことは聞いている。君のことをえらく褒めていたよ」と親しく接してきた。ところが、沖縄返還は日米の喫緊の課題であると話し始めるなり、若泉はキッシンジャーが日本のことも沖縄のことも何も知らないことに気がつき愕然とする。しかしジョンソン時代に重要な情報交換をしていたハルペリンと国務省日本部長だったリチャード・スナイダーが、キッシンジャーが主導する国家安全保障会議の高級スタッフになっており、この二人を通じて日本と沖縄返還に関する重要な情報をキッシンジャーにあげることができるだろうと考えていた。

キッシンジャーも秘密主義で知られていた。極端にいうと自分以外誰も信用しない。若泉はその後、キッシンジャーから何度か人の評価を訊かれたことがあるが、それはその人物の評価を聞くためではなく、若泉の人物を試すためではないかと思い、余計なコメントは一切控えた。この時点で若泉はまだ、ニクソン政権になってから佐藤の密使となることは決まっていなかった。

帰国した若泉はすぐに佐藤を官邸に訪ねて、新政権と沖縄返還の取り組みについてホワイトハウスの動きを報告する。そのとき、ジョンソン時代に隠密外交をして「両三年」をコミュニケに記載することを成功させたロストウから、キッシンジャーを通じてニクソンに接触するようにアドバイスされた話をする。

「キッシンジャーは、そんなに力があるのかね」

いつものように佐藤は、人を疑ってかかってきた。若泉はそれを聞いて佐藤の甘い考えに半ば腹を立てていた。佐藤は国会でたびたび「核抜き本土並み」返還を表明しているが、その保証も道筋も何もない。このまま外交ルートで返還交渉しても「核抜き」はうまくいかないだろう。これでは日米友好関係も台無しになるという心配を若泉は率直に佐藤に訴えた。ホワイトハウスと直接交渉する政治的ホットラインを開かないと打開できないだろう。話を聞いているうち、佐藤はだんだんと憂慮の表情を顔に出し、しばらく黙っていたが意を決したようにこう言った。

「ニクソンが大統領に就任した直後に手紙をくれたんだ。その手紙の余白に手書きで「なにかあったら自分に直接言ってきてくれ」という意味の添え書きがあったんだ」

若泉は驚愕する。大統領が自ら総理にそのようなメッセージを書いて送ってくることは、大事な交渉事は直接話をしたいというニクソンの本質が出ている。このメッセージにこそ、秘密主義で人を信用しないニクソンの本質が出ている。若泉が言った。

「それではなおさらじゃないですか。大統領との間に政治的なホットラインを開くのがいいと思います」

ジョンソン時代のロストウ・若泉の秘密交渉をキッシンジャー・若泉に置き換える構想を提案した。しかし佐藤は明確に賛同せず、外相の愛知揆一と会うように指示する。官邸を辞した若泉は、その足で愛知に会いに行った。愛知もキッシンジャーがホワイトハウスで大きな影響力を持ってきていることを認め、佐藤にもそう話をしたことを知る。若泉は不安になる。なぜこのような話を愛知にまでするのか。日米両首脳の政治的ホットラインを作っても、他の人に漏れていくのでは本音の折衝はできないし、第一、キッシンジャーもニクソンも信用しなくなり相手にしなくなる。このような日本側の事情を知ったら、ホワイトハウスは一〇〇パーセント乗ってこないだろう。だからこそ総理への手紙の余白に書いてきているのだ。

若泉は、ここははっきりしなければ密使は受けられないと思いたち、愛知と別れた後すぐに首相主席秘書官の楠田實に電話で総理への面会を申し入れる。官邸に呼ばれた若泉は、やや不快の表情を出しながら、愛知と会って話をしたことを佐藤に報告し、密使による「隠密外交」の意味についてもう一度説明した。

これは外務省・国務省のルートとは次元が違うので、外務大臣の要請で行くことはできないときっぱりと言った。さらに佐藤の眼を見てこう付け加えた。

「私が行くならすべて極秘にしなければ意味がありません。総理の個人的な代表、パーソナル・リプレゼンタティブ（代理人）とする信任状が絶対に必要です」

ジョンソン大統領時代に密使として実績をあげている若泉は、ホワイトハウスの密使外交の本質をまだ理解できない佐藤に、少々腹を立てていた。ここまで言われれば佐藤も同意するよりない。こうして若泉・キッシンジャーを介した政治的ホットラインの設置が決まった。

一九六九（昭和四四）年七月二〇日、アメリカのアポロ計画で人類が初めて月面に降り立った快挙に世界中が沸き立っていた。アメリカ人は一日中、繰り返し放映される月面活動の実況中継の録画番組に釘付けになっていた。キッシンジャーに会うために渡米していた若泉は、ホテルのテレビでそれを見ながら新しい時代の到来を肌で感じていた。

その翌日の夜、若泉は日本国総理大臣の英文用公用箋にしたためた総理の信任状を持ち、ホワイトハウスのキッシンジャーに会いに行った。若泉が総理の信任状を見せた後、佐藤が政治的ホットラインを開くことを希望していることを告げると、キッシンジャーは大統領も賛成していると同意した。続けてキッシンジャーは言った。

「この政治的ホットラインはロジャーズ国務長官には知らせないことにした。日本側も同じようにしてもらえるか」

外務大臣にも内密にしてほしいという打診である。この役割をよく心得ている若泉は、自分で意識するほどきっぱりした口調で返答した。

「もちろんそうします。佐藤総理にも話をして、必ずそうしてもらいます」

キッシンジャーはそれ以上に強い口調で言った。

「(知っているのは)四人だけだ(Just four of us)」

こうしてニクソン時代の政治的ホットラインが始まった。盗聴を警戒して電話ではお互いにコードネームで呼び合うことにした。キッシンジャーを「ドクター・ジョーンズ」、若泉を「ミスター・ヨシダ」と互いに呼び合い、若泉がニクソンを意味するときは「あなたの友人」とし、佐藤のことは「私の友人」と呼ぶことにし、キッシンジャーも大統領を「私の友人」と呼ぶことにする。この呼び方は、佐藤が国際電話で若泉を呼び出すときも「ミスター・ヨシダ?」と問いかけ、佐藤日記でも若泉のことを「ヨシダ」と記述することがあった。秘密主義の佐藤も徹底していた。

三つの密約

沖縄返還の実務的なスケジュールは、一九六九年一一月の佐藤・ニクソンの日米首脳会談で決まった。しかしこの会談で日米首脳の二人だけで結ばれた重要な密約が三つあった。その密約を日本で承知していたのは佐藤と大蔵大臣の福田とそれを取り巻く数人の官僚たちであり、国民も国会も知らない国家の最重要機密となっていた。

それが白日のもとに明らかになったのは、アメリカの公文書公開が次々と始まったこと、日米の関係者の私的著作物や文書、国際政治学者の学術論文が公刊されるようになったからだ。とりわけ当時、外務省アメリカ局長だった吉野文六（よしのぶんろく）の告白によって、国家的な密約で固めて沖縄返還を遂行した事実が白日のもとにさらけ出されたからである。この暴露で沖縄返還の真実が明らかになったが、日本の公的文書によって明らかになったものは皆無といってよく、すべてアメリカの公開公文書によって露見したものである。

一連の文書によって、毎日新聞政治部記者の西山太吉が外務省から入手した極秘電信文に書かれていたアメリカとの秘密交渉の内容が真実であることが裏付けられたのだが、全貌が姿を現すことによって、この極秘電信文の内容はごく一部にすぎない情報だったことがわかる。沖縄返還で決定的な役割を果たした三つの密約がどのようなものであったかたどってみよう。

その1・核の密約

沖縄返還時期については、一九六七年のジョンソン・佐藤の首脳会談で「両三年に返還時期についてめど付けする」ことになっていたが、その後の外交折衝で七二年に返還することで日米間の合意が成立することになる。しかし返還交渉で最も悩ましいことは、非核三原則「核を持たず、作らず、持ち込ませず」をいかに担保するかであった。

一九六九（昭和四四）年三月一〇日の参議院予算委員会で社会党議員の前川旦（まえかわたん）の質問に対し、佐藤は沖縄返還交渉の基本方針は、「核抜き、本土並み」と明確に答弁したことから非核三原則返還が歩き始めた。この総理の表明に縛られ、それ以降、沖縄の核抜きをどのようにして実現するのかが外交ルートの交渉でも焦点になっていた。

沖縄の米軍基地に核装備した武器があり、核が貯蔵されているということは公然の秘密となっていた。アメリカは、返還後も米軍基地を自由に使用できることを条件とし、核装備も当然のことながら認めなければ返還はしないという方針だった。もし返還前に核の装備と貯蔵をなくしたとしても、返還後の有事の際には核を沖縄に持ち込んで自由に使用できないようなら返還はできないというのがアメリカ側の主張だった。軍部と議会のタカ派は強硬だった。

返還後の有事に核の持ち込みを日本が認めることは、前大統領補佐官のロストウもキッシンジャーも外交ルートによる交渉とは別に、首脳同士の密約を結べば事足りるという安易な考えがあった。核を持ち込まなければならないような有事、つまり核戦争のような重大な戦争はもはや起きないだろうという楽観的見解に立っていた。しかし事情はどうであり、そのような密約はできないとする日本側の強い意向がアメリカに伝わるにしたがって、外交ルートではもはや折衝する余地がなくなっていた。ただ一点、キッシンジャーはニクソンの意向として、首脳会談では「佐藤首相を困らすようなことはしない」と語っており、若泉は核抜きに明るい見通しを持つようになっていた。表の顔からは知られないような何か秘策があるのかもしれない。

キッシンジャーと若泉とは、外交ルートによる返還交渉の中身を精査しながら、両首脳の意向を念押しし、着実に固めていく。そのさなか、若泉が信頼を置く親友のハルペリンが、キッシンジャー傘下の重要な任務を投げて辞職し、若泉をあわてさせる。本人に会って理由を問いただすと「キッシンジャーは恐ろしいまでの秘密主義であり、部下を酷使するだけで何一つ肝心なことは言わない。責任も権限もまったく委譲しない。大統領に会うのも彼一人だけであり決して誰にも会わせない。仕事に意義がないので辞める」というものだった。

若泉は後年、長男の総一郎からキッシンジャーの本当の姿を訊かれて「海千山千で本音なんて言うやつではないんだ」と言い、キッシンジャーと交渉していたとき「本当のことを言え」と若泉が迫ったこともあったと語っている記録が残っている。キッシンジャーは若泉に対し、核については国務長官のロジャーズにも何も言わずに、自分のところで押さえていることを強調し「核問題は大統領の専権事項だ。大統領のみが決定する」と自信に満ちた態度で明言したことがあった。そのとき彼はさらに付け加えてこう言った。

「核の問題については役人同士には、交渉も取引も一切させない。最終的にニクソンと佐藤の二人で直接決めることでなければならない。ただし、緊急時の核持ち込みと通過を認めないなら沖縄返還には応じられない」

それは「威圧的ともとれる口調だった」と若泉は自著に書いている。ニクソンは、肝心なことは徹底した秘密を貫き、役人を信用せず結論を容易に出さない佐藤とよく似た大統領であった。人を容易に信用せず官僚を相手にしないという点でキッシンジャーもよく似ていたのである。最終的にキッシンジャーが出してきた妥協案は、返還後の緊急時に核の再導入と通過について米国内とまったく同じ条件で行えることを保証する密約であった。そして核の問題は、外交ルートではこれ以上突っ込んだ交渉はせず、すべて首脳会談での両首脳の判断に任せるということで、外交ルートの折衝は核抜きを曖昧なままにしていた。

一九六九年一一月一九、二〇日に行われた首脳会談は、若泉・キッシンジャーによって、肝心な場面でのセリフまで事前に作成されていた。

コミュニケには「核抜き、本土並み」をうたい、核の持ち込みや通過はないとする内容で発表される。そして返還調印時期は、一九七二年六月とすることが決まった。その返還を実現するために「核抜き、本土並み」を骨抜きにする両首脳のサインを入れた極秘の合意議事録（英文）を残した。ニクソンにとっては、この一札さえ取っておけば、軍部やタカ派の議会関係者に日本の総理大臣が約束していると説明できる。書面は見せることはできないが、書いてある内容はアメリカの国益にとって必要なことであり誰もが反対することはないはずだ。和文に翻訳した二人だけの合意議事録の一部を示せば次のような内容だった。

極秘

一九六九年十一月二十一日発表のニクソンアメリカ合衆国大統領と佐藤日本国総理大臣との間の共同声明についての合意議事録

アメリカ合衆国大統領（抜粋）

……極めて重大な緊急事態が生じた際には、アメリカ政府は日本国政府と事前協議を行ったうえで、核兵器を沖縄に再び持ち込むこと、および沖縄を通過する権利が認められることを必要とするであろう。さらにアメリカ政府は、沖縄に現存する核兵器の貯蔵地、すなわち、嘉手納、那覇、辺野古、並びにナイキ・ハーキュリーズ基地を、いつでも使用できる状態に維持しておき、極めて重大な緊急事態が生じたときに活用できることを必要とする。

日本国総理大臣

日本国政府は、大統領が述べた前記の極めて重大な緊急事態が生じた際におけるアメリカ政府の必要を理解して、かかる事前協議が行われた場合には、遅滞なくそれらの必要を満たすであろう。

大統領と総理大臣は、この合議議事録を二通作成し、一通ずつ大統領官邸と総理大臣官邸でのみ保管し、かつアメリカ合衆国大統領と日本国総理大臣との間でのみ最大の注意をもって極秘裏に取り扱うべきものとす、ということに合意した。

一九六九年一一月二一日

ワシントンDCにて

リチャード・ニクソン（署名）

佐藤栄作（署名）

この歴史に残る密約の議事録文書は、通訳を抜きにしてニクソン・佐藤の二人だけでサインしてそれぞれが持ち帰った。その場面でのやりとりは、キッシンジャー・若泉が事前に作成した両首脳のセリフまで入れた詳細なシナリオに沿って進んだ。

首脳会談は大統領執務室で行われ、それぞれ通訳を入れた四人がその場にいた。会談が順調に進み、終わりに近づいたときニクソンが口を切った。

「ふだん、誰にもお見せしない、私の好きな美術品を特別にご覧に入れたい」。このセリフが事前に二人の密使を通じて取り決めていた合図であった。佐藤は心得ているので立ち上がり、ニクソンの案内で執務室に隣接している小部屋へ入った。ここは普段から大統領しか使わない小部屋である。ニクソンは通訳を入れないでドアを閉めた。小部屋に入ると、キッシンジャーが二通の書面を用意して待っていた。

手渡された書面を読んだ二人は、お互いに確認し合い所定の場所にサインして封筒に入れて取り交わし、それぞれが懐にしまった。この秘密合議議事録と首脳会談でのシナリオについては、一九九四年に若泉敬が刊行した『他策ナカリシヲ信ゼムト欲ス』（文藝春秋社）で詳細に記している。この中で若泉は、両首脳が署名した議事録の扱いについては、最大級の極秘扱いとしてホワイトハウスと首相官邸のみ一通ずつ保管し、外部には一切出さないことでキッシンジャーと確約していたと報告している。この著作物が公刊された後、朝日新聞はこの議事録の存在を確認するため、一九九六年、国務省に情報公開を請求した。その回答について朝日新聞は二〇〇〇年一月六日付け朝刊で明らかにした。国務省は存在を肯定したが具体的内容については、国家の最高機密に属するものであるとして公開を拒否してきた。キッシンジャーは、若泉との確約を無視してホワイトハウスではなく国務省に保管していたことになる。ニクソンとキッシンジャーは、国務省とその官僚を信用せず、沖縄返還交渉はホワイトハウスの専権交渉にしていたはずだった。

二〇〇七年に日本大学教授の信夫隆司がアメリカ国立公文書記録管理局での機密解除公文書調査で、キッシンジャーが首脳会談での核密約締結手順を記載したメモを発見した。書かれていたことは、若泉敬の著書の内容と一致した。この合意議事録の現物は、二〇〇九年一二月二二日、佐藤栄作邸で発見され、栄作の二男で自民党の国会議員になり通産大臣も務めた佐藤信二によって公開された。

ホワイトハウスの大統領執務室の隣室にある小部屋でニクソン・佐藤が署名した極秘の合意議事録は、日米双方で存在が確認された。この議事録の効力は、いまなお継続しているとされている。

その2・繊維交渉の密約

ニクソン・佐藤の首脳会談第一日目の「核の密約」によって、沖縄返還が事実上実現し返還協定への外交スケジュールが確定した。ニクソンは元々、日米繊維交渉をこの首脳会談の第一議題とすることを希望したが、佐藤が沖縄返還にこだわったために、まず沖縄から入った。会談のシナリオは、表の外交ルートの折衝とは関係なく、キッシンジャー・若泉の両首脳直轄の裏の折衝で決めていった。ニクソンがもっとも議題にしたかった繊維交渉の内容は、一言も共同コミュニケに盛り込まなかった。これは佐藤からの強い要請でそうなったのだが、ニクソンはここでも譲り、名を捨てて実をとる戦略だった。ニクソンの胸の内では、沖縄よりも大統領選挙で勝敗を左右する繊維問題の方が重要だったのである。

日米繊維交渉の発端は、ニクソンの大統領選挙戦の熾烈な闘いだった。ニクソンは一九六八（昭和四三）年一一月五日、民主党のハンフリーを僅差で破って大統領になったが、その勝因の一つが南部の織維業界の労働者をバックにした大票田の支持であった。ニクソンは選挙公約に、日本からの繊維製品流入に規制をかけてアメリカの繊維業界を救うということを掲げており、この票田をおさえることが大統領選の勝利の行方を決める重要な要因になると考えていた。そのころからニクソンは、大統領再選に向けての戦略を着々と固めており、ニクソンにとって、沖縄返還に応じる代償として繊維で日本の譲歩を勝ち取るのは再選への重要な布石になっていた。

繊維問題でニクソンに対日強硬姿勢を提言したのは、モーリス・スタンズだった。スタンズは公認会計士あがりで数字に滅法強く、銀行の会長や会社社長の経歴を持ち、大統領選挙戦中はニクソン陣営の選挙資金を取り仕切り辣腕を振るった。これがニクソンに認められ、大統領になるや商務長官に抜擢された人物だった。スタンズは、大平正芳、宮澤喜一と二代にわたる通産大臣と交渉したが、アメリカの主張を一歩も譲らない強硬派だった。

日米繊維交渉は、国務省と外務省、商務省と通産省の外交ルートだけでなく、キッシンジャー・若泉の首脳直轄の密使外交ルートも絡まり、そのうえジュネーブで開催中のＧＡＴＴ（ガット、関税及び貿易に関する一般協定）の議題として多国間で進行中の交渉事でもあり、多岐多層にわたる複雑な経済紛争になっていた。日米だけで数十回に及ぶ折衝でも妥結できなかった交渉として、いまなお外交史上の研究対象になっているほどだ。日米双方の言い分を簡潔にまとめると次のようになる。

アメリカ側の言い分は、日本製繊維製品の流入によってアメリカの繊維業界は甚大な影響を受けているので、日本側に自主規制を求め、それが不可能ならアメリカは輸入規制をかけるというものだった。アメリカ政府内でも強硬派と穏健派がそれぞれ対応策を出していたが、ニクソンが熱心に主張したのは、日本・韓国・台湾・香港の極東四か国・地域とアメリカが、包括的な二国間協定を結ぶとする案であった。多国間ではなく、二国間で包括的な規制を結ぶことにニクソンはこだわった。規制のターゲットが日本にあることは明らかだった。

これに対し日本の業界は、アメリカの繊維業界が被害を受けていると言うなら、損害額を明確に示す客観的なデータを出してほしい。また包括的二国間協定ではなく、ＧＡＴＴによる国際間の話し合いでの協定でなければ納得できない。沖縄返還の代償に繊維交渉を使うようなら断固として反対するというものであり、通産省も大臣はじめ事務折衝でのこれが主張点だった。

首脳会談二日目の主題になった繊維交渉でのニクソン・佐藤の発言内容は、事前にキッシンジャー・若泉の裏折衝で決めてあった。ニクソンと佐藤のセリフまで決めた内容であり、次のような流れだった。

ニクソンがまず、最終的にＧＡＴＴの多国間交渉でまとめて解決をすることを提案する。ただその前に、日米で予備的な話し合いを極秘で行って方向を決めたいと述べ、これに佐藤が同意する。日米の極秘の予備会談は年内に結論を出し、年明けに日本で予定されている総選挙が終わり次第、日本側が極秘の合意事項を素知らぬ顔でＧＡＴＴに提案し、韓国、台湾、香港とも極秘内容と同様な二国間協定をアメリカが結ぶ。つまりＧＡＴＴという国際機関の機能を骨抜きにする密約を日米で取り交わし、その後に他の国・地域を巻き込んで繊維問題を解決しようというアメリカにとっては虫のいい話を持ち掛ける。佐藤はこれを承知で同意し「包括的、二国間協定」を確約する。このようなシナリオを、キッシンジャー・若泉でまとめ上げ、ニクソンの意向として若泉から佐藤にも伝えた。

首相官邸で若泉が佐藤にそのシナリオを書いた書面を手渡しながら言った。

「総理、繊維は大変なテーマです。ニクソンン大統領は非常に高い優先順位を付けており、沖縄より繊維なんです。選挙公約になっている繊維交渉の妥結ですから大統領の威信がかかっています。政治的に必要不可欠ですから、どうしてもこれをやってください」

若泉自身もキッシンジャーとのやりとりで、不退転の決意で日米繊維交渉の妥結をはかろうとしているニクソンの決意を初めて知ったことを強調した。佐藤にシナリオを書いた書面を手渡し「これをよくお読みください」と言ったとき佐藤のとった態度を、自身の著書で次のように書いている。

「明らかに総理は乗り気でなかった。あからさまに不機嫌な表情を浮かべ、私の手渡した長文の覚書（筆者注、シナリオ）にも、ろくろく眼を通そうとしなかった。ときどき佐藤氏はこういう態度をとることがあった」

さらに若泉はニクソンが選挙戦で掲げた公約を改めて持ち出し、ベトナム戦争のさなかにありながら核密約を取り交わしてまで沖縄返還実現の道筋を付けたニクソンの政治的判断に敬意を表し、繊維でニクソンを助けてやらないと大変なことになる、と諄々と言い聞かせる。

佐藤はむっつりした表情で視線をそらしながら聞いている。佐藤の脳裏には、繊維業界が対米輸出の自主規制に強く反対していることや、繊維に関する日米二国間協定には国会で超党派が反対決議をしていることが強く浮かんでいた。しかしいま、繊維で決断しなければ首脳会談は台無しになり、沖縄は還らなくなるかもしれない。佐藤は若泉に言った。

「よし、何とかニクソンを助けよう」

若泉はそれを確認するため「イエスと言うからには、約束を実行する肚（はら）を決めておかかり下さい」と言い、「この線でいいとキッシンジャーに言っていいですか?」と畳みかける。

佐藤は力なく「いい」とだけ言って、しばらく何かを考えていた。

その日の佐藤日記には次のようにある。

「九時から若泉敬君に会ふ。若い学者先生の情熱をこめてのキッシンジャー補佐官との取引きを余亦感激の中に報告をきく、約二時間」

首脳会談二日目は、シナリオどおりに進む予定だった。しかし、佐藤はシナリオに書かれていた最も肝心な言葉を語らなかった。それは「包括的」な妥結と「一二月末」までに日米の密約をまとめるという言葉である。首脳会談二日目が終わった直後に、キッシンジャーから東京にいる若泉に連絡が入り、ニクソンは佐藤がキーワードを言わなかったことに腹を立て、確認を求めてきた。そのときキッシンジャーは、なぜこれを言わなかったかを若泉に迫り「このキーワードについて諾否をはっきりしなければ、明日の共同コミュニケは出せないかもしれない」と脅しをかけてきた。

若泉がワシントンにいる佐藤に電話連絡し、ニクソンとキッシンジャーの意向を伝えると佐藤はこう言った。

「事実として中身は了解しているので、実質的にやるつもりだ。あっちの先生（筆者注、ニクソンのこと）の立場はよくわかっている。ただ、包括的という言葉と一二月末までという言葉は、デリケートなところがあるので触れなかった」

ここにも佐藤の優柔不断さが出ている。あらかじめ用意されたシナリオどおりのセリフを意識的に避けたのである。若泉は驚き、ことの重大性を説いて佐藤を説得し、了解を取ったうえですぐにワシントンのキッシンジャーに電話して説明し納得してもらう。

首脳会談三日目の冒頭、佐藤はニクソンに対し一二月末までに繊維に関する秘密の協定を締結することを口頭で約束する。さらにもし問題があったら、直接、下田駐米大使を呼んで話をしてもらいたいと言い添え、自分はこのことについて十分に責任をとる用意があること、自分は大統領が望んだ協定を締結するために全力を尽くすことを誓うと言明したという。

ここまで言われれば信じる方が普通である。ニクソンの要請にこたえる包括的な繊維協定を年末までに秘密に締結し、日本は総選挙があるのでそれが終わるまで行動を起こさない。選挙が終わったあと、翌年の三月もしくは四月に日米の協定の内容を秘密にしたままアメリカが他の国・地域との繊維協定の要請をＧＡＴＴに提案して締結を目指す。日本がこれに協力するという筋書きだった。

ニクソンはそれでも不安だったのだろうか。繊維交渉の要求項目を簡単なメモにしたものを首脳会談のときに佐藤に渡している。後年、外務省が公開した外交文書の中にその極秘メモがあった。ただしこのメモは、ニクソンから佐藤に手渡された極秘メモを外務省の事務官が見て、そのときの記憶をたどって作ったメモとして残したことになっている。佐藤に渡ったメモそのものは、所在がわからない。

首脳会談後に発表された共同コミュニケには、繊維交渉に関する文言は佐藤の強い要請で一言も入っていなかった。沖縄より繊維が頭の中にあったニクソンにとって、相当に譲歩したコミュニケになっていた。

佐藤はこの日の日記に次のように記述している。

「愈々ワシントン出発の日。コミュニケも事新しく変更するような問題はなく、事務当局で仕上げたコミュニケの通り。満点以上、小生としては百二十点か」と書き、次のように続けている。

「今この国で問題なのは「せんゐ」問題。然しこれとて寿府（筆者注、ジュネーブ）で会議が初（ママ）まっておるのでこの解決に期待をかけるよりない。取り決めの成立を望むのみ」

この日記を読むと佐藤は繊維問題をまるでよそごとのように考えており、積極的に関わって解決する考えは首脳会談当初からまったくなかったようだ。沖縄返還だけが佐藤の頭を占めており、繊維問題で頭がいっぱいのニクソンの考えと真逆になっていた。

「核抜き、本土並み、七二年沖縄返還」をニクソンから取り付け、意気揚々と帰国した佐藤は、その余勢をかって一二月二日に衆院解散を断行して国民に信を問う。予想どおり自民党の圧勝となり、国会で首相に指名された佐藤は一九七〇（昭和四五）年一月一四日に第三次佐藤内閣を組閣する。外務大臣に愛知揆一、通産大臣に宮澤喜一、官房長官に腹心で党の重鎮でもある保利茂を配し、いよいよ沖縄返還実現への足固めをする。

だがニクソンと約束した「日米二国間での繊維交渉の秘密協定を一二月までに締結する」は果たされず、年を越えてアメリカ商務省と通産省の間で折衝が続いていた。通産大臣は大平正芳から宮澤喜一へと引き継がれたが、佐藤がニクソンと交わした秘密の約束事は依然として闇の中にあり、佐藤は主管大臣にもニクソンとの密約を語っていなかった。

第三次佐藤内閣が発足した三日後の一七日の夜遅く、キッシンジャーから若泉に電話が入った。

「一二月末までに繊維協定を締結する約束はどうなっているのだ。大統領は一二月末から二週間も待たされているが何もない。佐藤首相は何を考えているのか大統領から確かめるように指示された。意向を訊いてほしい」

キッシンジャーの抗議口調の電話に若泉は仰天する。二日後、若泉は官邸で佐藤と差しで会ってキッシンジャーからの連絡を伝え、ニクソンへの回答を求めた。佐藤は、ニクソンとの約束は守ると確約する。そのとき佐藤は「早ければ早いほどいいが、いかに進めるかが問題なのだ」と言うばかりで自ら動く気配はなかった。その日の佐藤日記には「若泉敬君と会って対米繊維の対策の打ち合わせ」としか書いていない。

若泉は一九九六年七月二七日に自死する前に、日米繊維交渉で自身が携わった膨大な記録をすべて焼却しているため、佐藤の代理人としてキッシンジャーと折衝した記録は筆者の調べでもほとんどない。アメリカの公文書公開で追跡することができるかもしれないが、その時間はなかった。ただ日米繊維交渉で最も紛糾していた一九七〇年一月から夏ごろにかけて半年の間、佐藤は六回も若泉と会ったり電話連絡をしている。話題はすべて繊維交渉のことだった。しかしいずれも進展しない報告だけであり六月四日の佐藤日記には「米の繊維交渉が微妙なだけに、この人に働いてもらいたい」と書いている。

日米繊維交渉の経過を調べてみると、佐藤は積極的に解決に動こうとしたことはまったくなく、すべて外務省・通産省らの外交折衝と若泉の密使外交に丸投げしていたように見える。アメリカの国務省・商務省と日本の外務省・通産省の大臣クラスから幹部スタッフまで頻繁に折衝を重ねていくが妥協点は見えない。キッシンジャー・若泉の首脳直轄ルートも活発に折衝を続けていくが、進展はなかった。

一九七〇（昭和四五）年六月二二日、商務長官のスタンズと通産大臣の宮澤の会談が、ワシントンのウォーターゲートビルのスタンズの自宅で行われた。スタンズが自宅に宮澤を招いたのは、その方が忌憚なく話し合いができると踏んだからだ。宮澤もこの会談で決着付けようと意気込んでいた。スタンズは、ニクソン・佐藤の密約を示す文書を持ち出す。宮澤は渡米直前に佐藤から、「約束した文書など何もない」と聞いていたから強気だった。宮澤は「そのような文書は存在しない」と頭から否定し、会談は物別れになる。繊維交渉は決裂となり、その年の一〇月二四日のニクソン・佐藤首脳会談に持ち越された。

しかしこの首脳会談では、佐藤がこれまで解決できなかったことに遺憾の意を表明し、ニクソンが自身の公約であること、ミルズ下院歳入委員長が日本からの繊維製品輸入を制限する「ミルズ法案」を下院に提出していることなどを持ち出し、双方の言い分を披瀝し合っただけで妥結はなく、一一月三日のアメリカの中間選挙までに解決するという申し合わせで終わった。しかしこの約束も果たされることはなかった。

暗礁に乗り上げた交渉を何とか打開しようとキッシンジャー・若泉の密使外交、商務省・通産省の外交ルートが必死の努力をするが、妥協点は見いだせないまま完全に行き詰まり、一九七一（昭和四六）年へと持ち越されていった。

その3・対米支払いの密約

「沖縄は核抜き、本土並みで、ただで還ってくる」。当時、佐藤が、ことあるごとに国民向けに明言していた言葉である。しかし後年、この言葉はまったくの虚言であったことがアメリカの公文書と日米関係者の論文、メモ、記録、著述、証言によって証明されていく。国家のトップがこれほど堂々とウソをつき、それを後年ことごとく暴かれた事実は、世界の歴史のなかでも稀有のものだろう。沖縄返還の日米交渉の中でも、とりわけ難航を極めるとされていたのが対米支払いの問題だった。佐藤が「ただで還ってくる」と語った真実の交渉内容をたどってみる。

対米支払いのすべては、ニクソンが大統領に就任した直後の一九六九年五月にアメリカ政府が決定した沖縄返還に対する基本方針「メモランダム13号」から始まった。基本方針は、「一九六九年内に返還交渉が合意に達し、一九七二年の返還に合意する」とするものであった。ニクソンは大統領になる前から、ベトナム戦争の終結、東アジアの安全保障の安定化とそのための日本の寄与拡大の考えを持っており、いずれ沖縄返還をするという考えを選挙戦中にも示唆していた。このニクソンの考えは、なにがなんでも沖縄返還を実現させたいとする佐藤の思惑と一致していた。

しかしここに大きな壁が立ちはだかっていた。アメリカの軍部も議会も、沖縄返還でアメリカは日本へは一ドルも出さないとする強硬な姿勢だった。ただで還してやるなどという考えはなく、二七年間の施政権時に沖縄に投資したカネはすべて返還時に日本から返してもらうという考えだった。それがたとえ民間からの支援やアメリカ政府が占領地域救済のために出したガリオア資金（占領地域救済政府資金、GARIOA = Government Appropriation for Relief in Occupied Area）であっても、投下したカネは回収するという考えに立っていた。

「メモランダム13号」にあるように、交渉が合意に達するまでの時間が半年しかなかった。この半年間に交渉合意がなければ、佐藤が目論んでいた自民党総裁四選後の沖縄返還も実現しないことになる。アメリカ側は、その佐藤の目論見を察知し、期限が切迫しているので最後は日本側が妥協して返還の合意に至るという自信があった。佐藤政権の任期を考えるとアメリカ側の条件をのまざるを得ないだろうとする計算があった。

対米支払い交渉のとっかかりは、一九六九年六月、外相の愛知揆一と国務長官のウィリアム・ロジャーズが会談を行い、対米支払いに関する実質的な交渉は、日本の大蔵省とアメリカの財務省とで進めることにした。これは日本側から強い要望を出してアメリカ側も折り合ったもので、アメリカの公文書にはこの方式を「尋常なものではなかった」と記述されているほどである。

通常の外交交渉は、外務省と国務省の管轄になるが、大蔵省・財務省にしたのは佐藤と大蔵大臣の福田赳夫との戦略であった。福田には、自分の手の内でこの難問を決着し、ポスト佐藤の後継者として佐藤からの禅譲を狙ったものであった。実務的な交渉は、福田の命を受けた大蔵省財務官の柏木雄介とアメリカからは財務長官特別補佐官のアンソニー・ジューリックが行った。この交渉の存在そのものも、大蔵省および外務省のトップクラスの幹部以外は承知していないものであり、特異な秘密交渉だった。この秘密交渉には大きな二つの制約があった。一つは、半年後の一一月に予定されている日米首脳会談まですべて決着すること、もう一つは、アメリカ側が沖縄返還では、一ドルたりとも支払わないと決めた方針に日本側がどう対処するかということだった。

日米地位協定によると、アメリカ軍基地の土地、施設の提供は無償で行うが、基地の移転、改良などの費用はアメリカが負担することになっている。しかし交渉相手のジューリックは、それも支払わないと主張してきた。沖縄施政権の二七年間に、アメリカ側は約七億ドルを投下して民生用資産が形成されていた。そうした資産を日本側に引き継ぐにあたっては、投下した資金をすべて回収するというものだった。

日本側がそれに応じるには、国家の財源から支出する以上、費目ごとに積算した算定額が必要だが、アメリカ側は時間的にも無理であるとして強硬に総額方式、つまり「つかみ金」で決着することを主張して譲らなかった。総額を決めておき、費目ごとの金額は日本側が適当に出してほしいというおおざっぱ極まりない交渉提案だった。これでは、国会を通すことは不可能だ。沖縄返還交渉の実態を疑問視する野党の追及が激しくなり、期限内の妥結は無理である。柏木・ジューリックの秘密交渉は、その年の一一月に予定されている日米首脳会談の直前まで続け、ぎりぎりになって合意に達し、後日正式な議事録として作成する。その合意書に記載された日本からアメリカに支払う内容と金額は次のとおりであった。

①民生用・共同資産の買い取り、一億七五〇〇万ドル、
②基地移転その他の費用、二億ドル（物品、役務で五年間にわたって供与）、
③通過交換後に取得したドルを少なくとも二五年間にわたり、ニューヨーク連銀へ無利子で預金（預金は六〇〇〇万ドルまたは通貨交換した額のいずれか大きい方の金額）、
④基地従業員の社会保険費等、三〇〇〇万ドル、
⑤その他、アメリカが所有する琉球銀行の株式、石油・油脂施設の売却益、返還五年間のアメリカ政

府の予算節約分（移設・区域の無償使用など）、これらの合計は六億八五〇〇万ドルであった。この額はアメリカが二七年間にわたって沖縄に投資した実際の額とほぼ同じ額になっている。この交渉での合意文書は、柏木・ジューリックが文書のページごとに署名を入れて、日米両政府の公式文書として保管された。

アメリカ側の強引な交渉術で日本側が本来、負担しなくてもいいカネを支払うことで合意した柏木・ジューリック交渉の妥結で財政上の問題は片付き、「七二年中の返還」とすることで固まった。

ところが、首脳会談後の日米共同コミュニケでは、経済上の問題はこれから交渉するという嘘の記述で発表される。返還に最も重要な条件とされていた経済上の問題を未解決にしたまま返還に合意するという矛盾したコミュニケになった。柏木・ジューリック秘密交渉と密約が外部に漏れることを心配した佐藤と福田が、アメリカ側に嘘のコミュニケの記述を要請し、アメリカ側が仕方なく受け入れたからだ。アメリカにとって実質的な損害は生じないので、嘘を承知で合意したものだろう。

佐藤・ニクソン首脳会談共同コミュニケ第九項（一部抜粋、一九六九年一一月二一日）

沖縄の施政権の日本への移転に関連して両国間において解決されるべき諸般の財政及び経済上の問題（沖縄における米国企業の利益に関する問題も含む）があることに留意して、その解決についての具体的な話合いをすみやかに開始することに意見の一致をみた。

共同コミュニケを偽装までしてひた隠しにした対米支払いはこうして決着し、この内容にしたがって日本からアメリカに支払われていく。日本側が本来、負担しなくてもいい金額が盛り込まれており、細目についてはいまだに未解明であるが、関係者の話では、一九七二年から七七年までの五年間に、防衛庁予算の中に細かく紛れ込ませて実行されたと見ている。

この交渉で柏木を相手にアメリカ代表になって辣腕を発揮したジューリックは、その腕を買われたものか、三年後の日米繊維交渉でもアメリカ側の代表となり、時の通産大臣・田中角栄ととことんやり合い、実質的にアメリカ案をのませて完勝に近い実績をあげている。

対米支払いの密約は、これだけではなかった。

柏木・ジューリックの密約で対米支払いの大きな課題は決着したが、軍用地復元補償費とVOA放送施設移転費の支払いをめぐる交渉は、通常の外務省・国務省ルートで続き、沖縄返還協定調印式の直前に密約によって決着した。

軍用地復元補償費とは、アメリカが軍用地を沖縄住民に返還する際に原状回復費用とし住民に支払っている補償である。それまでもアメリカ側は日米地位協定にしたがって支払っていた。返還にともなって出てくる原状回復費用は四〇〇万ドルと算定されており、これは当然、アメリカ側が負担するべき費用だから返還協定にそれを盛り込むように日本から要求した。しかしアメリカは拒否する。返還には一ドルたりとも支払わないとする基本方針は、議会にも報告済みだと主張して平行線をたどることになる。

佐藤・福田の日本側首脳は、またしても密約でこれを乗り越えていく。そのありさまを生々しく記述した三通の外務省の極秘公電が、まさに西山が入手したコピーであった。外相の愛知と駐日アメリカ大使のマイヤーの交渉内容をワシントンの駐米大使に報告したものであった。

アメリカが支払わないのでその分、日本が対米支払い額に上乗せしてアメリカに支払い、アメリカが四〇〇万ドルの信託基金を設立してその中に入れたあと原状回復費（見舞金）として支出するという手の込んだやり方を編み出す。これを実現するには、外相の愛知からマイヤー宛に「アメリカ政府の見舞金支払いのために、日本が四〇〇万ドルを信託基金設立のために支払う」とする内密の書簡を出すように要求される。これは最終的に、四〇〇万ドルの支払いを認める内容の書面を、当時の外務省アメリカ局長だった吉野文六とアメリカの駐日公使スナイダーとがイニシャルで署名して取り交わし、決着したとされている。後年、吉野はこの事実を国会と裁判所で否定する証言をしていたが、二〇〇六年二月八日付け北海道新聞一面トップのスクープ記事で「復元補償費の四〇〇万ドルは、日本が肩代わりしたものだった」と密約の事実を認めた。

ＶＯＡ放送施設移転は、沖縄に設置されている施設を返還にともなって日本国外に移転することを求めたものであった。撤去費と移転費は、当然、アメリカが負担するべきものであったがアメリカ側はこれに難色を示してきた。交渉の結果、五年後に撤去することに合意し、一九七一（昭和四六）年五月下旬には、「佐藤首相、愛知外相、福田蔵相、郵政大臣が了承のうえ、ＶＯＡ施設を日本国外に移転する費用を日本側が支払うことが決まった」（市民による沖縄密約調査報告書）ことで、撤去費用として一六〇〇万ドルを対米支払い額に上乗せして支払うことで折り合った。これもまた密約であり国会でもまったく報告されなかったが、後年、アメリカの公文書の公開や「市民による沖縄密約調査チーム」などによってすべて明らかになった。

第三章　佐藤改造内閣とニクソンショック

返還協定調印式

国民の誰も知らない、数々の密約で出来あがった沖縄返還協定を調印する日がきた。それは一九七一（昭和四六）年六月一七日のことである。折から六月四日に公示された参院選挙戦の真っ只中にあり、佐藤は全国に応援演説で飛び回っていたが、どこでも反響はよく自民党優勢が伝えられていた。

調印式は日本時間午後九時から行われる。会場は東京の首相官邸とワシントンの国務省があてられ、準備はすっかり整っていた。佐藤は調印式会場を下見までしてその時を心待ちにしている様子だった。

そのころである。気になることが勃発した。調印したあと両国首脳が挨拶する予定になっているが、突然、ニクソンが出ないらしいとＴＢＳテレビの記者から官邸に問い合わせが来た。びっくりした官邸が外務省を通じてホワイトハウスに問い合わせ、初めてニクソンが欠席することを知る。官邸で集めた情報によると、調印式の式次第が事前に報道機関に漏れたことにニクソンがつむじを曲げたらしいというが、正確にはわからない。「大人げない」などという秘書官もいたがこんな理由で大統領が予定されていたスピーチをドタキャンすることは考えられない。

ただ一人佐藤だけが胸中しきりに考えていることがあった。二年前の一一月の首脳会談でニクソンと取り交わした繊維交渉妥結の約束が、いまだに何も果たされていないばかりか、交渉はこじれる一方になっていたからだ。ニクソンは最初から沖縄返還と繊維交渉をセットと捉えており、返還と引き換えに繊維で日本から譲歩を引き出すことを考えていたことが、その後のさまざまな情報分析でわかってきていた。沖縄返還交渉の方は、アメリカの要求をほぼ丸のみする形で密約を結んできたので事務的手続きは粛々として進んでおり、ようやくこの日を迎えたことに佐藤は複雑な気持ちを抱いていた。

アメリカの国防総省と国務省から、沖縄が返還される前に沖縄に貯蔵されている数百発の戦術核兵器をグアム島、韓国、台湾、フィリピンなどに移動することをホワイトハウスに提案したとの発表があり、日本の報道機関が一斉にワシントン発のニュースとして報道した。日米両政府が返還交渉の中で「核抜き」を約束したことの裏付けという政府筋のコメントもあったが、核抜きを骨抜きにしたニクソン・佐藤の密約議事録の存在は、当事者以外は誰も知らなかった。参院選挙戦でも沖縄返還と核をめぐる論戦が与野党間で展開されており、そのさなかの返還調印式とあって革新陣営は盛り上げに力を入れていた。

東京・代々木公園では「国民不在の沖縄返還協定調印に抗議する中央集会」が開かれ、労働組合員や一般人など約一万五〇〇〇人が参加してデモ行進を行った。沖縄でも返還協定に反対する県民総決起大会が開かれていた。前日には全国九七か所で集会が開かれるなど、連日の反対運動は盛り上がっていた。国民の知らないところで密約で固めた返還交渉があったことはまだ露ほども知られていなかったが、このように革新陣営が「国民不在」をスローガンに掲げているところに歴史の皮肉があった。

筆者は沖縄返還協定調印の実力阻止を叫ぶ過激派学生たちが集結する東京の明治公園に向かった。事前に警視庁警備部、公安部から、危険な爆弾を作ったという情報があるので、取材には気をつけるように警告されていた。投石程度なら機動隊の後方のちょっと外れた地点で取材する分にはそれほど危険はない。爆弾と聞いて緊張して現場に向かった。この日は朝から各地で過激派学生のデモとそれを規制する機動隊との衝突が頻発し、火炎ビン、投石が交番や乗用車を襲い、首都圏の国電もストップする騒ぎが広がっていた。警視庁は、約一万五〇〇〇人の機動隊員を都内各所に配置して警戒を強めており、とりわけ首相官邸付近はおびただしい数の警官で埋めつくされていた。濃紺の出動服とヘルメットで身を固め、ジュラルミンの盾(たて)を持った権力の壁は、官邸の建物を幾重にも取り巻いていた。

午後九時を回ったころである。筆者は学生集会の模様とものものしい警視庁の警備の様子をトランシーバーで社会部の遊軍記者に送稿していた。そのさなかにデスクから「千駄ヶ谷駅の近くで過激派学生が機動隊に爆弾を投げたようだ。すぐ現場に行ってくれ。巻き込まれないように気をつけろよ」という緊急連絡が入った。

送稿を早めに切り上げた筆者は、千駄ヶ谷駅に向かって走った。明治公園の周辺は、過激派学生のデモ集団を取り囲むように機動隊が動き、さらにその周辺を学生なのか一般人なのか区別がつかない集団が取り囲んでいる。騒音とも喚声ともつかない騒々しい音で周囲は騒然としている。その中を駆け回るようにして報道の腕章を着けた記者たちが右往左往している。どの記者もトランシーバーで社のデスクと連絡を取りながら、同じ方角に向かって走り始めている。爆弾投てきの情報が一斉に入ったのである。

筆者は現場に来たものの、高架線上の国電が途中で停まっているのが遠目に見えるほかは機動隊の壁にはばまれ何も見えない。機動隊の隊長とおぼしき人物に訊いても相手にしてくれない。そうしているうち第一報の情報が警視庁の警備部から記者クラブに発表される。過激派学生を規制するために動き出した機動隊目がけて、中核派の学生の群れの中から投げられたパイプ爆弾がさく裂した。殺傷力を強めるために密封した金属パイプの中に、火薬と発火装置を仕込んだ本格的な爆弾だった。腹部裂傷の重傷二人を含む、三七人の機動隊員が重軽傷を負った。機動隊は一斉逮捕に向かい、付近にいた過激派学生二〇〇人以上を逮捕した。爆弾を製造して投てきしたのは中核派の学生ではなく、デモ隊に紛れ込んでいた連合赤軍の一味だった。

混乱と騒擾と緊迫の中で沖縄返還協定調印式を迎えようとしていた。

午後九時、ワシントンと東京の両会場に日米政府の首脳や閣僚が列席、世界の外交史上初めてテレビの衛星中継による同時調印式が始まった。この様子はテレビ放送され日本の全国民が調印式を見ていた。まず国務長官のロジャーズと外相の愛知が挨拶し、九時一七分、互いにテレビを見ながら同時に協定書に調印した。東京の会場に列席していた佐藤は、調印が終わったのを見届けると、こみあげてくる感激をこらえ切れずハンカチで目頭を押さえていた。

佐藤の胸中に、ジョンソンからニクソンへと引き継がれて返還が実現に至るまでの数々の場面が走馬灯のように蘇っていたのだろう。「両三年」の文言を盛り込むために首脳会談の土壇場まで密使・若泉と連絡を取り合ったあの日のこと、そしてニクソンと交わした小部屋での極秘議事録の署名の場面だったであろう。返還の実現は外交折衝ではなく、首脳の代理を務めた密使によるものであり、その事実はいま返還協定に署名しているロジャーズも愛知もまったく知らない中で進められたものであった。

毎日新聞東京本社の編集局でも、記者たちがあちこちにあるテレビの前に人垣を作り、調印式の様子をじっと見ていた。政治部のテレビの前でも、政治部長やデスクや記者、それにバイトの学生たちまでもが幾重にも人垣を作って画面を注視していた。調印が終わると佐藤がお祝いの言葉を述べ、ロジャーズからニクソンのメッセージが読み上げられた。そして勢いよくシャンペンが抜かれ、満面に笑みを浮かべた佐藤以下閣僚たちは乾杯するのだった。

翌日の朝刊の三面に、西山は解説記事を署名入りで書くことになっていた。どこの新聞でも署名原稿が書ける記者は、キャップクラスのベテラン記者に限られている。原稿がゲラになってあがってきた。

「交渉の内幕」という凸版見出しのわきに

「米、基地と収入で実とる」

「請求処理に疑惑」

「あいまいな〝本土並み〟」

という四段見出しがついている。記事の最後に（政治部・西山太吉記者）とある。掲載された解説記事は、大略、次のような内容であった。

「米側の交渉方針は、返還にともなってドルはびた一文も出さないこと、これまでの沖縄への投資額は最大限回収するということだった。この要求に対して日本側は素直に応じた。沖縄返還に政権延命のすべてをかけた佐藤内閣の弱点を米側は知り尽くしていた」

「米資産の有償引継ぎ額のほかに核の撤去費（五〇〇〇万ドルといわれる）まで含めた、三億二〇〇〇万ドルという日本側の財政支出は、まったくの〝つかみがね〟であり、項目別の積算根拠は、国会でも示されないことになっている」

「米側は議会に『沖縄の対米請求問題は補償ずみ』と説明したことを理由に、日本側の要求を拒否し続けた。そこで日本側は三億一六〇〇万ドルという対米支払い額に見舞金の四〇〇万ドルを上乗せし、三億二〇〇〇万ドルという切りのいい数字にしたのではないか。そして米側は議会に対し、四〇〇万ドルは日本側が支払ったと説明し、その場をしのごうとしたのが実情ではないか。ただしそう説明するには日本側から内密に〝一札〟とっておく必要があったはずだ」

具体的数字をあげてこれほど交渉の裏側まで書けたのは、極秘電信文を入手していたからであった。国家の権力者の都合の中で重大な密約に彩られた沖縄返還の全貌から見ても、アメリカ側のごり押しに近い要求に何とか応えようとする日本側の卑屈な姿勢を示している典型的な密約文書だった。

佐藤と数人の閣僚と官僚にとってこの解説記事は、一面トップをはるスクープ記事と同じほどの衝撃があった。四〇〇万ドルという日本が肩代わりする数字まで書き込んだ解説記事に、当事者になっている官僚は肝をつぶしたはずだ。

後々になって、外務省事務官から機密電信文を入手して、それを記事にもしないで社会党に流したと佐藤らは西山を糾弾したが、西山はこの解説も含めると四本の記事の中で密約をほのめかす原稿を書いている。「沖縄　核抜き費用負担支払い規定で〝暗示〟　政府要望」（七一年五月二五日付朝刊）、「対米支払い増加　沖縄返還　三億七五〇〇万ドル」（同年五月三〇日付朝刊）、「沖縄協定文まとまる　慰謝料（軍用地の復元補償）四〇〇万ドル」（同年六月一一日付朝刊）などだった。その中には一面トップをはる記事もあったが、反響はそれほどではなかった。しかし筆者がこれらの記事をいま精査してみると、入手したネタを西山はしゃぶりつくしていた。記事にしなかったというのは、言いがかりに等しい言い方だった。

西山の解説記事を取り置き、この情報をもとに沖縄返還交渉の実態を追及しようとしていた政治家がいた。社会党の若手のホープとして一年生議員でありながら早くも頭角を現していた横路孝弘（よこみちたかひろ）である。横路は、この解説記事の筆運びと行間からにじみ出てくる文脈から、日米交渉には確たる証拠を持った重大な密約があるに違いないと確信するようになる。その年の秋から始まった国会で、密約追及が始まるのである。

ニュースソース

ニューヨーク・タイムズ紙が、ベトナム戦争に関する米国防総省の秘密報告書を最初に掲載したのは、一九七一年六月一三日付けであった。全文二五〇万語三〇〇〇ページからなるこの報告書は、ベトナム戦争になぜアメリカが巻き込まれていったのか、なぜ失敗したのかなど客観的な分析を克明に記録したもので、アメリカ政府の欺瞞が細大もらさず書いてある。その記録の連載を始めたのである。続いて一八日にはワシントン・ポスト紙が、二二日にはボストン・グローブ紙が、二三日にはシカゴ・サン・タイムズ紙が次々とベトナム政策の機密文書をすっぱ抜き、ニューヨーク・タイムズ紙の勇気ある報道を背後から応援する形をとった。

アメリカの司法省は、最初のすっぱ抜きが掲載された翌日の一四日、ニューヨーク・タイムズ紙に掲載中止と秘密報告書の返還を求めたが拒否され、ただちに掲載禁止の仮処分をニューヨーク地裁に申し立てた。同地裁はこれを認め、一時中止の命令を出したが本訴に持ち込まれた。結局、司法省の永久差止めは本訴で却下されて敗訴となったがすぐ控訴、高裁は地裁に差し戻したため司法省、ニューヨーク・タイムズ紙とも最高裁に上告した。この一連の言論の自由問題は日本のメディアも大きくとりあげ、新聞でも毎日かなりのスペースをさいて報道していた。

外務省の記者クラブでも、返還協定の調印式が終わり、沖縄問題が一段落すると、寄るとさわるとニューヨーク・タイムズ紙のすっぱ抜き事件の話で持ち切りとなった。国家利益とは何か。国民の知る権利とは何か。報道の自由はどこまで許されるのか——こうした問題は、日常の取材活動でじかに体験しているだけに新聞記者たちの話は具体的な例を引き出しながら、どうしても熱を帯びてくる。たまたま記者クラブをのぞいた中央行政官庁の課長や局長も、たちまち論争の輪の中に引っ張りこまれてしまうのだった。

ニューヨーク・タイムズ、ワシントン・ポストなどのベトナム秘密報告書の掲載をめぐる論争は、その後もとどまるところを知らなかった。

この海の向こうの事件は突然、意外なところからさらに展開していった。ニューヨーク・タイムズでかつて記者をやっていた男が、ラジオの番組で「国防総省のベトナム秘密報告書をタイムズ紙に流したのは、さる有名な大学教授である」と爆弾発言したのである。その教授の名は、マサチューセッツ工科大学のダニエル・エルズバーグであった。彼は以前、国防長官の補佐官を務めたことがあり、秘密報告書を入手できる立場にあった。

一九七一年六月二六日、米司法省は、ベトナム秘密報告書をニューヨーク・タイムズに流した人間はエルズバーグ教授であると断定、秘密報告書を不法に所持していた疑いで逮捕状を用意し、行方の追求にのり出した。それから二日後の二八日、教授はボストン連邦保安官事務所に出頭して逮捕容疑の事実を確認しようとしたところをＦＢＩに逮捕された。しかしそのあと約一時間にわたって事情聴取を受け、五万ドルの保釈金を支払って保釈された。

これとは別に、掲載禁止の請求が妥当かあるいは知る権利が優先するかをめぐって、米国政府と米ジャーナリズム界の間で続いていた法廷闘争は、最高裁が政府の請求を棄却し掲載の継続を認めるとの判決を下した。「言論の自由」の完全な勝利であった。

ニクソンのベトナム秘密政策の暴露は、アメリカ国民に大きなショックを与えたが、最高裁の判決はそれを上回る衝撃をアメリカ国民に与えたのである。国民の知る権利は、大統領権限による機密の保持を超えていたのである。アメリカの新聞、テレビ、出版社などメディア界は、完全勝利となったこの歴史的判決に沸き立っていた。日本の新聞も連日大きなスペースをさいてその一部始終を報道した。

西山は、アメリカのメディア界の勝利の報道を読みながらしきりに悔恨の念にかられていた。秘密文書のすっぱ抜き、それはあまりにも彼が直面した問題と似ていた。沖縄をめぐる密約を証明するあの文書を、もしも毎日新聞が掲載した場合、どのような状況が想定されただろうか。それを思うと、胸の奥が騒いでくるのを押さえることができなかった。日本にも言論の自由はある。

日本国憲法第二一条〔集会・結社・表現の自由、検閲の禁止、通信の秘密〕
①集会、結社及び言論、出版その他一切の表現の自由は、これを保障する。
②検閲は、これをしてはならない。通信の秘密は、これを侵してはならない。

しかし西山には、日本とアメリカでは大きな隔たりがあるように思われた。日本の政府や官僚組織の中には「国益を守るための機密保持」か、はたまた「言論の自由」かをめぐって、裁判所を舞台に公正な審判を仰ごうとするような風潮はまったくないのではないかと思った。

秘密外交文書が暴露されたところで、あらゆる機会をとらえて否定しあらゆる手段を弄して毎日新聞社に圧力をかけてくるに違いなかった。政府も官僚もそういうことには慣れていた。そして、もし彼らが隠蔽できないぎりぎりのところまで追いこまれたとしても、国家権力という最後の切り札があった。

自主規制

沖縄返還協定調印式の直前だった。経済界の若手ホープとされていた小坂徳三郎が首相官邸を訪れた。

経済界の支援を受けて旧東京三区から一九六九年の衆院選に立候補して当選したばかりだが、当選するや派閥横断の政策集団「新風政治研究会」を結成してリーダーになり、早くも存在感を現していた。協定調印の前々日の六月一五日、ワシントンで開催される第八回日米財界人会議に出席するので、佐藤に助言を求めて面会に来たものだった。

佐藤は、繊維問題では日米の業界がそれぞれ強硬で譲らないことを解説し、日米双方の主張はまだ相当に食い違っていることを話した。六月八日の佐藤日記に「日米間の関係に悪影響が出ない様にと注意する」とある。さらに「沖縄返還協定の調印の日取りがまだ決まっていないが、これは心配いらない」（要約）と書いている。

佐藤が沖縄について心配いらないと言及したのは、繊維問題でニクソンとの関係が悪くなった不安を自ら払拭するためだったのではないか。ニクソンが繊維交渉が行き詰まっていることに腹を立てて、沖縄返還を白紙に戻すのではないかとの噂も聞こえてきていた。三月に日本の繊維業界が、アメリカ側に歩み寄った自主規制案を発表したが、ニクソンはこれに対し、問題にならないとの態度を明確に示して一蹴している。

その直後にニクソンから佐藤に書簡が届いていることが日米双方の外交文書の公開で明らかになっているが、ニクソンは双方が満足できる交渉が望ましいが不可能だと思うと書いてきた。事実上の交渉打ち切り宣言である。そして繊維製品の輸入制限の立法化の必要性にも触れたニクソンの怒りをにじませた書簡になっていた。佐藤はこれを公開せず、外相の愛知揆一にしか明かさなかった。二日後に駐日大使のマイヤーと会談した愛知は「日本の繊維業界が自主規制を打ち出したが、これに政府は関与していない。背後でなにかをたくらんだこともない」と釈明している。

そのころ、ニクソンが繊維交渉で佐藤が約束を守らないと怒っていることを国務省のスタッフから聞いた駐米大使館参事官の岡崎久彦が、わざわざ総理首席秘書官の楠田實に伝えたことがある。楠田がそれを佐藤に伝えたところ「もう少し耐えてみるか」と語っただけであり「待ちの政治家」そのものだった。

その後ニクソンがキッシンジャーら大統領補佐官、商務長官、国務長官らをホワイトハウスに集めて、日米繊維交渉では強硬な方針を貫くように改めて強調したという報告も佐藤は受けている。繊維問題が長引けば、沖縄返還に支障が出てくることは、国務大臣総理府総務長官の山中貞則も、キッシンジャーとワシントンで会った時に言われている。驚いた山中は帰国後、官邸を訪れ佐藤にそのことを報告している。しかし佐藤は認識が甘く「(山中は)キッシンジャーに適当に扱われた様子」と六月八日の佐藤日記に書いている。小坂が佐藤と会った同じ日の夕方、同じ日米財界人会議に出席する経団連会長の植村(うえむら)甲午郎(こうごろう)も佐藤に挨拶に来る。ここでも話の内容はもっぱら繊維問題だった。

二年前の一一月、ニクソン・佐藤の日米首脳会談の三日目、会談の終了間際にニクソンから佐藤に手渡された書面がある。それは商務長官のスタンズが作成したもので、①自主規制は五年間、②全製品を網羅した包括的規制、③一九六九年を基準年度に化合繊、毛の伸び率を決める——という日本側に厳しい対応を迫るものだった。今もってこの書面の現物は確認されないままになっているが、書面を見た外務省のスタッフの記憶をメモにしたものが残されている。

佐藤はニクソンに対しこの約束を果たすとの意思を表明し「私を信じてほしい」とまで言った。しかし佐藤は、繊維交渉担当の通産大臣をはじめ日本の官僚には一切そのことを明らかにしないまま、ニクソンと二人だけの密約で通していた。こうした事実は、後年公開された外交文書や日米政府高官らの回顧録等で明らかになっていく。

日本の繊維業界の言い分は、①アメリカに被害の可能性のある品目のみ一年間の規制、②GATTで多国間協定を結ぶ――というものだった。この基本案が日本の繊維業界から発表されたときには、ニクソンは憤慨し「ジャップの裏切り」と口走ったことが、アメリカで公開された文書に記録されている。その後も日米の基本的主張は平行線をたどって交わることがなく、政府間の日米繊維交渉は事実上、打ち切りになっていた。

ワシントンの日米財界人会議に出席するためワシントン入りした植村と日本商工会議所会頭の永野重雄、富士銀行会長で日米経済協会世話人の岩佐凱実(いわさよしざね)の財界首脳三人は、商務長官のスタンズに面会を求めて日米経済に横たわるさまざまなことに対する日本側の事情を説明した。これに対しスタンズは日本の輸入制限撤廃と資本自由化の遅れを指摘し、アメリカ国内で反日感情が強くなっていることを語り、次のように言った。

「日本の外貨蓄積が相当に高くなっている。このままでは日米関係は改善しないばかりかさらに悪化するだろう」

スタンズは、繊維問題にとどまらず、円とドルの価値に不均衡があることにも言及し、これを改善しなければ日米関係はさらに悪化することを警告したのだ。繊維問題は日米間の経済問題の一つにすぎない。

戦後の廃墟から始まった日本の復興活動はめざましい成果をあげていた。原材料を輸入しそれを加工して製品化し、輸出して外貨を稼ぐ。政府、産業界、金融業界、労働者など国民各層が一丸となって戦後復興に取り組み成果を着実に上げていた。当時、アメリカのラジオ、オートバイ、電卓、カメラ市場の五〇％以上を、日本製が占めるようになっていた。アメリカ国内では日本脅威論が頭をもたげ始めており、関税と輸入割当制が日本には必要だという意見が議会だけではなく主要メディアの論調にもなり始めていた。繊維問題は、アメリカにとっては重要性を増してきていたが、日本の政官界も経済界も正確な認識に欠けていた。

日米の政府間の交渉で規制をかけられることを恐れた日本繊維産業連盟は、六月二二日に、繊維製品の対米輸出自主規制を七月一日から実施すると発表した。これまで頑強に拒否し続けてきた品目別規制方式を大幅に取り入れてアメリカ側に譲歩した内容を盛り込んだ。これで繊維交渉に決着を付けたいという思惑があった。それにこたえて通産省も自主規制を後押しする形で繊維業界の救済措置を示し、これは半官半民による対米繊維対応策であることを暗にアメリカに訴えた。対日強硬派のスタンズの意向にもこたえたつもりであり、これで政府間の交渉はなくなるという読みだった。

しかしこれは甘かった。アメリカ側はこの自主規制案にはまったく興味を示さず、なにがなんでも政府間交渉で包括的規制を骨子とした妥結を取り付けるために本腰を入れて動き始める。キッシンジャー・若泉による日米首脳直轄の交渉も依然として頻繁に行われ、一九七〇年の一年間に若泉・キッシンジャーが繊維交渉で国際電話で話し合った回数は八九回にも及んでいる。若泉を通じ、佐藤から謝罪と約束を履行するとのメッセージが何度もキッシンジャーに伝えられたが、佐藤は積極的に動かなかった。佐藤は自ら動けば、沖縄返還の代償に繊維でアメリカに譲歩するのかという業界と野党からの突き上げを最も恐れていたからだ。「糸（繊維）を売って縄（沖縄）を買う」というあれである。

政府間交渉の難航にキッシンジャーやジョンソン国務次官補らは、約束を守らない日本を、口を極めて罵り、密使になっている若泉についても陰口をたたくようになり、「ジャップ」とか「ジャップス」などの侮辱的な言葉を陰で口にしていたことが、公開された文書に記録として残っている。

アメリカ側は何も役立たない日本側の自主規制などもはや相手にできないと考えており、政府間の交渉に見切りをつけ、一方的な輸入割当制などの最後通牒を突きつけて強引に押し切る道を探り始めていた。ニクソンを取り巻く陣営は、翌年のニクソン二期目の大統領選の準備に集中していた。繊維で日本から譲歩を引き出さないと選挙戦も不利になる。前回の大統領選挙で民主党のハンフリーを一般有権者得票率で〇・七パーセントの僅差でかわして勝利を手に入れたのは、南部の繊維業界の労働者をバックにした大票田の支持があったからであり、そのことがニクソンの頭にこびりついていた。

ニクソンは、前財務長官のケネディを大統領特使とし、アンソニー・ジューリックを経済問題特別補佐官として日本との繊維交渉担当に任命する。ジューリックは、大蔵省財務官の柏木を相手に沖縄返還に関する日本側の経済負担交渉で、ほぼ完勝する成果を手にしており、タフ・ネゴシエーターとして評価されていた。その彼を今度は繊維交渉にぶつけてきた。ニクソンは本気になって日本潰しにかかってきた。だがアメリカ側の動きに対し、佐藤をはじめとした日本政府は、まだその動きをまともにとらえていなかった。

内閣改造

佐藤政権最後の国政選挙となった参院選が、一九七一(昭和四六)年六月二七日、投票日を迎えた。前年の一〇月二九日に自民党大会総裁選で四選を果たし、これが最後の佐藤政権であることは政界では常識になっていた。佐藤は候補者の要請を受けて精力的に応援演説をこなした。どこへいってもうけがよかった。沖縄返還協定調印が終わったばかりであり、それも追い風となって歓迎ムードであり、新聞の事前予測でも自民党の優勢が伝えられていた。だが幹事長の田中角栄だけは、組織の引き締めに躍起となっていた。

「こういうムードは気持ちがいいようで実は危ない。国民は見るところは見ているんだ」とにわかにはわからない言葉で全国の候補事務所に檄を飛ばしていた。

参院選の終盤を迎えたとき、官房長官の保利茂が首席秘書官の楠田實の席にわざわざ寄ってきて、六通の白い封筒を机の上に置いた。意表を突かれた楠田が「これは何でしょうか」と遠慮がちに問うた。保利は、「総理が組閣名簿を出せと言うからたたき台を作ってみた」と言う。楠田から総理に渡して欲しいという希望を伝えてきた。

「しかしそれはご自分で総理にお出しになった方がいいんじゃないでしょうか。総理もその方が喜びますよ」

楠田は早大商学部を卒業後、産経新聞政治部記者となり佐藤番記者となって取材するうち佐藤に認められ、総理就任後秘書官に任用された。佐藤の信頼が厚く、施政方針演説の草稿はすべて楠田が作成していた。一方の保利は、中央大を卒業後毎日新聞記者から政界に転じ、誠実な人柄と政界の調整役に徹した人柄から「いぶし銀の政治家」と称された。どちらも新聞記者出身であり、官邸の中でもつかず離れず問わず語りに通じるものがあった。

保利と楠田はそのとき、保利のたたき台をにらみながら、閣僚候補として下馬評にあがっている人物を互いに出し合いながら組閣の骨格を描いていく。政界の下馬評では、幹事長の田中が閣僚として入り、幹事長の後釜に保利がなる人事がほぼ確実と見られていた。保利は後任官房長官には、木村俊夫官房副長官が適任だと周囲にも漏らしていた。自分が官房長官に指名された際に、それまで官房長官だった木村俊夫がなんと副官房長官に格下げにされるという前代未聞の人事が行われた。これもまた「人事の佐藤」のなせる業というものだろうか。降格されても腐らずに万事に手堅く、能吏になり切って仕事をこなしていく木村を再び表舞台へ引き上げようとする保利の気配りが見られた。官房長官はこれで決まりだというのが二人の意見だった。

参院選の開票結果は、果たせるかな田中の言うとおりとなった。自民党が敗れ社会党が大きく躍進する結果となり、田中は責任をとって早々に幹事長の辞意を表明することになる。保革逆転はならなかったが、「待ちの政治」、「官僚政治」といわれていた佐藤に国民は飽き始めており、その兆候が出てきたことを田中は感じていた。

敗れたとはいえ自民党は政権を維持する。いよいよ沖縄返還実現へ向けて最後の政権運営へと動き始める。投票した足で軽井沢に静養に行っていた佐藤は、静養先のテレビで開票の様子を見ていたが、結果を見届けると一泊しただけで公邸に舞い戻り、珍しく書斎にこもり写経を始める。心境の変化や動揺する気持ちを鎮めるときに筆を持つことが多かった。

翌日午前九時過ぎから官邸で記者会見があり、出てくる質問は内閣改造と党三役の人事がほとんどだった。どのポストに誰を配置するのか。参院選中からメディアの関心は選挙結果よりも改造内閣の人事に集まっていた。佐藤は側近から人事構想の意見を聞き取り、次第に自分の考えをまとめていた。土壇場まで自分の意見を言わず、最後の最後で打ち明ける秘密主義は、人事案件で最も発揮された佐藤の特技であった。

七月二日の臨時閣議で閣僚の辞表を取りまとめるが、その間にも党内派閥のボスや自民党両院議員会長など実力者を次々と官邸に呼び、閣僚候補の推薦と今後の協力を取り付けていく。佐藤は折々に佐藤派の福田・田中の両幹部と保利に相談することがあったが、自分の意見は最後まで言わなかった。ただ、一度だけ田中を官房長官にしたいとの意向を漏らしたが、田中はいい顔をしなかった。官房長官は自分には軽すぎるという思いが田中にはあった。

改造内閣の人事で注目されていたのは、繊維問題の主管である通産大臣である。通産大臣は大平正芳、宮澤喜一と二代にわたって大物が続いたが、どうしても日米繊維交渉をまとめることができない。その最たる原因は、ニクソンとの約束を果たしていない自分に責任があることを佐藤自身、よくわかっていた。この内閣で妥結しないと日米関係が破綻することは目に見えている。今回の組閣の中で最も重要な人事は実はここにあると考えていた。

七月三日の土曜日に、平井太郎・参議院議員会長から人事の意向を聞いてすべて党内の根回しは終わった。運輸大臣の橋本登美三郎（はしもととみさぶろう）と田中角栄、保利茂を呼び、昼食をとりながら組閣人事に関する自分の考えを述べたが具体的な名前は出さなかった。ただ、会合が終わった後、保利を呼び止めて、官房長官の後釜に竹下登を抜擢すると初めて腹の内を伝えた。驚いた保利は「青天の霹靂（へきれき）人事」として楠田に耳打ちする。

　組閣予定の七月五日の朝、佐藤は執務室に田中と保利を呼び、三人で組閣名簿を作る最終作業に入った。佐藤はこれが最後の組閣と意識したせいか、若い人材登用にこだわった。その目玉にしたのが竹下登の官房長官への抜擢であった。すでに保利に漏らしているので田中にも伝わっている。田中は、こっそりと竹下に伝えてあり、呼び出しに備えて議員会館で待機せよと下命していた。三人の顔がそろうのを待ちかねたように突然、佐藤が口を開き、組閣の構想を語った。党の要である幹事長には、いま内閣の番頭といわれている官房長官の保利になってもらい、いま党を仕切っている幹事長の田中には、繊維問題を抱えた最重要閣僚の通産大臣になってもらう。沖縄返還で重要な役割を担う外務大臣には福田を大蔵大臣からの横滑りであて、その後任には政調会長の水田三喜男をあてる。これだけで内閣の中枢人事が決まった。

　佐藤は自分の後任総理は、福田にしたいと思っていた。総理大臣になる人物は外務大臣を経験した方がいいと夫人の寛子に漏らしたことがあり、最後のチャンスに福田を登用したことになる。そして官房長官には「晴天の霹靂人事」といわれた竹下をあてる。やおら佐藤が「竹下君を呼ぼう」と言ったが、午後の組閣名簿発表の直前の方がいいという話になる。意表の人事の印象を与えた方が本人も報道機関も驚くに違いないという計算だった。

派閥均衡で配置した組閣だが、反主流派の三木派からは三木に断りなく中村寅太を一本釣りで取り込むことにした。福田と気脈を通じているし佐藤とも仲がよかった。最後に佐藤は「今回の閣僚では最年少だろう」と言って平泉渉(ひらいずみわたる)を登用したいと言い出した。

保利も田中も閣僚候補としては初めて聞く名前だった。むろん平泉が誰であるかは二人ともよく知っている。佐藤の親友で鹿島建設の創業者一族の鹿島守之助の女婿であり、まだ四一歳の若さである。義父の守之助は参議院議員であり国務大臣も務めている。一九六五(昭和四〇)年の参院選のとき、全国区のトップ当選をしたのが守之助であり、平泉渉は全国区二四位で当選し、親子当選として話題になったのである。その時の幹事長は、田中であった。佐藤の最後の組閣に、親友の女婿を閣僚として取り上げる人事であり、保利も田中もその事情はよくわかっている。政治資金面でも絶大な支援を受けてきた親友に対する最後のいわば恩返しだった。

組閣人事はすべて確定し、事務処理に回すため楠田を呼んで名簿を手渡した。

時計を見るとまだ正午前である。いま出ていくと記者たちに捕まって困るだろうという話になり、官邸で昼食をとって時間をつぶし、午後一時半から呼び込むことにした。三人連れ立って官邸小食堂に移動するとき、竹下を官房長官に抜擢した話題になる。

保利が「総理と竹下君は二回りですな」と言う。二回り、二四歳違うという意味である。佐藤はびっくりした顔をする。佐藤は一九〇一年生まれ、竹下は一九二四年生まれだから正確には二三歳の開きだが、二回りと言ってもいい。保利が、自分が官房長官になったときは、同じくらい首相の吉田茂と年齢が離れていたという。

佐藤と保利は一九〇一年生まれの同い年であり、吉田茂とは二三歳の開きがあった。保利が吉田内閣で初入閣したのは四九歳のときであり、翌年、官房長官になった。田中は三九歳で郵政大臣になっている。それを考えれば、竹下の四七歳は若手の抜擢というほどでもない。そんな話で盛り上がった。竹下に目をかけて大抜擢した佐藤だが、ポスト佐藤をめぐって佐藤派内が福田と田中に分かれていき、竹下は田中派の中堅として隠密に活動を始めていた。それを知った佐藤は、徐々に竹下を信用しなくなり、肝心な情報は竹下には話さなくなることが楠田日記にも書かれている。

組閣後の新聞の報道も次の世代へバトンを引き継いだ内閣として一定の評価はしたが、「事なかれ主義の佐藤政権」「惰性の内閣」など厳しい論評が相次いでいた。朝日新聞はまるで佐藤に引導を渡すように「佐藤丸　最後の船出」と大見出しで記事を掲載した。

電撃発表

朝日新聞が「佐藤丸　最後の船出」と大見出しを付けたように、佐藤の最後の組閣といわれた大仕事も終わり、党内からも閣僚人事を受け入れる省庁の官僚の間からも、大臣の評価をめぐって悲喜こもごもの様子が官邸にも伝わってきた。その余韻がまだ残っている七月一三日、読売新聞朝刊一面のトップに特ダネが掲載された。

「佐藤・ニクソン　親書交換」という派手な見出しに両首脳の写真を配した五段抜きの記事である。
「非核政策を理解」

「沖縄協定承認に全力　米側返書」

六月一七日の沖縄返還協定調印式の後に佐藤がニクソンに宛てた感謝の書簡に対し、ニクソンが返書をよこしたという報道だ。双方の書簡の内容は推測で書いているが、外務省筋などの複数の関係者から聞き出した断片的情報をつなぎ合わせてまとめた内容に見える。折しも国防長官のメルビン・レアードが来日中であり、官邸で佐藤と会談した際に、ニクソンが「緊密な日米関係を確信する」と佐藤に述べたことを書き、ニクソンからの書簡は暗に「核抜き」を保証したことを語ったとする内容であった。協定調印後に両首脳間で交わされた書簡があったというのが特ダネであり、それほど価値の高いものではなかった。ところがこれには「解説」がついていた。

「手紙にどんな力が」

「国民は甘くない」

この見出しを掲げた解説は、佐藤の胸の内をかき乱すようなものだった。その要点は次のようなものだった。

・返還協定調印式をニクソンはドタキャンした。このことを気にした佐藤は、返還協定の謝意を示した書簡をわざわざニクソンに送った。これに対しニクソンから、変わらぬ友情を書いた書簡が届き、佐藤は喜んだ。

・しかし今なおこじれている繊維交渉は、元をただせば佐藤がニクソンと安請け合いの約束をしたのがきっかけになっている。

・佐藤は繊維業界をまとめきれず、アメリカが不満足な自主規制を業界から出して政府間交渉を打ち切ったのは、アメリカの業界はもとより議会関係者にも日本不信感を呼び起こしている。一片の手紙で収まるほど情勢は甘くない。

佐藤がニクソンと交わした繊維交渉の密約はまったく知られていなかったが、解説では「安請け合いした」と書いており、「繊維業界もまとめきれない佐藤」と厳しく批判していた。

この日は午前九時から、官邸の記者クラブと総理との定例会見が予定されていた。官邸に出てきた佐藤の機嫌がすこぶる悪い。主席秘書官の楠田を執務室に呼んでやや詰問調に言った。

「こういう記事はどこから出るんだね。首脳間の書簡が筒抜けになっているのではないのかね」

「記事に書いていることは推測と断っており、あちこちから集めた情報を代表記者が一本にまとめたものでしょう。ただ、解説がいただけません」

佐藤は、官邸記者クラブの誰かが書いたのかと訊くが、楠田はそこまではわからない。政治部のベテラン記者が書いたのだろうが、記者出身の楠田でもわかりかねる。

佐藤の怒りの顔を見て、楠田は何も言わずに引き下がった。そういう場面での佐藤は何を言っても頭に入らないことをよく知っていた。始まった記者会見でも、冒頭からぎこちない問答が続いたが、質疑が日米の経済問題全般に変わってからは、佐藤のペースで何とか切り抜けた。

それから三日後の七月一六日であった。世界を驚愕させるニュースがアメリカから飛び込んできた。定例閣議が終わった直後、秘書官が紙片を持ってあわただしく閣議室に入ってきて佐藤に手渡した。楠田も後ろから駆け寄っていく。

「ニクソン大統領が全米向けにテレビ、ラジオを通じ、中国が来年五月までに大統領を中国に招聘すると表明しています」

紙を読んだだけでは、正確な意味がわからない。楠田が説明した。

「キッシンジャーが今月四日から一一日まで極秘裏に北京を訪問して、中国からニクソンを来年五月までに北京に招待することを取り付けたようです。いま、ニクソンが全米向けのテレビで演説しています」

「ふむ、またキッシンジャーか……」

佐藤はそこまで言いかけ、総理執務室へ向かって歩き出した。ニクソン大統領になってから、キッシンジャーは若泉との間で沖縄の核問題、そして今なお折衝が続く繊維問題などで大統領密使の役割を演じている。そのキッシンジャーが今度は中国か。またもニクソン・キッシンジャーの秘密外交が知らないところで展開されている。佐藤は腹の中でニクソンにやられたと思っていた。その日の佐藤日記はその状況を簡潔に書いているのでそのまま引用する。

佐藤日記（一九七一年七月一六日、ニクソン訪中部分の全文）

「今日のビッグニュースは何と言ってもワシントンと北京とで同時に発表された、米ニクソン大統領が来年五月までに北京を訪問すると発表されたことだ。キッシンジャーが国務省を抜いてカラチから北京入りしたものだが、発表までよく秘密が保たれたことだ。牛場大使に対しては、発表前僅か二時間前にロジャーズ長官から通報を受け、日本や国府との関係にはかかわりないとのこと。中身は分からぬが、ベトナム戦を早くやめたい、それが主眼か。それにしても北京が条件を付けないで訪支を許したことは意外で、いろいろうわさ話も出ることと思う。しかして発表が正午前だったので、夕刊は一斉に大々的に報道する。いずれにしても中共の態度も柔軟になってきた証拠か。素直に慶賀すべきことだが、これから台湾の処遇が問題で、一層難しくなる」

タカ派、反共闘士として鳴らしてきたニクソンの突然の中国接近である。地政学的に見ても歴史的に見ても、最も中国と関係の深い国は日本である。いままさに中国の国連加盟をめぐって日米が共同歩調で、台湾擁護、中国加盟阻止で動いているさなかに、アメリカは同盟国の日本には一言の事前の相談も通告もなく、出し抜けに中国との外交を進展させていく。これは誰が見てもアメリカの日本軽視は明らかである。この時点で中国を承認していた主要国は、イギリス、イタリア、フランス、カナダなどであり、敗戦国の西ドイツと日本が未承認だった。

中国の国連加盟問題では、日米が歩調を合わせて中国の加盟反対をしていた。一つの中国という建前を通すため、台湾を追放して中国だけを国連に加盟させるという流れが、世界の中でほとんど出来上がっていた。台湾と中国の両方の国連加盟という妥協案があったが、北京は一つの中国を主張して断固として拒否する。そこでアメリカは、台湾追放には国連の三分の二以上の賛成が必要とする「逆重要事項方式」という妙案を持ち出した。台湾から中国への代表権変更は、国連憲章に定められた重要事項であるので三分の二以上の賛成が必要とする案だ。中国の加盟を拒否しようとする案であり、日米で共同提案する折衝も続いていた。そのような重要で微妙な案件が進捗しているその時期に、日本に一言の挨拶もなく米中接近の発表である。

折しも翌日、臨時国会が召集され、佐藤は所信表明演説を行う予定になっている。演説草稿は、楠田の手で出来上がっているが、ニクソン訪中問題について一言も入っていない。どうするか、楠田が問うと佐藤は「ニクソン訪中といっても来年のことだろう。あわてることはない。演説内容はあのままでいい」という。

これには楠田もあわてた。一言も触れないわけにいかないだろう。その日の夕刊各紙から新聞は特集を組むだろうし、佐藤政権の外交失策として批判的な論調で報道してくるのは目に見えている。党内でも佐藤の対中政策を批判的に語っている議員は多い。官房長官談話もすぐに発表しなければならない。

アメリカが日本に通告してきたのは、ニクソンの全米向けテレビ演説直前に国務長官のロジャーズから駐米大使の牛場信彦に電話してきたものだ。寝耳に水とはこのことだろう。しかしこの隠密行に加わった国家安全保障会議上級スタッフのジョン・ボルドリッジは、外務省分析課長、調査課長を経て、当時、在米日本大使館参事官をしていた岡崎久彦とホワイトハウスで会ったとき「明日、重大な旅行に出る。理由は大統領がカンザスシティで行う演説を見ればわかる」と謎めいた言葉を残して旅発っている。練達の外交官として知られていた岡崎をもってしても、その言葉にどのような意味があるのか読み解くことはできなかった。

佐藤は、演説草稿はそのままでいいと言うが、そういうわけにはいかないと考えた楠田は、大急ぎで所信表明演説の草稿にニクソン訪中のいきさつを半日かかって挿入し、今後の日本の外交戦略は変わることなく粛々と進める程度にして佐藤に提案する。佐藤は仕方なさそうにこれに同意して、翌日の国会で読み上げた。

唐突に見えたニクソン演説だが、ニクソンはこの演説につながる世界観を大分前から持っていた。大統領になる直前、雑誌のインタビューで「中国のような巨大な領土と人口を持つ国を国際社会で孤立させることはできない」と語り、反共闘士のニクソンとして知られていただけに、アメリカの政界に波紋を広げたことがあった。そのニクソンの密使となったキッシンジャーは、イデオロギー外交を否定し、国家間の力の均衡こそ世界の政治力学の原動力になるという主張を打ち出した学者であり、ニクソンと通じるものがあった。

その日の夕刊各紙は、どの新聞も一面左右ぶち抜きの特大見出しで「米大統領、訪中を受諾」と掲げ、「戦後世界に大転換のニクソン訪中」「突然飛び越えられた日本」「無視された佐藤外交」など二面、三面から社会面まで特集で埋め尽くした。ニクソン訪中ではからずも露呈した日本の外交戦略の立ち遅れであり、この衝撃で世界の政治構造が大変革を起こすなどと解説する記事で埋まっていた。中国はソ連と明確に袂を分かち、アメリカとの距離を縮めて新たな戦略を展開する毛沢東・周恩来路線を解説する内容が大半であり、いずれもこの流れに取り残される日本を危惧するものだった。

キッシンジャーの隠密訪中によって、ニクソンの電撃的な中国招待の発表に至ったわけだが、そのきっかけは、一九七一（昭和四六）年三月に、名古屋で開かれた世界卓球選手権大会にあった。この大会に参加したアメリカの卓球代表団は、中国代表団に対し、中国を訪問したいと申し出た。中国代表団から報告を受けた北京は、毛沢東の指示によってこれを受け入れ、中国がアメリカ代表を招待することが決まった。米中の「ピンポン外交」として世界で話題になったニュースであった。

実はここに至るまでには、長い年月をかけた仕込みがあった。アメリカと中国は、過去二〇年間にわたって大使級の代表が密かにワルシャワで接触していた。時には友好的、時には敵対する接触だったが、米中両国はそれを連綿と継続させ、双方のスタッフはそれぞれワシントンと北京に毎回、情報交換した内容を報告していた。

ニクソンがヨーロッパ訪問をした際に、ルーマニアの大統領、ニコライ・チャウシェスクに対し、アメリカは中国との交流を望んでいることを中国の指導部に伝えるように依頼する。同様のメッセージはパキスタン首脳に会った際にも託している。ニクソンがルーマニアとパキスタンの両国首脳に同じメッセージを託したのは、保険をかけたのである。どちらかが届かなくても、どちらかのルートで北京に届くだろう。ニクソンのしたたかなやり方であった。

果たせるかな両国のルートのどちらからも、アメリカが北京に特使を派遣するなら受け入れるという色よい返事がきた。ニクソンはキッシンジャーに極秘で北京に行くように命じる。ニクソンの命を受けたキッシンジャーは、ホワイトハウスや国務省のスタッフを数人選出して旅発つ。報道機関の眼をくらますために、名目はパリで開催されるベトナム関係の会議に出席するためとしてある。最初に飛んだのはサイゴンであった。そこから飛行機を乗り換えてバンコクに渡り、ニューデリーを経てパキスタンの空港から北京に向かった。パキスタンからは大統領専用機を借用し、アメリカ側の五人のスタッフに、英語に堪能な中国の外交官五人が同乗してきた。

こうして歴史的な訪中特使が北京に到着し、その日の夕刻からぶっ続け七時間、さらに翌日六時間にわたる会談を行った。周恩来もキッシンジャーも、相手と十分な信頼関係を築くことを第一にした話し合いで始まった。信頼関係こそ外交折衝の第一であることを双方ともよく承知していた。後年、キッシンジャーは自身の回顧録でこの時の周恩来の印象を「およそ六〇年間にわたる公人としての生活の中で、私は周恩来よりも人の心をつかんで離さない人物に会ったことはない」と書き残している。

二人は、米中に横たわる政治的な課題を一つ一つつぶしながら、雪解けの政治的なプログラムを組み上げていった。台湾問題、中国の国連加盟、朝鮮戦争の後始末、ベトナム戦争とインドシナへのアメリカ介入、ソ連との距離など国際的な視野で話し合い、双方の歩み寄りと相互利益をすり合わせ、米中巨頭会談のためニクソンが北京を訪問する土俵を作り上げていった。

キッシンジャーは、北京から急ぎ帰国してカリフォルニア州のサンクレメントの臨時ホワイトハウスで待っていたニクソンに報告した。直ちに二人はヘリコプターで同州のバーバンクにあるNBCスタジオに入り、ニクソンが全米向けの演説を行った。地政学的に最も中国と関係が深く、いまだ戦後の後始末が付けられずに国交回復もしていない日本にとって、同盟国のアメリカが出し抜けに中国に接近するとは青天の霹靂(へきれき)であった。佐藤は外務省から来たニクソンの演説内容を食い入るように読みながら「ニクソンにやられた」と心の中で何度もつぶやいていた。ぎくしゃくした日米関係を招いたのも、佐藤の側に責任があることを自身が認めないわけにいかなかった。

ニクソンの突然の訪中表明に日本中が度肝を抜かれているとき、「時まさに来たれり」と一人得心していた政治家がいた。通産大臣になって間もない田中角栄だった。田中はその当時から、外務省アジア局中国課長の橋本恕（はしもとひろし）とは、時々情報交換をする仲だった。きっかけは橋本が田中の秘書をしていた麓（ふもと）邦明（くにあき）、早坂茂三の飲み友だちだったことだ。田中は橋本から米ソ二大大国を基軸とする冷戦構造の行き詰まりと、中ソ不協和音による世界政治のバランスの崩れの予兆について聞いていた。橋本はソ連の経済破綻をすでに予見しており、共産党独裁政権が統括する中国には、膨大な人的資源があることを見抜いていた。何よりも中国の教育システムは、初等教育から大学までピラミッド型に築き上げた制度になっており、必ず力を発揮すると田中に熱を帯びた口調で語っていた。この見通しは当たっており、中国は二〇〇〇年以降、世界に通用する有能な人材を輩出する国家へと変貌することになる。

「田中先生、日中国交正常化は先生以外できません。その実現への道筋を私なりにまとめて報告書を書いてみます。いかがでしょうか」

「わかった。これは極秘でやってくれ。党内の右はおれが何とか説得する。ただし佐藤政権の後になるがな」

橋本の直属のボスは外務大臣の福田である。その上に佐藤がいる。しかし外務省でも硬骨漢として鳴り響いていた橋本は、田中と心中覚悟で密かに動き出す。それから半月も経たないうちのニクソンの衝撃発表だった。

旅客機墜落

一九七一（昭和四六）年七月三〇日であった。夕刊の最終版締め切りは午後一時である。羽田空港記者クラブと読売新聞社会部を結んでいる直通電話が「チリチリチリン」と鳴った。出先の記者クラブと社会部を直通で結んである電話は、このほかに警視庁、最高裁判所、気象庁、都庁、国鉄、宮内庁の各記者クラブにある。すばやく受話器をとった記者の眼つきが一瞬のうちに変わった。

「なに！　全日空機が墜落した！」

思わず出した声が、周囲の記者たちを驚かせた。デスクが席を蹴って電話器のそばまで走り寄る。その辺にいた記者たちも、たちまち電話の回りを囲む。受話器を取った記者が、聞きながらペンを走らせ第一報をメモしていく。

「全日空58便　千歳発東京行き　ボーイング727機　乗客一五四、クルー七の計一六一人　機長川西三郎　三〇日午後二時ごろ、岩手県上空で消息絶つ　墜落したらしい」

メモをのぞきこんでいた古手の遊軍記者が、すぐ整理部に走って一報を伝えている。輪転機は止められ、紙面も組み替えなければならない。遊軍記者はベテランが互いに声をかけ合って仕事を分担、すぐ電話にしがみついた。全日空の本社に電話を入れ、乗客の氏名や乗客の数、便名などを確認する記者、羽田の管制タワーに電話を入れ、その後の旅客機の行方を訊く記者、岩手県警本部に電話を入れ、県内に飛行機が墜落したような情報は入っていないか訊く記者、盛岡支局に第一報を伝え、すぐ追跡調査をするよう伝令する記者、各記者クラブに片っ端から電話を入れて、大事故らしいから至急本社に上るよう伝令する記者、カメラマンと一緒に羽田にあわただしく向かう記者……。

旅客機が民間航路に侵入してきた自衛隊機と空中衝突したことが確定したのは、それから二〇分後である。当然、防衛庁記者クラブに詰めている記者は、庁内の関係取材に走った。政治部記者は政府筋の取材に走り、社会部からの記者は自衛隊機の訓練の状況を知るために関係者の取材に走った。

墜落現場が、岩手県盛岡市の西にある雫石町と確認できたのは、それからさらに二〇分後である。盛岡支局から数人の記者が現地に向かった。それと同時に、東京本社の社会部からも現地に応援部隊を出すことに決めた。デスクが遊軍三人とカメラマン二人を指名し、直ちに旅費と取材費が渡された。

筆者はそのとき日本医師会を訪問して会長の武見太郎にインタビューする予定だった。武見太郎は、二日前に首相官邸に呼ばれて佐藤とトップ会談をし、全国の開業医が保険診療を拒否していた事態を収拾したばかりである。保険診療を拒否することは、健康保険を受け付けないのだから事実上、開業医は診療をしないストライキ状態になることであり、国民に多大な不安と混乱を与えていた。筆者はたまたま泊まり明けで仕事をしており、この混乱と不安をまとめているベテランの遊軍記者から指示を受けて、さまざまな識者からコメントを取る取材をすることにした。筆者は、日本医師会の武見からコメントを取ることになったが、電話では無理であることがわかっていたので、日本医師会へ行って直接会って話を聞くことにした。

武見には、良い印象がなかった。四年前に診療報酬の値上げなどを要求して抗議行動を全国の開業医で展開し、東京では一斉休診を実行して八〇〇〇人の医師が日比谷公園の野音に集まって決起集会をした後デモをする。医者のデモなど聞いたことがない。そのとき、筆者は日本医師会長の武見からコメントを取るため電話をした。そのときのやりとりである。武見はいきなり「君の所属はどこだね」と質問してきた。「社会部です」と答えると「僕は、社会部は嫌いなんだ。政治部の記者としか話をしないよ」と言って、一方的に電話を切られたことがあった。

東京・文京区の医師会館に到着する直前だった。ポケットベルが鳴った。カメラマンと一緒に乗っていた車を停めて、公衆電話に走った。デスクが、武見とのインタビューは延期して、そこからすぐに羽田空港に向かえと言う。全日空の記者会見があるから写真付きで原稿を送れと言う。羽田空港には社会部の記者が常駐しているが、墜落事故の取材で手が回らないから応援に行けという指示であった。新聞社の午後三時すぎは、普段なら最も暇な時間である。だが、この日ばかりは、どの記者の眼も吊り上っていた。

佐藤は、その時、軽井沢で静養中だった。濃い緑に囲まれた別荘のベランダで、佐藤は、籐椅子に足を延ばし、司馬遼太郎の長編歴史小説『世に棲む日日』を読んでいた。内閣改造が滞りなく済み一段落した直後に、ニクソン訪中へという衝撃的なニュースがあり、日米繊維交渉も暗礁に乗り上げたまま気持ちの余裕がまるでなかった。しかしそういう時期にあってもゴルフだけは欠かさなかった。むしろ心に余裕がなくてもゴルフをしている時間は何もかも忘れるという精神的安堵感があったかもしれない。

午前中、ゴルフをやった疲れが、心地よく体の中に澱んでいた。ほどよい疲れが、総理の気持を一層くつろいだものにしていた。彼は眠りかけていた。ベランダに続く部屋の襖が静かに開いて、首席秘書官の楠田が入ってきた。

楠田が低い声で佐藤に呼びかけると、佐藤は、はっと眼を開けた。楠田が一歩前に進み出た。彼の右手に紙片が握られている。総理はその様子から何か重大な報告があることを理解して、上体を起こしかけた。

「ただいま官房長官から連絡がありました。本日、午後二時五分ごろ、全日空の旅客機ボーイング727と自衛隊F86Fジェット戦闘機が岩手県盛岡付近の上空で衝突、両機とも墜落しました。全日空機の乗員、乗客は一六二人で全員ほぼ絶望とみられます」

聞いていくうち、佐藤の顔はみるみる険しくなった。最初の報告から約一時間後である。佐藤は直接自分で受話器を取り、防衛庁長官を現地に派遣するよう官房長官に指示を出した。

佐藤の胸の中はこのときすでに、国会の審議状況を予想しながら、重大な政治問題の展開を考えていた。防衛庁長官をいつ、どのような形で罷免するか、後任には誰をあてるか、派閥の調整をどのようにするか……。

首相官邸では、事故対策本部の初の会合が開かれ、事故調査委員会を設置して徹底究明を行うことを決めるとともに、防衛庁は当分の間、陸・海・空の各自衛隊の飛行訓練や演習を中止することを決めた。官房長官の竹下登は記者会見で、事故原因が自衛隊機にあることを認めた。政府責任は重大であった。その政治責任をどのような形でとるか、政治部記者たちは本能的に感じとっていた。

佐藤がパトカーを先導に、静養先の軽井沢から急ぎ帰京したのは三〇日午後一〇時二〇分ごろであった。一〇時を回ったころ、首相官邸にいる広報担当事務官が官邸記者クラブに佐藤の到着予定時刻を知らせてきた。各社の佐藤番記者は官邸の玄関に集まり、約五〇人のカメラマンと番記者が通路の両側に人垣を作っていた。

車から降りた佐藤は恐ろしく難しい顔をしている。大きな眼は、一種怒気を含んでらんらんと輝いていた。何ものをも寄せつけないようなその眼の光を見て、さすがに佐藤番たちは一瞬たじろいだ。佐藤が玄関から二、三歩、官邸に入ったとき。人垣が少し崩れた。

「総理、防衛庁長官の責任はどうなりますか」

一人がやっと声を出した。それがきっかけとなって、記者たちは佐藤総理を取り囲むように群がり、佐藤と歩調を合わせて歩き始めた。

「総理、政府の責任は重大だと考えますが……」

「何らかの形で政治責任はとりますか」

矢つぎばやに質問がとんだ。佐藤の足が止まったと思うと、記者団の方に振り向いた。その顔を見て記者たちの足がすくんだ。堅く閉ざされた口元が、何かを言おうして小さく震えている。深く刻まれた眉間の皺とその両側で異常に光る眼、浮き出た血管が破れて、今にも血が噴き出てくるように見えた。佐藤は、その全エネルギーを体外へ放出するかのように、割れ鐘のような声を吐いた。

「君たちは一体なんだっ。……そんなことは知らん！」

その声は、あたりのすべての雑音を消して首相官邸の石造りの高い天井に反響した。ほんの二秒間だけ、あらゆる動きが止まった。それから総理は再び歩き出した。彼の周りを、新聞記者を寄せつけまいとするかのように、一〇人近くの秘書官と衛視が取り囲んだ。まるで腫物にでも触わるかのように、総理を真ん中にしたその一団は、ゆっくりと公邸に続く廊下を歩いていった。

事故から三日後の八月一日、事故現場から帰京した防衛庁長官の増原恵吉はすぐ首相公邸へ向かった。事故現場の報告と自身の進退伺いのためである。徹夜で作業を続けて全遺体を収容したこと、遺族の方々には十分弔意を表明してきたこと、そして事故の責任をとって閣僚を辞任することを語り、用意してきた辞表を提出した。それから、事故原因について、自衛隊機のミスであると具体的な理由を入れながら説明した。佐藤はうなづくようにして聞いていた。辞表を出したとき「うむ、その件は明日の臨時閣議まで考えさせてほしい。私の一存で決めるわけにはいかない。辞表はきみが預っていてくれたまえ」

佐藤は官房長官に言った。これで防衛庁長官の更迭が事実上決定した。総理が「私の一存で決めるわけにはいかない」と言ったのは、つまり外交辞令であった。後任の防衛庁長官には、その翌日の閣議後、佐藤の指名で佐藤派の西村直己が起用された。

ニクソンショック

一九七一年八月一五日の終戦記念日の翌日、首相官邸の一階の大広間に全国の知事が続々と集まってきた。全国知事会議が開催され、総理から地方自治に関する施政方針が示される重要な会議であった。佐藤は冒頭の挨拶をするため大広間に移動して会場に入る直前だった。主席秘書官の楠田があわてて近づき首相執務室に戻るように言う。

「ニクソン大統領からの電話です。いま大統領はテレビ演説をしているので、ロジャーズ国務長官が直接話をしたいということです」

佐藤は、またかと思った。一か月ほど前に電撃的に中国訪問というテレビ演説をしたばかりである。そのとき事前の予告がなかったことを佐藤は気にしていた。まさか沖縄返還を白紙に戻すという話ではないだろう。繊維かもしれない。佐藤はニクソンが話をするというその中身をあれこれ考えていた。

「また、テレビ演説かね……」

佐藤は複雑な笑いを浮かべただけで、速足で二階へ上がっていく。楠田が歩調を合わせながら今朝方、外務事務次官の森治樹から電話があり、大統領は全米向けのテレビ演説をするので代理で国務長官のロジャーズが直接話をしたいと連絡があったことを手短に説明する。佐藤が執務室に向かおうとするのを楠田は、先導して秘書官室に入れる。

「電話の都合で……」と楠田は言ったが、実は首相執務室の電話は親子電話になっておらず、通訳を入れて話をすることができない。首脳間のホットラインなどという考えすらまだなかった時代だった。そこで急きょ、秘書官室の親子電話を使うことにした。テープレコーダーが持ち込まれ、新しいカセットテープが装着されて電話を録音する準備もしてある。楠田と通訳を残し、秘書官たちは部屋を出ていった。このとき録音するスイッチを押し忘れたため、録音ができていなかったという大失態があった。

ロジャーズは、大統領の代理だと断り、いま大統領が全米向けのテレビ演説をしているのでその内容を申し上げるというものだった。通訳が必死にメモして翻訳し、佐藤はもっぱら聞き役だった。その内容はにわかには理解しがたい内容だったが、大統領の全米向けの演説を同盟国に通告してくる以上、相当重要な内容であることは想像がついた。電話が終わり佐藤は通訳のメモをちらとのぞき見ただけで、中座してきた全国知事会議で所信演説をするために再び会場へ戻っていった。この日の佐藤の演説内容は、新聞の見出しと前文を並べたようなもので中身に乏しく、知事たちには甚だ評判が悪かった。佐藤はこのころから前向きに取り組む政策マインドを失ってきており、翌年五月に予定されている沖縄の施政権返還をただ待つだけの死に体になっていた。

ニクソンの演説は、全米というよりも世界へ向けて宣言した「ドル防衛の政策大転換」であった。ニクソンショックといわれるようになるが、ちょうど一か月前に突然、米中接近を宣告するニクソン訪中予定を発表して冷戦構造の世界に衝撃を与えたばかりであり、そのほとぼりがまだ冷めない時期である。今度はドル防衛という世界経済の基盤を見直す政策大転換を世界へ向けて宣言したものであった。

ニクソンの演説中から世界の為替相場は大混乱に陥り、東京の為替市場は、ドル売りが殺到し、日銀が買いまくる事態になる。動揺した株式市場では、まず株式の売りが殺到して場が立たないような混乱に陥った。霞が関のどの省庁も午前中からこの話でもちきりであり、通産大臣の田中は大臣室から、大蔵大臣時代に人脈を作った子飼いの官僚に「これからどうなるか解説をしてくれ」と電話をかけまくっていた。

ニクソンが表明したドル防衛の要項は次のようなものだった。①金とドルの交換の一時停止、②一〇%の輸入課徴金、③賃金、物価を九〇日間の凍結、④賃金、物価安定策の策定、⑤投資税控除の復活、⑥自動車消費税の廃止、⑦所得税減税を繰り上げ実施、⑧連邦支出を四七億ドル削減。

すべてアメリカ経済を守るための政策である。戦後、世界経済で独り勝ちしたアメリカは、その利益を日本をはじめ敗戦国の復興のためにつぎ込んできた。ベトナム戦争では膨大な戦費をつぎ込み、アメリカ経済に翳りが出ていた。その間、日本も西ドイツも戦後の復興は著しく、特に日本は高度経済成長期に入りめざましい発展をしていた。アメリカには敗戦国から廉価で品質の良い製品が流入してきたため、国内の製造業は競争力を失ってきており、インフレと失業率に悩まされていた。

ドルと世界各国の為替交換レートは固定相場になっていたが、もはや実態を反映しておらずドルが価値の低いレートで取引されており、アメリカ経済を下押しする元凶になっているという見方がアメリカで広がっていた。アメリカの経済政策は、明らかに行き詰まってきていた。経済成長が低下し、インフレが続き失業率も高止まりになっていた。貿易赤字が膨らみ、ニクソン政権は新たな経済政策の議論を始めていた。

八月に入るとニクソン直轄の極秘経済政策決定会議が開かれた。ホワイトハウスの経済担当補佐官グループとFRB議長、大統領経済諮問委員会委員長、行政予算局長ら一六人は、ワシントンから一〇〇キロほど離れているキャンプ・デービッドの大統領宿舎にこもった。ニクソンが信用していない国務長官のロジャーズや国防長官のレアードにも知らせない徹底的な秘密会議であり、ニクソンの得意なやり方だった。

この会議で賃金・物価凍結班、減税班、金交換停止と輸入課徴金班など担当別に分けて論議を進め、経済新政策を練り上げていった。減税による景気刺激策と同時に賃金と物価の一時的な凍結、さらにドル為替レートの調整などかなり思い切った経済政策を決定し世界へ向けて発信したものだった。

日本は一ドル三六〇円の固定した為替だが、そろそろ変動相場に変えるべき時期であるという主張が出てきた。これを政界で最も先に主張したのは、前国務大臣・防衛庁長官でその後自民党総務会長になった中曽根康弘だった。変動相場制に切り替えるのは、もはや時間の問題だった。新聞論調もその流れで報道を強めており、ニクソンの二度にわたる日本への事前通告なしの重要政策転換宣言は、佐藤政権に対するアメリカの不信感の現れであり、佐藤の責任は重大であるという報道は連日続く。新聞も雑誌も佐藤政権の末期的症状とする論調が目立ってきた。

ニクソンの衝撃的な演説の後、佐藤は軽井沢でつかの間のお盆休みを取っているが、連日、大蔵大臣の水田三喜男から為替市場の混乱と対応ぶりが電話で報告されてくる。佐藤は新聞報道には逐一目を通しているが佐藤批判の記事が目につくといちいち印をつけ、内容によっては執筆机の引き出しに取り置くようになる。

ニクソンのドル防衛宣言から九日後の八月二五日の朝、佐藤はアメリカの情報通である二人の重要な人物と官邸で会ってニクソンの動勢を聞いた。最初に会ったのは密使の若泉敬である。アメリカから帰国したばかりであり、ワシントンでキッシンジャーにも会っている。ニクソンの訪中問題ではまだ課題が残っているので実現は五分五分との印象だったと語る。またドル防衛への政策大転換は、元々民主党の政策だったものをニクソンがパクったものであり、米国内の人気が上がり来年の大統領選挙には有利になったとの報告だった。

佐藤がもっとも聞きたかったのは、こじれにこじれている繊維問題だった。キッシンジャー・若泉の密使ルートも繊維問題では頻繁に情報交換をしながら妥協点を探ってきていたが、キッシンジャーが本来の安全保障問題に専念するようになってからは、国務省と日本の外務省の話し合いに切り替わっていた。ところが交渉の内容が外に漏れることが多く、これでは話ができないとキッシンジャーは相当に不満をもっていることを報告した。

続いて会ったのが帰国中の駐米大使の牛場信彦であった。ドル防衛策はニクソンの決断で行ったことであり大変な大統領だという評価だった。中国訪問のお膳立てをしたキッシンジャーは、絶大な権力を持っており一〇〇人のスタッフを抱えてすべての情報を集めていることを知る。ニクソンもキッシンジャーも官僚嫌いは徹底しており、国務省の発言力は見る影もなく無残である。国務省のステータスが落ちた最大の原因は機密漏洩にあるとの見解は、若泉の報告とも一致していた。いちばん信用おけないのが国務省で、次が日本の外務省だとニクソンは考えているのではないかとの見解に、佐藤は目を見開いて聴き入っていた。

為替相場の圧力は容赦なく押し寄せてきた。日銀はドルを大量に買い上げて現行の為替レートの維持に努めることになるがそれには限度があり、限定的な円の切り上げが迫られていた。円の切り上げになれば、国民の生活はよくなるが産業界の競争力は低下する。それを恐れて日銀は、二週間で四四億ドルのドル買いをして円相場の上昇を阻止する。

大蔵省と日銀は、八月二七日についに一時的に変動為替相場に移ると発表した。円相場が高くなることで政府はドルの価値の下落による甚大な損害を甘んじて受けることになる。一九四九年に一ドル三六〇円に固定された為替レートがこの日から実質的に変動相場になった。初日には、一ドル三四二円となり歴史的な円の切り上げがスタートした。

同じ日、ワシントンで開催されていた第八回日米貿易経済合同委員会でロジャーズが開会演説の中で、円切り上げを強く要請してきた。ロジャーズは、日本は慢性的に貿易黒字であるとし、輸入を促進し、輸出振興を撤廃し、為替レートの円切り上げを行う義務があるとした。輸入制限の撤廃、途上国への支援拡大、外国資本流入への規制緩和、秩序ある輸出統制など日本に対する盛りだくさんの要求を出して、日本側代表の福田、田中、水田らを驚かせた。

日本側は福田が、国際収支の黒字は国内経済の不況から生じたものであり、不均衡とは認識していないと反論し、今日から円の変動相場制を受け入れて大きな犠牲を払っていると演説した。

圧巻だったのは討論の場になったときだった。繊維交渉についてスタンズは政府間協定の締結を強硬に迫ってきた。これに対し田中は大げさな身振りで、絶対反対だ、自主規制を順調に実施しており、アメリカに被害を与えている証拠がない、と大見えを切った。田中はスタンズとのランチ会のときも同じことを繰り返し、時にはテーブルをたたいて主張した。会場を出てくると、外で待っていた記者に向かって、大きな身振りで「オール　セイフ！」と叫んだ。しかしその意味がどのようなものか記者団は測りかねていた。

だまされたと思って話に乗る

一九七一（昭和四六）年九月二日の午後三時すぎ、首相官邸に衆議院議員、小金義照（こがねよしてる）に連れられて江（え）

鼂眞比古（ぐちまひこ）が訪れた。江鼂という苗字は、日本で数人しかいないという変わった名前だが、佐藤とは日中戦争のあった一九三七、八年ころに中国で出会いがあったらしい。佐藤は、一九三七年九月から八か月間、鉄道省から中国・上海にあった興亜院華中連絡部に出向していた。そのころ江鼂は、外務省文化事業部の嘱託として中国で働いていた。詳しくは後述するが、ともかくも旧知の二人は中国問題で話が弾んだ。

一か月半前の七月一五日に、ニクソンが訪中するという電撃的な発表があったばかりであり、その興奮がまだおさまらない時期である。中国の国連加盟の是非をめぐって日本は、アメリカに追随して中国加盟反対に回っていたが、同盟国の日本に相談も通告もなく、頭越しに中国に接触しているニクソンに佐藤はいささか頭にきていた。

聞けば江鼂は、北京の周恩来とつながる人脈を持っているという。香港に北京とつながっている人物がおり、懇意にしている。そのルートを使って周恩来に連絡ができるということを、熱を込めて語った。日中間は国交がないから大陸に渡航することはできないが、香港は比較的自由に出入りできる。江鼂は香港にいる北京政府とつながっている人脈を使えば、周恩来と連絡することは可能だという話である。

佐藤は話を聞きながら、江鼂を日中国交正常化の糸口を作るため、密使として使えないかという考えがみるみる固まっていく。沖縄返還では、京都産業大学教授の若泉敬を密使に使い、返還交渉の最も難しい核持ち込み問題で密約を結んで返還への道を開いた。外務省を使わず、独自の密使ルートで成功している。またもや外務省を出し抜いた密使外交である。その日の佐藤日記は、次のように書かれている。

佐藤日記（一九七一年九月二日、一部抜粋）

「江鬮眞比古君が小金義照君と一緒にきて詳細に香港を通じての中国問題をきく。周恩来と連絡はとれるはづ(ママ)と連絡方を江鬮君がいって来た。だまされたと思って話に乗る事にした」

総理大臣が外務省に相談もなく、日中問題という重大な外交交渉についてたった一回の面談だけで「だまされたと思って話に乗る」という決意を固めたとは驚きである。用心深い佐藤がこれほど簡単に話に乗ったのは、仲介している小金義照ともども旧満州の人脈に連なる中国人とのつながりに期待したものだろう。

筆者が「江鬮密使」事件を知ったのは、二〇一七年九月二四日、NHKのBS1スペシャル「日中〝密使外交〟の全貌」という番組を偶然見たことからだった。番組で江鬮眞比古本人が書いた手記「私は、佐藤前首相の『北京政府』工作の密使だった」（月刊『宝石』一九七三年一二月号）があることを知り、早速取り寄せてその詳細を調べた。『宝石』のその号が発行されたころ筆者は、この記事を読む機会がなかった。

テレビ放映で知った江鬮・佐藤の密使外交は、一九七一年九月から佐藤退陣の一九七二年六月以降も続いていた。沖縄返還を実現する国会審議で最も大事で最も多忙だった時期に、佐藤は密かに中国密使を使って国交回復を目指していたのである。

その後、テレビ放映の内容をもとにした書籍が二〇二〇年四月に刊行された。NHKのチーフ・ディレクター宮川徹志の書いた『佐藤栄作最後の密使』（吉田書店、以下、宮川著書と表記）である。宮川は番組のディレクターでもある。江鬮密使で展開された日中国交正常化への道筋は、ほぼ成功して扉を開く寸前まで進んでいたとする史実を具体的な証言をもとに、調査・取材で確認した事実だけを隙間なく埋め尽くしたようなドキュメンタリータッチの文献であった。

こうした資料をもとに佐藤政権の終焉にかけて、水面下で進んでいたもう一つの密使事件にも触れながら話を進めていきたい。

中国密使、水面下の活動

月刊誌『宝石』の一九七三年一二月号に掲載された「私は佐藤前首相の『北京政府』工作の密使だった」の記事には、佐藤と江鬮、秘書官の三人が写った写真も掲載されており、三人の名前と「撮影者・角田忠志」まで記載されていた。角田は江鬮の秘書だった。

佐藤と江鬮の中国密使外交は、一九七一年六月に大蔵省から出向して総理秘書官になった西垣昭が担当した。西垣は九月から江鬮担当を佐藤から直々に命じられ「絶対に他言はするな」ときつく言い渡されていた。後に大蔵省事務次官にまで出世した西垣が、佐藤・江鬮の密使外交の詳細を知っている人物であることはＮＨＫのテレビ番組で知り、インタビューする機会を作ろうとしていた矢先の二〇二一年七月一三日、老衰で亡くなった。九一歳だった。しかし、前出の宮川著書に、江鬮に関して記録していた「西垣日記」が記載されている。密使外交の詳細を、『宝石』記事と宮川著書と西垣日記、佐藤日記をもとに明らかにしていきたい。

一九七一年九月は、沖縄返還交渉の最後の国会審議と国会の批准決議を控えていながら、いまだに日米繊維交渉が暗礁に乗り上げたままになっており、中国の国連加盟問題をめぐっては、アメリカに追随して中国の国連加盟に日本は反対していた。そのさなかにニクソンが日本の頭越しに訪中することが一か月半前の七月一五日に電撃的に発表されたばかりであり、佐藤は焦っていた。そこへ転がり込んできた密使外交である。「だまされたと思って乗って」みたのは、佐藤の当時の心境であった。

佐藤日記では、江鬮との総理官邸での最初の会見からこの年は五回会っていることが記述されており、西垣日記には一二月二八日にも会っていると記録されているから計六回会っている。番記者らに気づかれないように官邸ではなく公邸の応接室で会うことにしていた。

この年佐藤は、江鬮に託して北京の周恩来に対し二通の親書を作成した。最初の親書は、面談してから五日後の九月七日付けで「日中国交正常化のため北京を訪問し、意見交換したいので訪中の機会を作ってほしい」とする周恩来宛の親書だった。署名まで終えたが、江鬮に手渡す直前になって気が変わった。

佐藤日記に「江鬮眞比古君に書いて渡す手紙は、一寸相手が判らないので書く事をやめた」（一九七一年九月一〇日、一部抜粋）とある。書いて署名までしたが結局迷って親書は手渡さなかった。そのかわり、親書を撮影した写真三葉を九月一一日に秘書官の西垣から江鬮に手渡している。

江鬮は、佐藤の依頼を受けて香港に飛び、北京政府の周恩来ら要人とつながっている香港の人脈と接触して佐藤の北京訪問の実現に折衝を重ねていく。それは二か月ほど前に電撃的に発表されたニクソン訪中の交渉を隠密に進めて成功したキッシンジャー密使と似ていた。それを意識したものか佐藤日記の一一月一二日には「江鬮君と会う。和製キッシンジャー、色々と北京の様子を話してくれる」と書いている。このころ佐藤は、江鬮をキッシンジャーにたとえたように明確に密使と位置付けていたことがうかがえる。

佐藤が二通目の周恩来への親書を作成したのは、九月二〇日付けのもので、最初の親書は香港で預かりになっていると断り、要約次のように書いた。

「日中復交のための前提が台湾問題にあることは十分、理解しており当然と考えている。閣下が示された原則を私は誠意と努力に於いて受け入れ、日中両国に横たわる諸問題の解決に当たる決意である」

ここでいう原則とは、中国政府が言明していた三原則を指している。

①中華人民共和国は、中国を代表する唯一の政府である。

②台湾は中国の不可分の領土である。

③台湾と日本の間の日華平和条約を破棄すること。

このどれに対しても、中国の国連加盟に反対する日本政府は、公式に認めていない。しかし佐藤はこの親書で、国会論戦などで佐藤が明らかにしていた中国に対する日本政府の方針からかなり中国側に歩み寄った「決意」を表明していた。

江鬮は、北京の政府要人とつながる人脈とかなり緊密に交渉を重ねていたことが宮川著書、『宝石』の江鬮手記からもうかがい知ることができる。しかし佐藤訪中の工作はなかなかうまくいかなかった。それでもあきらめることなく江鬮密使の活動は年を越えて続いていく。

第四章　激動の中の強行採決

のどに刺さったトゲ

日米繊維交渉は、佐藤・ニクソンの首脳会談での密約を佐藤が守らなかったため、二年間にわたってもめぬいていた。国務省と外務省、商務省と通産省の政府間の正式外交ルートに加えて、キッシンジャー・若泉の首脳直轄ルートも加わってもつれにもつれていた。首脳会談終了から二か月後の一二月末までに、包括的な規制が日米で交わされる約束だったが何もされなかった。

その後も、ホワイトハウス、国務省、商務省の担当者が入れ代わり立ち代わり日本側と交渉したが、双方の主張はどうしてもかみ合わない。しびれを切らしたアメリカ側は、首脳間の密約をほのめかすが、日本側はまったく動かなかった。理由は、佐藤が明確に「約束など何もない。紙に書いたものもない」と言い張ったからである。そのことは宮澤喜一も通産大臣のときに、直接佐藤から聞いていた。しかし後年、アメリカで外交文書や私的な回顧録などが公表されるにしたがって、佐藤が約束をしていたことが明らかになっていく。それを隠し、嘘を言い通していたもので、そのことをいちばんよくわかっていたのは佐藤自身だった。

アメリカ政府の主張は、日本からの繊維製品の流入でアメリカの繊維産業が苦境に立たされており、これを救済するということにあった。ニクソンは大統領選挙で輸入規制を公約していたが、再選を目指す選挙を一年後に控えた時期になってもまだ公約を果たしていない。ニクソンは、佐藤と密約までして沖縄返還への道筋をつけてやったのだから、そのかわりに繊維交渉で譲歩するのが当然と思っただろう。アメリカの議会筋や外交官の間でも、そのような考えが支配していた。日本でいわれていたように「糸(繊維)を売って縄(沖縄)を買う」という戯言は当たっていたのである。

アメリカ側の目論見は二国間の政府交渉で妥結して協定を結び、これをもとにGATTで多国間の協定に持ち込もうとするものであり、もし日本がこれに応じなければ、アメリカ政府が一方的に輸入制限を行うという強硬論に傾いてきていた。これに対し日本側はあくまでGATTで協議して決めるというもので、政府間の交渉や協定締結はやらないことで国会でも超党派で決議していた。佐藤はこの決議にがんじがらめに縛られていた。繊維交渉は佐藤ののどに突き刺さったトゲであり、沖縄返還を実現するためにもどうしても取り除かねばならないものだった。

交渉が劇的に展開したのは九月八日のことだった。それはニクソンがドル防衛の衝撃的な演説を世界に向けて宣言してから三週間後の九月九日、一〇日にワシントンで開かれた第八回日米貿易経済合同委員会の前日だった。日本代表の外務大臣の福田、通産大臣の田中、大蔵大臣の水田らと各省の幹部は、ワシントン入りの前、一息つくためにバージニア州のウィリアムズバーグに宿泊した。そのとき田中は、元財務長官でホワイトハウスの繊維交渉担当特使になっていたデイビッド・ケネディと二人だけで密かに会談した。福田、水田に漏れないように密会する大胆な行動はいかにも田中らしい。

佐藤が田中を通産大臣に任命したのは、デッドロックに乗りあげている日米繊維交渉をまとめ、来るべき臨時国会で順当に沖縄返還の国会承認を取り、批准にこぎつけたいと考えていたからである。田中は通産大臣になった直後に、ケネディと東京で一度会っている。ケネディが財務長官時代にも何度か会っている。田中は通産大臣になると秘書官に命じて、繊維交渉でアメリカ側の窓口になっている人物の経歴を詳細に調べさせていた。田中の人心掌握術のデータになるものだ。

「毛唐（けとう）でも同じ人間だ。相手の懐に入って話せばわかる」

田中は身内のスタッフにこう言ったことがある。「毛唐」とは外国人を指す差別的な言い回しとされ、現在は使われない言葉だが、田中にそのような意識はなく、単に古い時代の人たちが使っていた言い方をしたにすぎない。田中はケネディがユタ州の牧場の倅（せがれ）であり、努力をしていくつかの大学を卒業後、一貫して銀行と政府の財政関係の仕事を勤め上げ、ニクソンに認められて第六〇代財務長官に指名された経歴を知っていた。努力家で堅実で実務型の能吏という評判だった。

一方のケネディは、田中のことを自民党の幹事長を務め、佐藤内閣を支える実力者であることはよく知っていた。田中が人をそらさない人柄と、「コンピュータ付きブルドーザー」といわれるようなパワフルな実行力を備えていることに好感を持っていた。田中が繊維交渉の主管大臣になったから、今こそ交渉を妥結する好機ととらえていた。ウィリアムズバーグで密かに田中と会ったケネディは、まずニクソンの考えを率直に話し始めた。

田中を驚かせたのは、八月一六日にニクソンが行ったドル防衛の演説の中で繊維交渉への対決姿勢を表明しており、その表明にしたがってホワイトハウスで着々と実施の準備を始めているという説明だった。大統領の演説の中で「私は国家非常事態を宣言し、アメリカの政府、民間の関係機関がアメリカの国際経済上の立場を強化するために必要な努力をする」とした言葉がある。

「この正確な意味について、日本政府は明確に理解していないのではないですか？」

遠慮がちに言うケネディの言葉に「どういう意味かもっと話をしてくれ」と田中は急かせた。

ケネディは、繊維交渉は行き詰まっているので期限内に妥結しなければ、「対敵取引法」を大統領が発動できることを担保した言葉であると解説した。この法律をタテに大統領は一方的に相手国に対して繊維輸入の規制をかけることができるという。田中は、にわかには理解できない。

対敵取引法などという法律は聞いたこともない。ケネディは説明した。この法律は一九一七年に制定されたものだが、その後一九四一年一二月七日（アメリカ時間）の真珠湾攻撃の一一日後に修正改訂された。この法律の中に「国家非常時中は、大統領の権限で輸出入の統制をすることができる」とする条文がある。日米繊維交渉で行き詰まった場合は、これを発動するために国家非常時を宣言することができる。ホワイトハウスでは、すでに大統領発令の準備に入り、発令の草稿に取りかかっているという衝撃的な説明だった。

確かにニクソンは、国家非常事態と言ったが、それは金とドルの交換の一時停止、一〇％の輸入課徴金、賃金と物価の九〇日間凍結など、ドラスティックな政策を発表しており、当然これらの政策をもってして国家非常事態であると理解されていた。まさか繊維交渉を頭に置いた発言とは、田中は思いもしなかった。

田中は、そんな古い法律を持ち出してまで、日本へ対抗措置を考えるのは理解できないと率直に言った。ケネディは言った。

「来年の大統領選挙です」

「なにっ、選挙！」

田中の明晰な頭脳が恐ろしい速さで働き出した。田中は三期に及ぶ自民党幹事長で選挙を差配し、一歩間違えると潮目ががらりと変わる選挙のこわさを知り尽くしている。田中の反応を見てケネディは、大統領選の事情を解説した。

一九六八年大統領選のとき、ニクソンはノースカロライナ州、サウスカロライナ州など繊維工業が集結している東南部の州の票を取り込むため、日本からの繊維製品流入を阻止する輸入制限を公約にして闘った。それが東南部の州の多くをニクソンが制した勝因になった。民主党候補のハンフリーと得票差でわずか〇・七％というまれに見る接戦で大統領に当選している。その大統領の再選挙が翌年に迫ってきたのにまだ公約を果たしていない。ニクソンはアメリカの繊維業界からの突き上げもあるし議会からも突き上げがあって焦っている。一般有権者得票率でたった〇・七％の大激戦で勝った選挙をまた闘わねばならない。ニクソンが焦るのは当然であり、田中はその事情をのみ込んだ。

対日繊維交渉で強硬派の先頭に立っている商務長官のモーリス・スタンズは、ニクソンの大統領選挙本部の参謀であった人物で、選挙の功績で商務長官に抜擢されたこともケネディは語った。さらに自分の主張は大統領の特使として忠実に大統領の意向を示しているので、修正の余地はないとも言う。

田中は、日本にも選挙があり、国会での議決もあるので簡単にはいかない事情を説明した。さらに日本の繊維業界と選挙事情を説明した。

日本には、どこへ行っても「機屋（はたや）」といわれる繊維の町工場がある。地域に根付き雇用を確保してきた地方産業であり、戦後、日本がいちはやく復興できたのは「機屋」があったからだ。農村から出てきた手先の器用な女工員が機織（はたお）り機械を操作して品質のいい敷布を織り上げ、それを衣料品業者がブラウスなどに製品化してアメリカに輸出を始めた。「ワンダラー（一ドル）・ブラウス」と呼ばれる破格の値段でアメリカで販売され、アメリカの繊維業界が痛手を受けるようになっていた。アメリカの輸入規制を受ければ日本の「機屋」が大打撃を受けるのは明らかだ。

町工場の経営者とその雇用者は、自民党だけでなく党を超えた支持母体である。これが輸出制限を受ければたちどころに経営不振に陥り、倒産する企業も出てくるだろう。衆参両院で、政府間交渉による輸出規制に反対する決議を超党派でやったのも、そのような事情があったからだ。

そこまで説明しながら田中は、頭の中でこれは政治決断で解決しない限り妥結は困難だと考えていた。それを解決するには、政府が余剰になった「機屋」設備を買い上げるなどの助成措置をしない限り道はない。野党は難しいとしても、まず自民党をまとめる必要がある。日本の経済界、繊維業界への説得も必要だ。財政出動となれば、財政投融資や補正予算の仕組みを利用すればできないことはない。大蔵大臣を三期務めてその仕組みを熟知し、大蔵官僚からも評価を得ていた田中は、早くも頭の中で解決策をひねり出していた。

ケネディは妥結のデッドラインを一〇月一五日にしたいと提案してきた。それに対し田中は「わかった。やる」と確約した。これにもケネディは驚いた。これまでの交渉相手とはまるで違う。理解度が早く対応策をきちんととらえ、それを言葉として伝えてくる。

それにはわけがあった。一〇月一六日に臨時国会の召集が決まっていた。沖縄返還協定を承認する重要な国会として「沖縄国会」といわれていた。その前に繊維に決着をつけておかないと、沖縄国会は紛糾して見通しが立たなくなる。なにがなんでも決着してやる。田中の決意がこのとき固まった。田中とケネディは固い握手をして別れた。誰にもこの密談を知られることはなかった。この密談は後年、アメリカ側の文書によって明らかになっていく。

翌日からワシントンで始まった日米貿易経済合同委員会の終了後に、福田はニクソンと四五分間の個別の会談を行っている。このときニクソンは、「政府間で繊維交渉をやらないなら、アメリカは一方的に輸入割当を行う」と明確に述べている。福田は帰国後、佐藤に報告して政府間交渉を一刻も早く再開するように進言する。しかしそれでも佐藤は動かなかった。

ケネディは日米貿易経済合同委員会終了後に、繊維交渉の経過についてニクソンに報告に行った。そのとき田中と秘密会談したことを報告した。アメリカ側の文書によると、まだ不信感をもっているニクソンに対しケネディは、政府間交渉はすでに「銀行に預けてある」とまで報告して安心させている。

九月二〇日、ケネディの代理として繊維問題特別顧問の肩書でアンソニー・ジューリックが極東に派遣されてきた。田中との交渉役は、ケネディからジューリックが指名された。日本でいえば、ジューリックは省の審議官クラスである。それが大臣と差しで話し合う。格が違うと普通は言いそうだが田中は違った。ジューリックは何の決定権も持っていない単なる窓口であり、その後ろにケネディが控えていることを知っていたからだ。ケネディは田中と差しで交渉すれば田中ペースで説得され、妥協を強いられると警戒したふしがある。ケネディは、最終的に妥結するときにはいつでも自分が駆けつけることができるように、密かにワシントンからグアム島に移動して待機していた。

ジューリックが持参した最後通牒は、予想したとおり「日本および韓国・台湾・香港が一〇月一日までに対米繊維輸出規制に関する協定を受け入れない場合、アメリカは一〇月一五日を期して輸入割当を実施する」というものだった。一六日から沖縄国会が始まる。日本側はその前に妥協するだろうという計算があった。すでに国家非常事態を宣言しているので、妥結できないなら大統領が一方的に輸入割当をするという単純明快なものだった。田中はその意味を熟知しており、ジューリックが来日した日から非公式に数回、ジューリックと秘密交渉して具体的な輸出数量などの詰めに入っていた。

繊維妥結

一九七一年九月二八日、田中はジューリックを通産省に呼び、日米繊維交渉を政府間で正式に交渉すると宣言した。内外の報道機関も大扱いで報道した。田中の腹は、政府間交渉による妥結しかないと決めていたが、正式交渉に入っても断固として拒否する態度を見せていた。これは田中の戦略だった。田中はジューリックとの公式的な交渉の場では、ときに机をたたいて主張を繰り返すなど強硬派を装っていた。繊維業界とそこにつながる議員たちが多数見守っている。地方には「機屋（はたや）」といわれる中小企業が多数あるし莫大な数の雇用者を抱えている。下手すると全部敵に回すことになりかねない。独特の政治感覚でその間合いをはかっていた。

　そのころ佐藤政権は、中国の国連加盟問題でアメリカと共同歩調を取るのかどうか迫られていた。アメリカは台湾を重視して中国の加盟を認めないか、もしくは台湾と中国の両方の加盟を認めるかという二段構えだった。佐藤はそのどちらにも態度を表明しない。時間だけが過ぎていく。福田はアメリカとの折衝でどうするのか佐藤の気持ちをはかりかね、困っていた。

　佐藤は、重要な課題になればなるほど本心を明かさない。最後の最後になって方針を決めるようなところがあった。時には熟慮型の政治家に見えるが、一方で優柔不断であるとの評価もされるだろう。佐藤の密使になった若泉、首席秘書官だった楠田の日記などを読むと、佐藤の優柔不断な場面を書いている部分がある。中国問題では、ニクソンに頭越しにやられたと感じている佐藤は、遅まきながら江鬮（えぐち）を密使として香港に派遣している。佐藤日記に書いてあるように、「だまされた」と思って話に乗った中国密使外交は、まだ成果が何も出ていないときであり、佐藤は中国問題を迂闊に判断できない時期でもあった。

　閣議後に何度も佐藤は福田と田中に声をかけて残ってもらい、執務室で中国の国連加盟問題と繊維問題で意見を聴いていた。福田は、佐藤退陣後は自分に政権を禅譲することを期待していたため、意見を明確に述べるのを差し控えていた。それが福田の弱みになっていた。田中は北京政府を中国と認める時代であることを確信していたがその思いは心にしまい込み、密かに外務省の中国人脈を使って着々と中国の情報を手元に集めていた。

繊維については、アメリカの要求をのんで政府間交渉で妥結するよりないというのが佐藤と福田の意見だった。しかし田中は簡単には妥結しないとする意見を言い、その方策を容易に語ろうとはしなかった。田中には田中なりの戦略があったが、語れば反対される。総理と外務大臣とは、政治感覚が違うことを田中はよくわかっていた。

九月二四日のニューヨーク・タイムズ紙は社説で、日米繊維交渉でニクソンが非常事態宣言をして最後通牒をちらつかせるやり方は、主要同盟国である日本との関係をますます悪化させるものとして厳しく批判する論調を掲載した。それを受けて九月二八日付け朝日新聞社説も、「遺憾きわまる米国の繊維ゴリ押し」の見出しを掲げて、妥結を要求するアメリカ側の強硬で強引な姿勢を厳しく批判する論評を掲載した。日米を代表する主要新聞の論調は、田中の最も期待していた方向に流れていた。日本の繊維業界もこれに力を得て、アメリカの要求は断固として拒否すべきとの主張を強めていた。

しかし田中は抜け目なく手を打っていた。大蔵大臣時代の子飼いの官僚を呼んで、「機屋」の損害分を政府が補償した場合の財源の拠出が可能かどうかを確かめ、なんとか行けるという確信を持つようになっていた。特に繊維交渉が大詰めにきた九月末にかけての佐藤日記には、田中と電話や会談で繊維交渉報告を聞いたり意見交換する記述が連日のように出てくる。時には宴席でひそひそと言葉を交わしたような様子も出てくる。

九月二九日の夕方、田中から「これから総理に会いたいので頼む」と官房長官の竹下に緊急面会の連絡が入った。大臣が緊急で会いたいということは、重要な案件に違いない。何を差し置いても空きを作らなければならない。竹下はすぐに佐藤にわけを話し、田中との面談を割り込ませた。

田中は交渉の経過を大略次のように説明した。

①ジューリックとの話は大体、詰めてきたが、今一歩、アメリカの譲歩が欲しい。彼には決定権がないのでグアムに待機しているケネディといちいち打ち合わせをしているが、一〇月一五日までは、なにがなんでも仮調印に持っていきたい。

②繊維製品の輸入課徴金制度の適用を外すことでケネディが了解したのでヤマは越えた。

③大蔵省の財政出動を考えたい。

佐藤は田中が突然、面談を求めてきた意味がわかった。ヤマは越えたのだ。後は覚書に盛り込む文言のすり合わせがあるが、これが結構厄介であることは佐藤も知っていた。いまは時間の問題だ。田中が言った。

「党内と国会と業界の了解を取り付けなければならないので、総理から繊維交渉で私に一任をいただきたいと思ってきました」

佐藤は田中が面談を求めてきた真の目的を理解した。佐藤らしく「一任は、正式には明後日の閣議で閣僚の了承をとりたい」と断ったが、むろん前倒しでやって構わないということが、佐藤のにこやかな表情に書いてある。田中のことだから、すぐに一任をかざして各界の根回しに入ることは目に見えている。案の定田中はすでに、自民党三役と野党の書記長と緊急会見をしたいので至急予定を入れるよう秘書官に言いつけていた。

繊維が解決すれば一〇月一六日からの臨時国会は、繊維から離れて沖縄だけに絞られるので集中できる。田中は直後から与党と野党の幹部に、繊維交渉の妥結案を示しながら了解を取り付けていく。野党は反対したが、田中との会談を受けたということだけで折り合いがついたことになっている。これが国会対策委員会の暗黙の了解になっていた。繊維業界も公式では反対表明をしていたが、助成金が出るということで業界内部の同意を取り始めていたし、経団連など財界首脳の同意も、すでに田中は取り付けていた。このような根回しの速さで田中にかなう政治家はいなかった。後は大蔵省の財政出動を確定するだけとなった。

一〇月一日の午後、田中は大臣室に両角良彦（もろずみよしひこ）事務次官をはじめ局長、審議官、部長以下幹部を二〇人ばかり集めた。そこで田中は、繊維交渉でこれまでに自分がやってきた内容を話しながらこう言った。

「これまでは諸君の言うとおりに振る舞ってきたが、相手もなかなかのしたたかさで簡単には落城しない。しかしこれを打破しないと繊維交渉は永久に解決しない」

田中は珍しく苦渋の表情だがしかし淡々とした口調で話し、両角に発言を求めて顔を向けた。両角が引き取った。

「大臣に大変、ご苦労をおかけして通産省として誠に申し訳ありません。しかしこれを打破するには、日本も相当なる犠牲が必要になってくるのではないかと思い始めています」

田中はそれを受けてアメリカ案を日本がのんだ場合、繊維業界が得べかりし利益としていかほどの金額になるかという話に誘導していった。それは国が補償するという政治判断につながる。実は田中はすでにこの幹部から内々でこの話を聞いており、大蔵省の子飼いの役人に補正予算を組んで資金をひねり出す方策まで聞いていた。田中の根回しは抜かりなかった。

「こういうことは念を入れておかないと、途中で挫折することがある。担当の主計官にもわしから請願しておく」と余裕の表情で言った。

会議を中座して大臣席に移動した田中は、自身の名刺を出し、万年筆ですらすらと書き込んだ。

「徳田博美主計官殿　繊維問題解決のため二〇〇〇億円ご用立て、宜しく頼む。田中角栄」

名刺を受け取った秘書官は、それを持って大蔵省に走っていった。主計官の徳田博美はその後、銀行局長を経て西日本銀行頭取などを務め、大蔵省出身の中では金融・財政の論客として知られるようになる。

ジューリックと通産省との交渉はいよいよ煮詰まり、細部の文言の詰めになっていった。繊維製品の輸入規制の総枠の数字をめぐっては、双方の出す数字があまりにかけ離れており、徐々に譲り合って歩み寄るのに時間がかかっていた。ジューリックは、肝心なことになるとケネディの指示を仰ぐためそれなりに時間がかかる。それでも一〇月一五日のデッドラインには間に合わせる必要があり、ぎりぎりの折衝が際限なく繰り返された。

一〇月一五日の会談では、ケネディがグアム島から駆けつけて通産大臣室に入った。覚書の文言をめぐって最後になっても折り合いが付かず、午後七時の仮調印を一〇時まで伸ばして折衝が続いた。仮調印を閣議決定するために閣僚は官邸で足止めを食っており、途中で佐藤が直接、通産大臣室に進捗状況を訊いてくるハプニングもあった。そこでケネディと佐藤が直接電話で話をして、挿入する字句で折り合うシーンもあった。こうして、午後一〇時過ぎに田中とケネディが仮調印に至り、三年越しで続いていた日米繊維交渉は決着した。

妥結内容は大筋でアメリカの要求が通った形になったが、化学合成繊維の輸出枠が当初より大幅に増えるなど日本側が勝ち取った面もあった。政治優先で業界を救済した妥結内容であった。しかし野党が屈辱的な妥協として政府を攻めてくることは目に見えていた。

調印直後の記者会見では、なぜこうなったのか説明を求める質問に集中した。田中はいつもと違って歯切れが悪く、「代案はなかった」「国益は守った」「業界救済には万全の政策で対応する」と繰り返し説明した。時には絶句する場面もあったが、これも田中の織り込み済みだった。翌日の各紙朝刊は、大見出しと特集記事で三年越しの繊維交渉でアメリカが押し切ったこと、政治が優先した高価な代償だったことを主張する報道が多かった。

結局、日米繊維交渉は、佐藤がニクソンとの首脳会談で密約を交わしたにもかかわらず、約束を果たさないために三年にわたって無駄な交渉が繰り返され、時間が空費された。首脳会談直後から短時間で佐藤の主導で妥結に乗り出せば、日本側にもっと有利な条件で妥結した可能性があったかもしれない。しかし佐藤の政治感覚では、国会でアメリカと政府間交渉はしないという決議があったことに縛られ、押し切ることができなかった。

佐藤は翌日から始まる沖縄国会でなにがなんでも返還協定の承認を取り付けるために気力を振り絞らなければならないと考えていた。公邸に帰ってきた佐藤は、日記に「色々の批判もある事と思ふが、まづまづの結末かと思ふ」と書いている。こうして佐藤とニクソンとの繊維交渉の密約は、大きな犠牲を払ってようやく決着した。

東京で田中・ケネディによる覚書仮調印が行われた一時間後に、ホワイトハウスは記者会見を開き、大統領が非常に満足しているとのコメントを発表した。その中でニクソンは特に「ケネディとジューリックが見事な交渉手腕を発揮した」とたたえた。この調印でアメリカ織物業界はニクソンの対日強硬交渉で得た成果を評価し、サウスカロライナ州のロジャー・ミリケンが代表となって、大統領選挙戦中の一九七二年四月六日に三六万三一二二ドル五〇セントの政治献金をニクソンの選挙本部の選挙資金参謀になっていたスタンズに献金している。対日繊維交渉で強硬路線を譲らなかった商務長官のスタンズは、このときニクソン再選のための再選委員会財務委員長に異動していた。

献金したミリケンは、繊維業界の労働者の権利を不当に弾圧しているとして悪名高かった人物である。また献金したその日は、アメリカで新しい政治資金規正法が発効する一日前のことだった。新法が発効すると政治家への献金額の公示が義務付けられるので、これを避けるために一日前に献金した駆け込み献金だった。こうした事実はアメリカのコーネル大学出版会から出た報告書に書かれており、日本でも『日米繊維紛争』（日本経済新聞社、一九七七年）として刊行されている。

ニクソンは、その年の大統領選挙で民主党のジョージ・マグガバンに地滑り的な圧勝で再選された。しかし、ニクソンは民主党本部への電話盗聴侵入事件に端を発したウォーターゲート事件で、二年後の一九七四年八月九日、大統領辞任に追い込まれ、任期中に辞職した唯一のアメリカ大統領となった。

がけ崩れ実験

日米繊維交渉が妥結した翌日の一〇月一六日の朝刊各紙はいずれも、ようやく妥結した日米繊維交渉について厳しい視点で論評した。繊維業界を犠牲にした政治決着という見方が大勢で、開会式を迎えた沖縄国会での困難な政権運営を書いていた。評論家の中には、沖縄国会を乗り越えるのはきわめて厳しく、沖縄返還協定の国会承認と引き換えに佐藤退陣もあり得るという見通しを述べる人も出てきた。何よりも長期政権に国民は飽きが来ていた。衝撃的なドル防衛政策、米中接近の兆しなど、世界は変革期を迎えていることを国民は肌で感じており、政権発足から七年を迎えている佐藤政権の「待ちの政治」に不満を抱くようになっていた。

この日は土曜日だったが、臨時閣議を開いて佐藤の所信表明演説を各閣僚が検討し、佐藤は終了後すぐに自民党の両院議員総会で国会での協力を依頼した。国会論戦の冒頭は、前日に妥結した繊維交渉をめぐる質疑であり、関連してドル防衛策による為替変動への移行と円高への対処であった。さらに中国の国連加盟問題で日本はどのような国策をとるのか、佐藤政権は何も政策を示していなかった。しかし国会の焦点は何といっても沖縄返還協定の承認をめぐる論議にあり、社会党など野党は返還協定のやり直しを主張していた。

中国の国連加盟問題は、台湾の扱いに集中していた。中国共産党の主張は、中華人民共和国が唯一の中国政府であり台湾は中国の一部であるとするものだった。これに対しアメリカは、台湾も認め北京の中国政府も認めて中国の二重国連加盟国にするという考えと、アルバニアから出されている中国加盟を否決するための「逆重要案」も持ち出すという方向の二股戦略であった。そこへニクソンの北京訪問予定が電撃的に発表されるなど、日本にとってはニクソンの本心が読めない状況になっていた。

中国の国連加盟問題で波紋を呼んだのは、法務大臣の前尾繁三郎（まえおしげさぶろう）の発言だった。「日本は、アメリカが提案する逆重要案の共同提案国になるべきでない。強行するようなら閣僚を辞めるかもしれない」と語ったとする発言が一斉に新聞に掲載された。これには佐藤もびっくりした。

九月二一日の朝、佐藤が官邸に出ていくと官房長官の竹下が待ち構えていた。中国の国連加盟問題のことで、議員から対応についてよく電話がくる。閣僚から総理一任を取り付けないと、また勝手に考えを述べられると困る、という助言だった。総務会長の中曽根も勝手に、中国は一つの中国だなどとアメリカでしゃべって評判になっていた。中曽根は党の役員だが、前尾の発言は閣僚なので閣内不一致になる。この問題が拡大するのは困ると佐藤も考え、その日の閣議で一任を取り付けることになった。

閣議前に前尾と農林大臣の赤城宗徳（あかぎむねのり）を個別に呼び、中国問題では個人的な発言は慎むように言い含め、その日の閣議で論議したい意向を伝えた。佐藤は次に田中を執務室に呼んだ。そこで初めてその日の閣議で中国の国連加盟問題について、総理一任を取り付けたいという意向を示した。

田中は、ふんふんとうなづいた。佐藤の顔に微妙な変化が出ている。田中は一瞬だけ警戒した。

「そのときだがね、閣議が自然に総理一任の方向に行くように、小生の発言を支持するように言ってもらいたいんだがね」

なんだ、そんなことかと田中は思った。外務大臣の福田には頼めないからわしに振ってきたなと思った。

「はあ、その方向でまとめましょう」

閣議での田中の発言はときに雄弁だった。田中のしゃべり方は、周囲の人物たちに満遍なく気を遣い何ごとによらず説得力がある。佐藤は主席秘書官の楠田に「田中君と話をしていると、どうしても彼の言い分に丸め込まれるんだ」と漏らしたことがある。その才能を見込んでサポート発言を田中に依頼したものだった。佐藤日記にもそのことを正直に書いている。

沖縄国会は予想どおり、与野党の激しい論戦が展開され、沖縄返還、中国の国連加盟問題、繊維問題の後始末などで激しい攻防が展開されていく。途中で外務大臣、通産大臣の不信任案が提出されていずれも否決されたとはいえ、野党の政府追及はとどまることがなかった。

一一月一一日である。文部省の五階にある科学技術庁の大臣室の応接ソファで、国務大臣科学技術庁長官の平泉渉（ひらいずみわたる）は訪問客と雑談をしていた。来客が帰ると入れ違いに、秘書官と官房長が血相を変えて部屋に入ってきた。官房長の右手に数枚の便箋が握られている。紙の上に殴り書きの字が躍っている。それだけでことの重大さを察するに十分であった。長官は、四二歳の若さだが、白髪まじりの頭髪をなでつけ、面長で貴族のような品のある顔を二人の男の方に向けた。

「国立防災科学技術センターで主催しているがけ崩れの実験で事故が発生し、一〇人以上が生き埋めになった模様です。場所は川崎市生田の山で、ただいま神奈川県警、消防局などが現地に急行、救出にあたっております」

それだけでは、一体何が起こったのか長官には理解できなかった。無理もない。そういう実験が行われることすら長官は知らされていない。いろいろな研究部門の専門家が集まり、日本では初めてのがけ崩れの大掛かりな人工実験であるが、ロケットの打ち上げ実験のような派手さはない。地味で専門的な実験に、メディアの事前報道も、科学欄などで小さく扱う程度であった。

実験は、すでに三日前から開始されていた。がけの高さは二〇メートル。斜面角三〇度。一時間に三〇ミリの放水を続け、この日まですでに四〇〇ミリの人工雨を降らせていた。研究スタッフは科学技術庁国立防災センター、建設省土木研究所、通産省工業技術院、自治省消防庁の技術者が集まったもので、水に弱い関東ローム層のがけ崩れ実験であった。

その日午後二時半、十分に水を飲みこんだ関東ローム層の赤い山が、ずずっと不気味に動き始めた。あちこちに設置されている計測器からリアルタイムで観測数値が送られてきており、斜面の歪みが毎分二ミリずつ動いているのがわかった。研究員の一人がピーッと長く笛を吹いた。

「厳重警戒」の合図である。三〇人のスタッフは、皆それぞれの部署で自分の与えられた仕事を緊張して再点検した。一〇人近くの新聞記者やカメラマンが、その一瞬を見ようと固唾をのんで斜面を見上げていた。計測器の針が、毎分五〇センチの歪みを記録した。がけ崩れはこの瞬間に起ころうとしていた。「ピッ、ピッ、ピッ」という短く鋭い笛が鳴った。「緊急警報」の合図であった。

その時だった。赤い斜面が轟音とともに盛り上った。次の瞬間、赤い土の流れが地鳴りを轟かせて一気に斜面をかけ降りてきた。

「あっ」

誰もが叫んだようであった。観測小屋がバリッという乾いた音とともに押し潰され、カメラマンのカメラが小石のように宙に舞った。土砂の流れが止まり、現場一帯が一幅の絵のように静まったとき、おびただしい土砂は一五人の命を呑み込んでいた。

平泉はすぐ現地に向かった。東京から車を飛ばせば一時間の距離だった。

まったく馬鹿げた災害だった。がけ崩れの実験をしようとした科学者たちが、自分たちが人工的に起こしたがけ崩れで尊い命を落としたのである。しかも、その一瞬を見極めようとした新聞記者とカメラマンたちが巻き添えを食った。

「ずさんな実験計画」

「甘い見通し」

「人災実験」

翌日の朝刊各紙は、政府機関が主催して起こしたこの大事故に、厳しい批判記事で紙面を埋めた。政府は直ちに平泉を本部長とする対策本部を設置し、原因調査に乗り出した。平泉は、ほとんど一睡もしないで事故現場で指揮をとり続けた。

新聞各紙は人災事故だと書いている。この事故で新聞記者とカメラマンにも犠牲者が出ているので、新聞、テレビはかなり手厳しい報道内容になっている。新聞には早くも、国務大臣の進退伺いに発展するとの観測が書かれている。平泉の義父で参議院議員の鹿島守之助が、沖縄審議をかかえて重大なときであり平泉は進退伺いを出した方がいいだろうという意向を示したことも伝わっていた。「身内」に犠牲者を出したメディアが政府の責任追及に厳しく出てくるので、沖縄国会の審議に支障をきたすことにつながりかねない。

平泉の決断は早かった。事故のあった翌日の閣議後であった。閣議室に隣接している応接室で向き合った佐藤に、平泉は内ポケットから和紙を包んだ白い封筒を出した。

「今回の事故の責任をとりまして進退伺いを出します」

その日、一一月一二日の佐藤日記には「やめることではないと思うが何とも言えぬ。謹慎を命じたかたち」と記している。大臣の進退にかかわるような実験計画が、事前に大臣レベルまで報告がなかったという点に問題があった。いつもこういう形で実験を行っていたところに、庁内の緩みがあったというのが公式に伝わっている謹慎内容だった。

反対闘争

沖縄返還協定を審議する衆院の特別委員会は、一一月一〇日の提案理由から始まった。同時に沖縄返還関連法案を審議する特別委員会も始まり、国会はいよいよ返還協定の承認とそれに関連する法案整備に走り出した。沖縄返還に執念を燃やす佐藤の正念場といわれていた。この時期をとらえて沖縄では、返還協定承認を阻止しようとするゼネラル・ストライキ（ゼネスト）が決行され、琉球警察の巡査部長が火炎ビンの炎を浴びて焼死するなど激しい反対闘争に発展していた。

沖縄のゼネストは、全沖縄軍労働組合、教職員組合など一四万六〇〇〇人の労働者が全島でストライキに突入し、全島はマヒ状態になる。祖国復帰協議会（復帰協）は那覇市与儀公園で県民大会を開催し、一〇万人の人々が集まって抗議集会を開いていた。そこへ、ヘルメットに白覆面をした過激派学生の一団が入り込んできた。労働者ら参加者から「出ていけ！」との怒号を浴びながらも学生たちは、固まってアジ演説をするなど出ていく気配はない。

復帰協の集会後、一〇万人に及ぶ参加者が粛々とデモ行進に入った。沖縄県教職員組合を先頭に軍用道路一号線を北上し、琉球列島米国民政府庁舎に向けてデモを始めた。ゲバ棒をもった過激派学生たちは、デモ行進の中段に入り込んでときに激しいジグザクデモを繰り返し、デモの途中で派出所や米軍宿舎に向けて火炎ビンを投げるなど暴力行為を繰り返し、泊高橋派出所が炎上する騒ぎとなった。

琉球警察は機動隊と島内の警察署から警官を総動員して警備にあたり、交差点付近では厳重な警備体制を敷き、過激派学生の暴動を抑え込もうとしていた。

事件は浦添市の勢理客（じっちゃく）交差点で発生した。過激派学生が交差点に入ったとき、それを制止しようとした警備隊員と衝突し、デモ参加者と野次馬の怒号の中で警官隊に向かって過激派学生から火炎ビンが投げつけられ大混乱となった。機動隊員の巡査部長、山川松三（四八歳）は、この混乱の中で学生たちのゲバ棒に殴打されて転倒し、そこへ火炎ビンをまともに受けて火だるまとなった。野次馬や労働者らデモ参加者らが組合旗をかぶせて消火して労協の宣伝車で病院に運ばれたが、脳挫傷、クモ膜下出血で間もなく死亡した。

沖縄の人たちが本土復帰を望んでいるはずなのに、なぜ革新系は沖縄返還に反対するのか。それは自民党内でもたびたびいわれていたことだった。革新系の主張は、佐藤が目指す沖縄返還は「核付き、基地自由使用」であり、それを阻止するために、一切の軍事基地撤去と日米安保の廃棄を主張するというものだった。佐藤は国会でもたびたび「核抜き」を約束し、「本土並み」を主張していたが、野党はそれを信用しない。果せるかなニクソン・佐藤の密約で、これが担保されていないことは後年、明らかになっていく。

しかしその当時革新系の主張は、一九六九年の佐藤訪米反対時から展開している完全な政治闘争と見られていた。過激派学生らの主張もこれをさらに先鋭化した理論武装をもとに、沖縄返還をめぐる闘争は、彼らの論理では革命闘争になっていた。

これとは別に佐藤の長期政権に対する風当たりは自民党内でも強くなり、メディアでも佐藤退陣の時期を露骨に模索するような論調が目立って多くなっていた。沖縄返還の目途が付いた年内に、佐藤退陣もあり得ると予想する意見も出ていたが、政権内部の政治家たちの間では、返還を見届けるまで佐藤は退陣しないという見方が強くなっていく。沖縄返還協定の国会承認決議が間もなく通過するとの見通しがしきりに政界をかけ巡るようになってから、返還反対運動は国会の動向に合わせていよいよ盛り上がっていた。国会審議で返還協定が承認されるまでのスケジュールは、与野党の国会対策委員会の幹部の間でおおむね煮詰まっていた。そのスケジュールに合わせて、野党は協定承認反対闘争を全国で盛り上げていた。最大規模の動員をかけたのが沖縄ゼネストから四日後の一一月一四日の日曜日、全国で展開した反対集会であった。

社会部の記者たちは連日、沖縄返還に反対する労働組合や社会党、共産党の運動方針や過激派学生の動向を取材することに追われていた。沖縄でゼネストが行われ、前述のように、反対集会に紛れ込んだ過激派学生が機動隊員に火炎ビンを投げて死亡させるなど、反対闘争はゲバ棒から火炎ビンへとエスカレートしていた。警視庁警備部の会見では、中核派など一部の過激派学生がパイプ爆弾の製造も始めているとの情報を集めており、取材する際には十分に注意するようにメディアに警告を出すようになっていた。

この日、社会党、共産党、総評系労働組合などが全国で開いた集会は、全国三二都道府県の八〇か所に及び、警察庁の調べでは約七万二〇〇〇人が参加した。過激派学生もこれに乗じて中核派、革マル派など各派が集会を仕掛けており、ヘルメットに覆面姿の学生たちがゲバ棒と火炎ビンで激しい行動に出ることが予想されていた。

社会党・総評系は、日比谷の野外音楽堂で「安保廃棄・沖縄返還協定反対・日中国交回復実現・佐藤内閣打倒中央総決起集会」を開き、社会党委員長の成田知巳(なりたともみ)ら政党、労組幹部ら多数が顔を揃え、一万二〇〇〇人が参加していた。集会は挨拶や決起宣言などセレモニーが終わると東京駅までデモ行進が行われるだけで平穏に終了する。問題なのは過激派学生の行動だった。各派・セクトに分かれた学生たちが、ゲバ棒、火炎ビンで武装し、道路の敷石を砕いた石を投げ、ジグザグデモで交通をマヒさせるなどの妨害をするため、それを警官隊で阻止することから大混乱になることであった。

最初、筆者が取材に向かったのは、革マル派が集結していた芝公園だった。社の車で公園の周辺まで来て様子を見ていると、社のデスクから、池袋に行くように指令が入ってきた。警視庁はこの日、最高警備本部を設置し、全国から一万二〇〇〇人の警察官を都内各所に動員して警備にあたっていた。各所の状況が本部に一元的に集約され、その情報を受けた各社の記者がトランシーバーを通じて現場の記者に適宜、指令を出していた。

池袋駅に停車中の山手線の電車内に多数の学生が入り込み、火炎ビンを炎上させ、乗客が逃げ惑うほど大騒ぎになっているという。急きょ、車を池袋に向かわせたが、途中で機動隊の検問にあって進めない。読売新聞の社旗を掲げているが、危険だから駄目だという。

そうしているうち、渋谷へ向かえという指令が入ったので、渋谷界隈まで行って車を降り、野次馬に紛れて駅周辺まで行ってみた。ハチ公像のある交差点付近にはヘルメット、ゲバ棒の学生の集団は見えない。警視庁警備部の覆面パトカーを探して状況を訊いてみると、この日の学生は変装して集まってきているという。背広姿の若者はたいてい、バッグかリュックを背負っていた。その中にヘルメットや火炎ビンが隠されており、密かに集まってきているという情報だった。若者たちの所持品をチェックする警官隊が随所に見え、若者たちと警官が検問をめぐって激しくやりあっている様子があちこちに見える。とそのとき、交差点めがけて立て続けに火炎ビンが飛び交った。それを合図にあちこちでヘルメットをかぶった学生たちが隊列を組んでジグザグデモを始めた。それを阻止しようと襲いかかる警官隊と激しい乱闘が始まり、市街戦のような様相を呈してきた。筆者は近くのビルにすばやく逃げ込み、上階の見晴らしのきく窓際を探して駆けのぼった。

そこからほど近い渋谷区神山町の派出所周辺では、新潟県の新潟中央警察署から動員されてきた中央小隊二七人が警備に当たっていた。そこへ中核派の学生ら約一五〇人が一斉に火炎ビンを投げてきた。襲撃を受けた小隊の中に火炎ビンをまともに受けた隊員がおり、燃え上がった火を同僚が消火器で消し止めるなど大混乱に陥った。このため小隊は一時、後退することにし、催涙弾のガス銃を装備した隊員二人が小隊の最後尾に留まり、後退を支援しようとして三発のガス弾を学生に向かって撃つと車道から脇道に走っていった。ところが一瞬逃げ遅れた中村恒雄巡査が学生に取り囲まれ鉄パイプで乱打される。失神状態になったところへ学生たちはガソリンをかけ、そこへ一斉に火炎ビンを投げつけた。恐ろしい勢いで火柱があがった。小隊が救援に来たとき、中村巡査は全身やけどの無惨な状態となっていた。新潟県から応援で出動してきた二一歳の警察官は、同世代の学生たちの容赦のない攻撃によって殉職したのだった。殉職した中村巡査は後に、二階級特進で警部補になった。

筆者は、後年、事件現場の渋谷区神山町に殉職警察官の慰霊碑が建立されたことを聞いた。あの時の喧騒を思い出しながら慰霊碑を探して訪ねた現場の風景は様変わりしており往時の面影をまったくとどめていない。ビルに挟まれた狭い空間に中村警部補を悼む句を刻んだ慰霊碑が設置されていたが、隣接地の工事に伴い二〇二〇年から誰の目にも触れやすい道路わきに移設されていた。慰霊碑には「星一つ落ちて都の　寒椿」の慰霊句が刻まれていた。

革新系政党・団体によって全国一斉に展開された沖縄返還協定反対運動は、平穏に終わったが、これに便乗した過激派学生は、都内各所で暴動を起こして大きな被害を残した。夜遅くまでゲリラ的に暴れ回り、山手線を止まらせて火炎ビンを暴発させ、乗客八人が重軽傷を負った。火炎ビンを受けて負傷した警察官が二四人、一般の人も一九人が重軽傷を負った。この日、過激派学生のうち都内で三一三人が凶器準備集合罪などで逮捕され、北海道、宮城県でも学生八人が逮捕された。

翌日の朝刊用の原稿を仕上げた筆者は重い疲労感に襲われ、ゲラが出てくるまでの時間、社のソファで横たわっていた。日本国内を二つに割いたような論争で進んでいる沖縄返還協定の国会承認について、どのような帰結になるのか見届けておきたい気持ちになっていた。

川崎市生田区のがけ崩れ実験事故では、監督官庁の科学技術庁のずさんな実験計画が識者の間からも批判され、長官の平泉渉が引責辞任するのは時間の問題であり、国会論戦と合わせ野党との駆け引きの中で佐藤がいつ更迭に踏み切るのか、自民党と野党との駆け引きが始まっていた。

一五人が生き埋めとなって死亡した事故では、実験を担当した優秀な技術者一一人と取材していた新聞記者、テレビカメラマンら四人が犠牲になった。死亡したフジテレビと日本テレビのカメラマンによって撮影された、斜面を駆け下りてくる巨大な土砂流とそれに埋没する瞬間までの映像が何度もテレビ放映されていた。読売新聞科学部記者の牧野哲也も犠牲になった一人だった。

委員会の密約

衆議院本会議場から佐藤が出てくると、多くの護衛と秘書官の後ろに佐藤番記者がぞろぞろとついて首相官邸に向かった。まるで大名行列のように総理の行くところ必ず、その周囲の人間も移動する。行列が官邸まで来たとき、佐藤は突然足を止めて番記者の方を振り向いた。何人かの記者は、はっと色を失いかけた。また、佐藤の雷が落ちるかと思ったのである。しかし何人かの記者は、佐藤が重大な発言をするかもしれないと一種の期待感を持った。佐藤の顔に都合の悪い時に見せる棘（とげ）がないことを瞬間的に読み取ったからである。ベテランの番記者は、そういう呼吸をさっと察知して先手を打って佐藤に質問を浴びせた。

「総理、平泉長官に関する本会議の答弁は、かなり重大だと思いますが……」

衆議院本会議で野党議員が、がけ崩れ事故は政府の責任だと追及したとき、佐藤は「国会の諸君および国民の批判を謙虚にうかがったうえで、科学技術の進歩と国民生活の向上を考慮するため、速やかに主管大臣の責任問題を明らかにしたい」と答弁したからだ。

「速やかに主管大臣の責任問題を明らかにしたい」。この答弁は重要な意味があると記者たちは直感していた。

突然、佐藤は、意外な言葉を口にした。

「うむ、……夕刊にはまだ間に合うかね」

ことさらにさりげなく言った。表情に別段変わったところはないが、穏やかな言い方だった。

「やめるよ」

と静かに佐藤は続けた。番記者たちは一瞬、胸を突かれて放心したように立っていた。それから徐々に佐藤の言葉を一言とて聞き逃すまいと全神経を聴覚に結集した。

「彼もいろいろと考えておるようだし、残念だが責任問題になるな」

そのとき、佐藤の頬が、わずかに震えたようであった。それだけ言うと、佐藤は再び歩き始めた。番記者たちは、皆、駆け足で電話に走った。夕刊最終版の締め切り間際である。本会議の答弁だけでは「速やかに主管大臣の責任問題を明らかにしたい」というだけで、更迭するのかしないのかはっきりした意思はわからなかった。しかし、首相官邸の玄関前で番記者に漏らした言葉は「やめるよ」という言葉であった。しかも、この一言をしゃべる直前に、佐藤は絶妙な言葉を吐いた。

「夕刊はまだ間に合うかね」この言葉で、佐藤の意図が十分汲み取れた。引責辞任を夕刊に入れてもいいよというサインである。大臣に引導を渡すことは国会での与野党の論戦と駆け引きで行うものであり、その機会は佐藤の胸三寸に畳まれていた。権力者にとって大臣の首のすげ替えなど、政権を思いどおりに運営するための手段の一つでしかなかった。その日の夕刊各紙は「平泉長官　がけ崩れ事故で引責辞任へ」という大きな見出しで報道された。

夜分になると冷え込む季節となったがコートがいるほどではない。都内の紅葉が例年よりあざやかだと新聞は報じている。自民党幹事長の保利茂と衆院沖縄返還協定特別委員会（沖特委）委員長の桜内義雄が新橋や赤坂の料亭で秘密の話し合いをする機会が多くなっていた。そろそろ沖特委で審議を打ち切り、本会議にあげて一気に沖縄返還への道筋を付ける時期になっていた。平泉の更迭が終わり国会が落ち着いてきたこの時期こそチャンスであることを二人のベテラン政治家は肌で感じていた。

そのころ社会党は、一一月一九日にボーナス闘争も絡めて沖縄返還に反対する総評の全国統一行動を決めていた。練達の幹事長は、野党側に多くの地下人脈を張り巡らせていた。そこからあがってくる情報では、統一行動の直前に沖特委の審議打ち切りを強行してもらい、それに抗議する形で統一行動を展開する方が盛り上がるという。「政府攻撃に、はずみがつく」という社会党側の思惑だった。

佐藤政権になってから、「国対政治」という言葉が定着してきていた。国会で与党と野党の国会対策委員長らが本会議や委員会の意向を差し置いて、裏取引をするやり方が公然の秘密になっていた。自民党幹事長や国対委員長ら幹部が野党の国対委員長ら有力議員を高級料亭に招いて接待し、帰りがけに

「お車代」を手渡すことも常態化するようになっていた。こうした国会の悪弊が根付いたのは佐藤政権になってからであった。この国対政治のひな形が、地方議会にまで広がり、日本共産党や昭和時代の公明党などを除く野党は本来の革新政党から外れていくようになる。日本の政治の現場の劣化は、国対政治の常態化から始まったのであり、日本社会党が衰退していった原因の一端がここにあった。

結局、国対政治の談合は、社会党・総評の全国統一行動の二日前の一一月一七日に沖特委を強行採決することで合意した。ただ与党には当日まで伏せておき、社会党、公明党の議員には前日あたりに以心伝心で伝えることになっていた。

委員会の審議打ち切りの採決は、抜き打ち的な強行採決に決まっている。その直後から国会の審議は全面的にストップするが、幹事長の保利には十分それを乗り切る自信があった。あとの問題では、当然、議長に出てもらうが、委員会のほうは、補足質問をさせて収拾することで乗り切ることにする。補足質問は二人の沖縄選出の委員にやらせ、それとひきかえに採決は有効というところまで国対政治で隠密のうちに話し合っていた。

強行採決

衆議院第一委員会室は、この日、一九七一（昭和四六）年一一月一七日、むせ返るような熱気と緊張をはらんでいた。桜内義雄・沖縄返還協定特別委員会委員長が、開会を宣したのは午後一時一三分であった。まず社会党の内川委員が質問に立った。

「総理にお聞きしたい。あなたは本当に心から沖縄には核兵器がないと確信を持って言えますか。まず、その点をはっきりさせたいので答弁をお願いしたい」

桜内委員長に指名され、大臣席から立ち上がった佐藤は発言席に歩み寄った。

「政府の調査によりましても、また米国政府に問い合わせた回答からも、核兵器は一切ないと断言できます」

これまでも、同じような質問が野党の間から何回も出ていた。その都度、佐藤は「核抜き、本土並み」を繰り返し答弁し、不毛の審議が延々と続いていた。

委員席から「政府側の答弁に誠意が見られないぞ」などというヤジが飛び、それに対抗して与党議員が「私語はいかんよ」とやり返す。委員会は、たびたび騒然となった。

桜内委員長は、落着いた表情で、水差しからコップに水を注ぎ、静かに飲んだ。それから彼は、委員席を見渡し、「静粛に願います」と叫んだ。壁にかかっている時計を見ると、三時一五分まであと一分になっていた。委員長は、その時初めて緊張し、心臓が高鳴ってくるのを覚えた。

「それでは議事を進行します」

後で聞いた話だが、その言葉が合図になっていた。

その時である。与党の委員席にいた自民党の青木正久議員が突然、右手に紙切れのようなものを振りかざして立ち上がった。その紙切れジェスチュアもまた、これから行われる演出を、自民党の議員や大臣席にいる閣僚にはっきりと知らせる合図であった。ひときわ大きな声が響き渡った。

「委員長、質疑はここまでで……」

と言った瞬間、与野党議員が「ウォー」と声をあげて一斉に立ち上がった。与党委員があげた声は、あらかじめ打ち合わせておいた行動へ出るためのいわば気勢であった。野党委員のほうは、青木委員の一言ですべて察し、これから行われようとしている重大なことに対してひどく興奮したための叫び声であった。

委員長席をめがけて与野党の議員が一斉に殺到した。まるで運動会で棒倒しの棒に群がるように、委員長の机の上に数人の議員がかけ登った。このとき、大臣席にいた佐藤と各大臣は、さっと立ち上がるや急ぎ足で逃げるように委員会室の外に出て行った。「おい、やめろ、やめろ」「苦しい、離せ」「バカやろう」「何だ裏切り者」

ありとあらゆる暴言と怒号が飛びかい、委員長の机の上は土足で踏みにじられ、水差しが倒れて割れ、赤い絨毯の上にガラス片と水が飛び散った。

野党議員が桜内委員長につかみかかり、手に持っているマイクをもぎとろうとする。与党議員がそれを押しのけようとする。団子のように三重四重に人垣ができ、まさに運動会の棒倒しのように揉み合っている。

桜内は、委員長席に座ったままマイクにしがみついて何やら大声でわめく。それは委員会の審議打ち切りと採決を告げ、その結果を叫んだことになっているが、誰も言葉として聞いたものはいなかった。

桜内は、怒号の集団の人垣からはいつくばるようにして脱出してきた。背広は人垣の中に置いてきたらしい。ネクタイがだらしなく曲がりワイシャツの右袖は肩口からちぎれている。秘書と衛視がどっと駆け寄り、四、五人がかかえて桜内を室外に連れ出すと、議事堂の長い廊下を駆けていった。それに続いて与党議員が、次々と部屋を出る。「勝ったぞ。勝ったぞ」「バンザーイ」と言いながら握手をしている。椅子は横倒しに転がり、灰皿が転がり、政府側委員が抱えていた書類が足元に散らばっている。憤懣やる方ない野党委員は、その白い印刷物を勢いよく足で蹴りあげた。

この日強行採決をするとの予測は、数日前から報道機関にも流れていた。政治家と新聞記者の間では、強行採決は織り込み済みの進行だった。朝早く、野党の議員控え室の前の廊下で何人かの議員が小さな声で冗談めかしてしゃべっているのを小耳に挟んだ記者がいた。会話はこんなものだったという。

「おい、きょうは悪いものを着ていけよ」

「それじゃ、事務所へ帰って着がえてくるか」

ただこれだけの会話である。議員が沖特委の委員であることを知っていたのでピンときた。その会話を裏づけるように野党議員の背広はボタンをちぎられ、ポケットをはがされ、袖や背中の縫い目が裂けてどの議員もひどい格好になっていた。

結局、この強行採決には、仕組まれた演出があったことを記者たちはわかっていた。しかし、それは新聞には書けない「事実」であることもわかっていた。もちろん、書きたい意志はある。だが証拠のはっきりしない人の話ばかりであり、国会のうわさ話としてコラムなどで軽く触れた程度だった。沖縄返還協定特別委員会の審議を打ち切るために行われた強行採決のため、国会のすべての審議は完全にストップした。しかし、国会議員は誰も驚かなかった。何もかも予想されていたとおりだった。

衆院議長がこれを打開するために斡旋に乗り出した。議長と各党の代表者が何回も話し合いを続け、正常化のための努力を積み重ねたという実績を残さなければならない。つまり、それは時間の経過という実績作りであった。ある程度の時間さえ経てば、自然、お互いの妥協点が見いだされることになっている。いわばこれも予定のことであった。

議長から四党の幹事長、書記長会談で収拾案が出され与野党が妥協した。沖縄返還協定特別委員会の採決は、済んだものとして変えない。そのかわりもう一度委員会を開いて補足質問をしてケリをつけるという内容だった。

沖縄返還協定承認案が衆議院本会議で可決されたのは、一一月二四日午後三時三三分であった。この日、東京地方は晩秋の抜けるような青空が限りなく広がっていた。その青空のように、佐藤はからりとした顔で本会議場を出てきた。番記者たちが、たちまち総理を取り囲んだ。

「とうとう通過しましたね」

一人の記者が水を向けた。

「まあよかったよ、変則ではあるがね」

口元が自然ほころびてくる。

「そう、そう」と佐藤は突然立ちどまって記者団の方を向いた。

「沖縄県人から激励の手紙が来てね、うん。革新政党がどうして沖縄返還に反対するのかわからないと書いてあったよ。真情あふれる手紙だよ。君たちにも一回読んでもらわんとな……」

言い終わると、総理は二度、三度と得心したようにうなずいてみせると官邸に向かって歩き出した。

松本楼炎上

沖縄協定特別委での自民党の強行採決の翌々日の一九日は、革新陣営が計画していた戦後最大規模の抗議集会の日であった。国会での強行採決を受ける形で以前から計画されていた抗議集会であり、四六都道府県八八三箇所、五二万六〇〇〇人を動員する六〇年安保闘争のピークを上回る規模となった。この大集会の直前のタイミングに合わせて、委員会の強硬採決をするスケジュールを与野党間の幹部で取り決めていたのであり、警備当局にもその情報を流して準備させている一大政治セレモニーだったのだ。

代々木公園には、夕方から続々と組合員らが集まってきた。全国各地から貸し切りバスで来る人、列車で来る人など、六時からの「全国統一行動中央大集会」は、主催者発表で二七万人に膨れ上がった。「沖縄返還協定粉砕、佐藤内閣打倒」などを掲げた社会党と共産党の統一集会であり、党の幹部、総評や国労、日教組など大単産労組の幹部が顔をそろえ、佐藤政権の強引な国会運営を口々に糾弾する演説が続いていた。集会のプログラムが終わるとデモ行進が際限なく続いていった。

筆者はそのとき日比谷公園にいた。公園を取り囲むようにして機動隊のバスと報道機関の車と覆面パトカーが帯のように連なっていた。警視庁の調べではその日、中核派などを中心とした過激派学生ら六〇〇〇人以上が集結していた。そのころ過激派学生は、検問で摘発されることを恐れて、一般人を装って集まってくることが多くなり、学生なのか野次馬なのかにわかには区別がつかない若者たちであふれかえっていた。

日比谷公園の野外音楽堂のステージを囲んで学生たちが埋め尽くしている。ヘルメット、覆面、ゲバ棒で武装した学生たちもいるが、一般の学生と同じような学生も多い。アジ演説を終わったところで「インターナショナル」の大合唱が始まり、その終了を待っていたように公園から車道に出てデモ行進が始まった。無届けデモとして機動隊が規制をかけると、背後にいた学生からの投石が始まった。と、間もなく機動隊に向けて火炎ビンが飛び交い、あちこちで火の手が上がる。

普段は機動隊の後方に隠れるようにして取材している記者たちも、いまは巻き込まれる危険がある。「逃げろ」という声に急き立てられるようにして筆者は日比谷公園内の帝国ホテル側の道路沿いを皇居の方角に向かって走った。周辺にいた若者も走り出した。機動隊の一斉規制が始まったのである。女子学生が投てき用と思われる石を抱え、車道に向かって走ってきた。背後から機動隊が追ってきている。これが見つかると凶器準備集合罪で逮捕される。筆者は思わず走りながら「石を捨てろ！」と怒鳴った。女子学生が抱えていた石を捨てた。そのとき同時に機動隊に捕捉され、泣き叫ぶ声が背後でしていた。

火炎ビンがさく裂してあちこちで火の手が上がっている。投げられた石が思わぬところから降ってくる。報道機関の記者たちは、機動隊のバスの陰に隠れるようにして状況をうかがっていた。そのとき、日比谷交差点を有楽町に向かったあたりで、過激派学生の一団が暴れているのが見えた。ビルの一階に面しているガラス窓をことごとく打ち壊している様子が見える。路上の車がひっくり返され火炎ビンを浴びている。機動隊がガス銃を発射している。市街戦のような光景を筆者ら記者たちは、ものも言わずにただ眺めているよりなかった。

背後で何か不穏な気配があって振り向くと、火柱が上がっている。火炎ビンかと思ったが炎はまたたく間に天に向かって勢いを増していく。そのとき社のデスクから無線で「放火したらしいぞ」という情報が入る。機動隊の無線に入ってくる交信を傍受していると「松本楼が放火されたらしい」と言う。居合わせた記者は、今度は反対方向の松本楼に向かって走った。遠目でみた松本楼は、炎の中で微かな影を残していまにも崩れ落ちようとしている。誰かが、「落ちるな」と言った瞬間、黒い影が音もなく崩れて消えていった。

この日逮捕された学生は一七八五人で、その大半が日比谷公園の周辺で逮捕されている。女性が二八六人含まれていた。閉店中の松本楼には、数十人の学生が乱入し、ガソリンをまいて火を放った。彼らはモルタル三階建て一五〇〇平米をまたたく間に焼き尽くし、近くの日比谷花壇にも放火して逃げ去った。殺傷力の強い鉄パイプ爆弾二個が機動隊に向かって投げられたが、いずれも不発に終わった。警視庁はこれを重視し、過激派学生の拠点を徹底的に摘発する捜査隊を設置する。

午後一〇時を過ぎてもまだ日比谷界隈は、不穏な気配を残しており、盾を手にしたおびただしい数の機動隊とパトカーは動く気配がなかった。筆者のトランシーバーに社のデスクから呼び出しがあり、「社にあがってこい」と言う。原稿はトランシーバーであらましを送っていたが、炎上した松本楼の原稿を書けと言う。

社にあがると資料部が準備した松本楼の歴史や故事来歴の資料が待ち構えていた。締め切り時間を気にしながらその歴史を足早に読んでいくと知らないことばかり書いてある。そのとき初めて、歴史的に由緒ある建造物が火炎のなかで消滅したことを知った。

日本で初めての様式公園として明治三六（一九〇三）年に誕生した日比谷公園とともに日比谷松本楼

もオープンした。フランスの建築家フランソワ・サンマールが考案したしゃれた寄棟屋根の三階建てのレストランだった。当時、ハイカラ好きの紳士・淑女が松本楼でカレーを食べてコーヒーを飲むことが大流行した。また詩人や芸術家が集まることでも有名になり、夏目漱石や高村光太郎らもよく足を運んだといわれている。

日比谷公園は、政治の大きな集まりの会場としても使われるようになり、松本楼のバルコニーから憲政擁護の大演説会が行われている写真も残っていた。松本楼が歴史的に名を残したもう一つの出来事は、中国の辛亥革命のリーダーだった孫文が日本に亡命していた時期、経営者夫人の祖父、梅屋庄吉（うめやしょうきち）の知遇を得て、しばしば松本楼を訪れていたという史実だった。孫文は妻の宋慶齢（そうけいれい）と梅屋邸に投宿し、犬養毅（いぬかいつよし）、尾崎行雄らをはじめ、日本の政治家、財界人、法学者、思想家などと広く交遊関係を結び、中国に帰国後に辛亥革命を成就させて一九一二年一月一日に南京を首都に中華民国を樹立した。

このような史実に彩られた歴史的建造物が、過激派学生の暴挙によって一瞬のうちに失われたことを簡潔に記述した原稿を仕上げ、まとめを書いているベテランの遊軍記者に提稿すると、筆者は再び夜の街頭へと踏み出していった。

失言勃発

衆院本会議で沖縄返還協定を承認する議案が可決されて参院に送られ、実質的に返還協定は国会で承認されたことになった。参院本会議の議決を経なくても自然成立が約束されたからであり、後は返還にともなう関連法案の審議だけが残されていた。野党は沖縄返還反対への気勢をそがれた感じになったが、矛先を中国の国連加盟に反対した佐藤政権退陣へと変えてきた。

アメリカ時間の一一月二九日、ホワイトハウスはニクソンが翌年二月二一日から北京を訪問する日程を大々的に発表した。ニクソン・毛沢東の米中首脳会談の実現である。北京の中国政府と同時発表だった。この年七月にキッシンジャーが隠密に北京を訪問して米中雪解けのお膳立てをし、ニクソンの訪中を取り付けたことで世界中に衝撃を与えた。アメリカが日本を出し抜いて進めていたショックを隠しながら、佐藤は、ことあるごとに「あの話はどうなるか未確定の話だ」とやや否定的に発言してきたが、それを完全に打ち消す米中和解への大きなステップになった。米ソ二大大国の時代から多角的な国際関係の時代へと移っていく予感を感じさせる急接近となった。

その発表の翌日の国会だった。衆院沖縄・北方特別委員会で質問に立った社会党の国会爆弾男こと楢崎(ならざき)弥之助(やのすけ)は、防衛庁長官の西村直己の発言を問題視する質問を始めた。それは一〇月一九日に日本外国特派員協会での演説の内容だった。西村は「相手国の要請があれば、アジア諸国の災害救助のため技術手段として自衛隊を派遣できる」という主旨の発言をした。楢崎はこれをとらえて「この発言は憲法、自衛隊法のいずれにも反する」と追及を始めた。西村は「将来の研究課題として述べたまでだ」とかわしたが、佐藤は「政府は災害であろうとなかろうと、自衛隊派遣はまったく考えていない」と明確に否定した。

楢崎の追及はさらに続いた。一〇月二六日の閣議後の記者会見で西村が語った言葉は「国連を侮辱するものだ」と声高に迫った。楢崎はその時の西村の発言要旨をプリントしたものを出席委員全員に配布した。「中共が国連に加盟すると、国連をますます悪くする」「国連はいわば田舎の信用組合のようなもので一万円をだせば誰でも会員になれる」など常識では考えられないような発言が並んでいる。答弁に立った西村は「よく記憶していない」と苦し気な表情で語った。

楢崎はかさにかかって追及する。当日の記者会見を録音したテープと発言の筆記要旨があるはずだから、それを国会に提出せよと要求する。答弁に立った佐藤は「この問題については、私自身明確にする責任があると思う」と述べたところで時間切れとなり、引き続き委員会で審議することになった。

官邸に戻ってきた佐藤は、険しい表情ですぐに官房長官の竹下を呼び、事実関係を調べるように指示した。佐藤は委員会で楢崎が配布したコピーを手にしてすこぶる機嫌が悪い。この日の委員会で米軍の用地問題、沖縄の保険問題、対米請求権の問題などまだまだ沖縄関連で片付いていない課題が次々と出されてくる。そこへ国連誹謗とされる発言問題である。年末ぎりぎりまで会期が残っている国会で、沖縄返還協定を実質的に裏付ける国内の関連法案をめぐってまだまだ国会論戦は続くはずだ。協定案が承認されても、こうした関連法案が成立しないことには、返還のための法的準備は整わないことになる。さらに法的な手続きが整ったとしても、返還期日を確定し、批准を交換し、基地の引継ぎをしなければならない。沖縄返還の実現までには、まだ遠い道程が残されていた。そこへ本筋とは違う余計な問題で審議時間を使う羽目に陥っている。佐藤の機嫌が悪いのは当然であった。

竹下は、防衛庁官房長を官邸に呼び出し事実関係を調べた。外部に対してはすでに消去し存在しないとした記者会見の録音はテープレコーダーにすべて残っていた。

「……中共が国連に加入することは、事態をますます悪くすると思うんだ。……国連はね……いわば田舎の信用組合のようなものなんだよ。……中共が……、モルジブなんかきみひどい国だよ。土人(ママ)国なんだよ。……」

会見が終わったあと、この発言のことを聞きつけた何人かの記者が広報課に来てテープを聴いている。閣議後の記者会見は、どこの省庁でも録音しているので、聴きたいと言われれば隠すことはできない。その様子を知った竹下は、意外なことを耳にすることになる。騒ぎ出した記者は、社会部の記者だという。

防衛庁の記者クラブは、どこの社も政治部と社会部から一人ずつ常駐している。閣議後の長官会見には、大体が政治部記者が出席するが、中には社会部記者も出席するから問題が複雑になってくる。

その日官房長は、社会部記者の一部に問題視するような雰囲気を感じ取り、広報課長と二人で記者クラブに出向き「あの発言は会見後の雑談であったのでよろしく」と言って回った。しかしそれがかえって事態を増幅した可能性があった。さらに対応を間違えた。長官の西村と防衛庁官房が政治部記者に集まってもらい、西村発言はオフレコであると了解を求めたのである。しかも集めた場所が赤坂の料亭だった。西村発言は、会見後の雑談であるが、誤解があると困るからオフレコにしてもらいたいという要請に政治部記者は納得してしまった。だから西村発言を報道する新聞、テレビはなかった。

それが一か月を過ぎてから突然、国会に持ち出されて問題になっている。会見後の雑談であり、録音も消去したから残っていないという釈明は、どうしても社会党の楢崎らを納得させることができない。官房長は、こんな言い訳をしていた。政治部記者は腹と腹の話ができるが社会部の記者はそういうことができない。初めから問題意識を持って取材にくることが多い。何か取り上げるにしても現象面ばかり追いたがる傾向がある。お役所の悪口を書く場合でも、社会部の記者は、悪口を書かんがために書く。政治部は悪口だけでなく、大きい情勢の流れや背景まで考慮して書くという。

西村は、佐藤派の中でも幹部クラスの代議士である。佐藤とは二〇年来の付き合いがあり、かつては個人的にも相当自由な会話ができる間柄であった。ところが、この数年の間、総理とは大きな距離ができてしまったと西村は感じていた。

翌日、朝から総理と幹事長、官房長官の三人が顔を揃え、善後策を話し合った。西村の発言も問題だが、それを社会党に流したという社会部の記者はもっと問題であるというのが佐藤の意見だった。終始、苦虫を噛みつぶしたような顔であり、腕を組み、顎を突き出すようにして首をかしげる。佐藤が不機嫌なときに見せるポーズであった。佐藤は、これを流した記者はどこの社でなんという名前の記者か徹底的に調べろと指示するばかりだった。新聞記者から社会党に流れたことを問題にしている。保利も竹下も、これはまずいことになったなと考えていた。佐藤は感情の高ぶりを押し殺すようにして野党の動きを保利に訊いた。

「どうも昨晩、野党四党で秘密書記長会談を開き、西村長官の発言問題で足並みをそろえて追及しようということで意見が一致したようです」

さすがは幹事長であった。昨晩開かれた野党の極秘書記長会談の内容が、すでに耳に入っているのである。

野党四党が結束してきたことで、その日開かれる委員会で政府が重大な危機に立たされることを予想できた。西村の発言内容は問題ではない。このさい問題なのは、失言問題によって国会の審議に影響を及ぼし、沖縄関連法案の成立が難しくなることである。衆院であれだけ苦労して通した法案の参院審議で、また野党の追及を受けるような失言問題が出てきたことに、佐藤は苦々しい気分に陥っていた。頭の中では、その事態を乗り切るための最も手早く確実な方法を考えていた。

委員会は、一〇時半ごろには開かれる。その委員会が終了したあと、院内の大臣室に「福田君と田中君を呼ぶように」と佐藤は竹下に下命した。この言葉で竹下は、防衛庁長官更迭を知った。佐藤を支える福田と田中を院内の大臣室に呼ぶのは、防衛庁長官を更迭する相談以外考えられない。二人の同意を取り付け、更迭を発表する。沖縄返還実現のためには、なにがなんでもこの国会を切り抜けなければならないという執念が見えた。

更迭

衆議院の沖縄・北方問題特別委員会の冒頭で、西村長官は最後の釈明に立った。長官自身は、これを乗り切る十分な自信を持っていたが、幹事長も官房長官も総理も内心では長官の立場に同情していた。政治家にとって同情されることは禁物である。この世界で同情されたが最後、それは身分も地位も立場もすべて失うような過酷な結果が待っていることが多かった。政治家は妬まれ、恨まれてこそ真価が生まれる。

「先般、私の発言について楢崎委員からいろいろご指摘がありましたが、何分、一か月あまりも前のことであり十分な記憶がございません。しかし、このことで誤解を招き、委員会等にご迷惑をおかけしたことを申し訳なく思っているしだいであります。当日のことを辿ってみますと、いつものように閣議後の記者会見を済ませました。そのあとですぐ懇談になり、そのとき冗談を交えていろいろな問題が出たように記憶しております」

すぐに社会党の堀田委員が質問に立った。

「西村長官の話はおかしいじゃないですか。記憶がはっきりしないというが、防衛庁では記者会見の内容をテープにとり、文書として残しておると私は聞いている」

この質問には宮田官房長が答弁に立った。

「西村長官はよく冗談を言われます。一〇月一六日のことは、記者会見が一段落したあとの雑談で何か長官は笑い話の中で発言されたようですがはっきり記憶しておりません。テープにとったことは事実でございます。しかし、次に使うと消えてしまう磁気テープなので、今は残っておりません」

嘘つけというヤジが野党の委員席から飛んだ。再び堀田委員が質問に立った。

「長官の発言はジョークとは違う。何かまずいことが起こると、おれにも権利があると言って騒ぎ、挙句のはてにはソロバンで殴り合うようなことになるとはっきり言っている。官房長は覚えているはずだ」

宮田官房長「明確にそういうように言ったかどうか記憶しておりません。ただ、国連がどうだとか一票がどうだとかということは断片的には記憶しておりますが、その他のことは定かではございません」

堀田委員「それではモルジブなんかひどい国だ。土人国(ママ)だ。こういうのも一票持っているんだという発言はどうですか」

宮田官房長「どこかの国のことをおっしゃったという程度の記憶しかありません」

このような質疑応答が延々と続く。どう見ても政府側の答弁は辻褄合わせに必死であり苦境に立たされていることがわかる。佐藤の顔は苦渋に歪んでいた。

大臣席に座っていた西村は、青ざめた顔でうつろな眼をしている。委員会が終了すると、佐藤はすぐに院内の総理大臣室に入った。そこにはすでに保利と竹下の二人が先に来て待っていた。入室してきた佐藤に向かって、二人は同時に椅子から立ち上がった。佐藤の後ろに福田と田中が続いている。

政府首脳の四人と党の要の幹事長の五人が深刻な顔つきで押し黙っている。党内では早くから後任の防衛庁長官人事の噂が流れていた。七月の改造内閣が発足してからわずか一か月後に自衛隊機と民間航空機との空中衝突事故で防衛庁長官が交代した。その後任に就任した西村が、今度は国連軽視の発言で更迭されようとしている。わずか五か月間に二人の長官が更迭されることになる。その三人目の長官は、沖縄返還交渉で緊迫する国会を乗り切らなければならない。後任はこれまで防衛庁長官を務めたベテランを当てるべきという意見で占められていた。すでに新聞では防衛問題の政策通として有田喜一（ありたきいち）、江崎（えさき）真澄（ますみ）らの名前が取りざたされていた。

有田は佐藤派の重鎮であり、江崎は中間派の水田派に属していたがどちらかというと反主流派に近い代議士だった。ここは総裁派から出して守りを固めたいというのが順当な考えだった。だが人事の佐藤の考えは違っていた。七月の改造人事後、大臣の首が飛ぶのはこれで三人目になる。二人の防衛庁長官と、がけ崩れ実験事故の責任をとった科学技術庁長官であった。野党はもちろん、こうした佐藤内閣のたび重なる大臣交代劇に任命責任をタテにして佐藤の責任問題を厳しく衝いてくる。

しかし佐藤は、野党を恐れてはいなかった。自民党は安定多数を保持しており、数の上では何の心配もなかった。佐藤がいちばん心配しているのは、党内の結束が崩れることであった。自民党には、人数にして約三分の一の反主流があった。そういうところからも、人心一新を旗印に佐藤に退陣を迫る声が、日増しに強くなっていた。メディアもそれにのって早期退陣を主張する論調を書き始めていた。

そういう時期に、また一人大臣の首をすげ替えねばならない。反主流派から再び批判の声があがるのは必至である。そうした動きを少しでも小さくするためには、反主流派を抱き込む以外にない。佐藤が防衛庁長官の後任人事で最も心を砕いたのは、実はその点だった。佐藤政権最後の改造内閣がスタートしてからわずか五か月間に、防衛庁長官は二人の首が飛び、三人目の長官として反主流派に近い江崎真澄が任命されたのは一二月六日のことであった。

第五章　強まる佐藤退陣要求

西山署名の解説記事

一九七一年一〇月一六日から始まった臨時国会は、沖縄返還協定を審議して承認するための「沖縄国会」ともいわれ、佐藤政権はまさに後がない状態を迎えていた。社会党は国会論戦に備えて党の重鎮でその後、衆院副議長を務めた安井吉典をチーフに「沖縄返還協定プロジェクト・チーム」を結成して、国会論戦に備えて論点の整理を積み重ねていた。メンバーは、楢崎弥之助、上田哲（うえだてつ）、大出俊（おおいでしゅん）、田英夫（でんひでお）、横路孝弘（よこみちたかひろ）、中谷鉄也（なかたにてつや）ら社会党の論客を集めたチームであり、当時の関係者の話では「よく飲み、よく歌い、口角泡を飛ばす議論に終始した最強軍団」だったという。社会党が最も輝いていた日でもあった。

沖縄返還交渉には不明確な点がいくつか指摘されていた。領土は還ってくるようだが、アメリカとの交渉の中身はほとんどベールに包まれていた。国会の質疑でも真相はうやむやのうちに終わり、官邸と外務省の一部だけが承知している交渉の中身に国民の知らない不平等な条件が盛り込まれているのではないか。論客で鳴らしていた横路孝弘には、どうしても政府を追及したい材料があり、それを解明するために時間をかけて調べていたことがあった。

それはその年六月一八日付け毎日新聞朝刊三面に掲載された「政治部・西山太吉記者」と署名のある沖縄返還交渉にまつわる解説記事であった。

「米、基地と収入で実とる」

「請求処理に疑惑」

「あいまいな〝本土並み〟」

三本の見出しを立てた異常に長い解説記事であり、横路は何度も何度も読み返し、書いた記者の真意を測っていた。アメリカは、返還には一ドルたりとも出さないという基本方針があり、これまで沖縄に投資したカネを最大限回収するという要求については知られていた。この解説でも、アメリカが有利な条件で返還交渉を行う状況がそろっており、それが沖縄返還に政権の延命をかけている佐藤にとって最大の弱点となり、アメリカに足元を見られていると指摘していた。

佐藤政権は無理をしてカネを出しても、返還実現を取るだろうというアメリカの思惑を、かなり自信ある筆致で書いていた。その上に立って解説は、次のように続けていた。

「米資産の有償引き継ぎ額のほかに、特殊兵器（核）の撤去費（五〇〇〇万ドルといわれる）までを含めた、三億二〇〇〇万ドルという日本側の財政支出は、まったくの〝つかみがね〟で、項目別の積算根拠は、国会でも示されないことになっている。

米側はかつて議会に、沖縄の対米請求問題は補償ずみと説明したことを理由に、〝公平の原則〟をタテにした日本側の要求を拒否し続けた。そこで、日本側は三億一六〇〇万ドルという対米支払い額に見舞金の四〇〇万ドルは日本が支払ったと説明して、その場をしのごうとしたのではないか。ただし、そう説明するためには、日本側から内密に〝一札〟とっておく必要があったはずである」

これは何度読み返しても気になる解説であった。相当に深く突っ込んだ取材が必要だし、当初予定されていた三億一六〇〇万ドルに見舞金四〇〇万ドルを足して、切りのいい三億二〇〇〇万ドルにしたと具体的数字を出していることも気になった。「一札とる」という言い方も確証があって書いているように見える。この記事内容をもとに国会で質問をぶつけることもできそうだが、先輩議員の意見は、新聞記事だけをもとにしたものでは質問にならないという。この西山解説は、日米交渉の議事録とか過去の報道資料などで既知の情報を積み重ねて書いたものかもしれない。議事録や資料を入手して、事実を確認することが必要だという。横路はそのアドバイスにしたがってつぶさに調べてみたが、過去にここまで具体的な数字を出して交渉経過を報道している記事や資料は見つからない。

沖縄国会が始まって間もないころであった。衆議院第二議員会館四三八号室。横路の事務所である。横路は公設第一秘書の北岡和義に新聞記事のコピーを手渡した。北岡は前年の三月に、読売新聞記者を辞め、請われて横路の秘書になった。横路三〇歳、北岡二九歳の同世代であり、若さあふれる正義感の強い書生っぽいコンビとして党内でもよく知られていた。

コピーを受け取った北岡は記者時代に培った早読みで、記事文を瞬く間に読み解く。沖縄返還交渉で重大な疑惑がある。本来ならアメリカ側が負担すべき四〇〇万ドルを日本側がアメリカに支払ってバックさせる裏取引を強く示唆した解説であり、具体的な数字を入れた説得力のある内容だった。日米政府間で重大な密約があるのではないか。

最後に「西山太吉記者」と署名がある。この記者はそれを確信して書いている。

「これは、なにかモノがあって書いていますね。物証がなければここまで踏み込んでは書けない。筆者は西山太吉とありますね。この記者に会って取材されたらどうでしょう」

「ふむ、この記者に接触することはできるかね。北さん、同じ新聞記者だからやり方があるなら会わせてほしいな」

横路は秘書の北岡を、親しみをこめて「北さん」と呼んでいた。北岡はすぐに行動を起こした。横路・西山の面談の場が東京・四谷の料理屋の二階にセットされた。真面目一辺倒で勉強家の横路は、この解説を何度も読み直した形跡が行間の傍線といくつかのメモ書きにも出ていた。

北岡はその場に同席することを避けた。新聞記者あがりの秘書が同席するのは向こうに余計な気を遣わせかねない。二人だけの席の方が忌憚なく話ができるはずだ。こうして横路・西山の会談の席が設定された。

五〇年を経て横路から取材

西山が沖縄返還交渉で密約をほのめかして書いた署名記事からちょうど五〇年を経た二〇二一年六月二八日の午後、筆者は衆議院議員会館の面談室で横路に取材する機会があった。二〇一七年九月に政界を引退後は、札幌市で弁護士として活動していた。政界にあっては一九六九年に衆議院議員に初当選し、一九八三年から北海道知事三期を務めたのをはさんで衆院議員を一三期務めている。社会党のプリンスといわれた時代から論客として知られており、二〇〇九年九月から三年余、衆議院議長も務めている。

コロナ禍で「三密」を避けることが求められ、人の移動も極端に制限されている時期だったが、横路は東京で衆議院議長時代のオーラルヒストリーの取材を受けていたため上京する機会があり、その合間に取材が実現した。横路と筆者は同年齢であり、同時代を生きてきた政治家とジャーナリストということになる。横路は少年時代の古傷があってやや歩くのに不自由するということだが、年よりも若く見える往年の論客の雰囲気を宿しており、お互いにマスクをした姿で対面し、往時の出来事を時に懐かしく思い出しながら聴くことができた。

横路と西山の会談は「四谷の料理屋の二階かどこかで、三時間くらい話し合った」。それほど長時間に及ぶものだったことを知り、筆者は驚いた。西山の話は非常に具体的で「誰と誰との会談の中でこういう話があったというような説明であり、メモを取りながら説明をひたすら聴きました」という。

横路は、西山が書いた記事の根拠が、どんな資料や誰の話によるものだという話は一切なく、資料も何も見せてもらえなかったという。

なお、筆者は西山に本書の草稿を送って読んでもらったが、読後に送られてきた書簡の中で、西山は事実関係の間違いを二か所指摘した後に「密約存在の可能性を示す単なるメモを（筆者注、横路に）手渡すことは一度だけあったがそれ以外の面談は一切ない」と記している。単なるメモがどのような内容であったか確認することはできなかったが、三時間に及んだ横路・西山会談は、相当に深く突っ込んだ話が行われたと推測できる。

西山が入手していた電信文は、三通あった。外相の愛知揆一とアメリカの駐日大使マイヤーがパリで沖縄交渉の最後の詰めを話し合った内容、条約局長の井川とアメリカの在日公使スナイダーが、四〇〇万ドルの支払いについて一八九六年二月に制定された法律に基づいて日本側に戻すことができるとした内容、さらに外相の愛知が駐日大使に対しアメリカが日本に支払うべき四〇〇万ドルを日本が負担することを約束する書簡を発出するように要請した内容であった。

西山は横路に電信文のコピーを見せることはなかったが、非常に具体的に日米交渉のやりとりを説明した。それもこれも日米の大臣・大使級の交渉内容を逐一報告した電信文をもとにしたものだけに、聴いているだけで臨場感があったという。横路はその詳細な内容をひたすら筆記することに追われた。

西山から聴き取った横路は、次の行動を起こした。まずパリで行われた愛知・マイヤー会談の中身について新聞報道や資料を調べてみたが、西山が語ったような具体的な内容は何も出てこない。重要なことは、アメリカが四〇〇万ドルを日本に支払うための法的根拠であった。西山からその根拠は、一九世紀のアメリカの法律にあるということだけは聞いたがそれ以上のことはわからない。横路はその根拠になっている法律とはどのようなものか、国会図書館に調査を依頼した。図書館の女性職員が担当することになり、間もなくその法律を突き止めたと回答があった。横路はその時のことを思い出し「非常に優秀な職員であった。あの調査結果が大きなステップになった」と語った。

それは一八九六年二月に制定された「米国市民のために外国政府から受け取った信託財産の処分についての法律（Disposition of trust funds received from foreign governments for citizens of U.S.)」であることが判明した。この法律を使えばアメリカ政府は、日本が支払った返還賠償金の四〇〇万ドルを信託財産とみなし、それを日本側に見舞金として拠出することが可能であることがわかった。横路は西山からの情報などをもとに、沖縄国会で追及する想定質問作りに没頭していった。

西山取材をもとに国会で追及

国会での追及質問の最初の機会は、一九七一（昭和四六）年一二月七日に開かれた、衆院沖縄返還協定連合審査会であった。

横路はこの場で初めて四〇〇万ドルに関連する密約を追及した。物証はないがこれまでの調査結果から確信した内容をぶつけた。西山と料理屋の二階で面談した際に聞いた日米の密約交渉の内容や自ら調べたアメリカの古い信託財産処分法をもとにした質問は、佐藤を筆頭に居並ぶ政府側を緊張させていた。

まず、沖縄返還でアメリカ側の基本的な方針を確認した。

「アメリカは、沖縄返還で二つの基本方針があったはずだ。返還には一銭も払わない。そして返還後も米軍の基地機能は変化しないで維持する。こうした前提で返還交渉を行ってきた」

横路のこの「前提」なる言葉は、日本側が返還交渉で越えなければならない最大のハードルをずばり突いてきたものだった。そのハードルを超えるためにアメリカ側に譲歩に譲歩を重ねて密約に至ったのではないかという追及だった。

「アメリカは一切の金銭は支払わないという方針があったにもかかわらず、協定の四条三項で、土地の現状回復のために自発的に見舞金の名目でアメリカが支払うことになっている」

沖縄返還協定四条の三（抜粋）
「アメリカ合衆国政府は、……この協定の効力発生の日前にその使用を解除されたものの所有者である日本国民に対し、土地の原状回復のための自発的支払を行なう」

この矛盾点をクリアするために日本側が肩代わりしてアメリカに支払い、それをアメリカが支払ったように装って日本に戻してくる。アメリカがそれの正当性を一八九六年に制定された古い信託財産処分法に依拠することまで日米交渉の中で語られている。横路の具体的な追及に外務大臣の福田赳夫、条約局長の井川、アメリカ局長の吉野文六らは、明らかに動揺していたが、「そのような事実はない」と頭から否定する答弁が展開された。古い信託財産処分法の存在そのものも「知らない」としらを切った。

「パリの会談で行った愛知外相とロジャーズ国務長官との間で、沖縄返還協定四条三項に関連して、米側が自発的に支払うことになっている四〇〇万ドルの軍用地復元補償について話し合っている。このときの議事録やメモを提出せよ」

横路が迫ると答弁に立った外相の福田とアメリカ局長の吉野文六は、ことごとく否定した。

「そのような密約はありません。日米お互いにメモは一切取らず、口頭で行ったので記録は一切残っていません」

この日の国会論戦はどの新聞も申し合わせたように地味な扱いだった。

「沖縄で〝密約〟と追及」「衆院連合審査会で」と見出しが出ている。

〝密約〟という見出しにしては地味な扱いである。毎日新聞は夕刊の二面で三段、他の新聞も二段程度の見出しで簡単に報道した。

続いて横路は一二月一三日の「沖縄及び北方問題に関する特別委員会」（沖特委）でも、この観点から政府側をさらに追及する。そして、

「（筆者注、パリで開催された）愛知・マイヤー会談の部内用のメモがあるはずだ。省内の幹部に回した記録資料があるはずだ。それを出しなさい」

これに対し吉野は、次のように答弁した。

「交渉は非常にデリケートで重要な段階にあったので、議事録はとっておりません。口頭で話し合い、関係者には口頭で伝えました。パリ会談の内容も重要なのですべて電話で連絡しました」

デリケートで重要な内容なら議事録や記録文書を残すのが必須である。それを逆に残さないで口頭と電話で済ませたという矛盾を語っている。

横路は、「交渉の中で簡単な内容のものがあったはずだ」と追及したが、答弁した吉野は、「そのようなことはありません」と否定した。前の連合審査会の追及と同じ、日米交渉時の密約に踏み込んだものだが、少し観点を変えて追及した。

「パリで行われた愛知・ロジャーズ会談の内容ですが、これを本国に報告したのはどのようにしてやったのですか」

答弁に立ったアメリカ局長の吉野はこう答弁した。

「ご指摘の問題は、大変、高度に政治的な判断が必要であり機密を要する問題でございました。かかる内容については電話による連絡にしていました」

これは嘘である。報告文書は作らずに電話で連絡したとはよく言ったものだ。委員会の最後に横路は、核心に触れる質問を行った。

「外務省の文書の中で斜めに二本線を引いて極秘と判を押す。これはどういう種類の文書ですか」

これに対し吉野が答弁した。

「斜めに二本線が引いてあって極秘と書いてある文書は、現物をみないとはっきりとわかりせんが、電報の来電のある種のものは、そういう判の印が付いております」

このやりとりは重大な内容であった。西山が入手した電信文の写しの三通目は、パリでの愛知・ロジャーズ国務長官会談をフランス大使館から外務省に報告した電信文の写しである。この文書の右肩に斜めに二本の線を引いて極秘の字が太く印字してあったからだ。しかし横路はこの時点では、極秘電信文のコピーは西山から見せてもらっていない。沖縄プロジェクトに協力していたある新聞記者（外務省担当）から入手していた、昔の極秘電報文をみていたので、このような質問をしたにすぎない。

これに対し吉野は「電報の来電のある種のものは」そのような判が付いていると認めている。結局この追及もこれ以上政府側を追い込むことはできなかった。新聞報道もことの本質をにわかに理解できないものか、簡単な報道で終わった。政府側はこれで一件落着したと胸をなでおろしただろう。

一九七一（昭和四六）年一二月七日の衆議院連合審査会および同一二月一三日に行われた沖特委で横路が追及した沖縄返還交渉に関する密約問題の議事録をいま精査してみると、後に真実とわかった秘密電信文の一部をもとに横路が質問している内容であり「真実はこうだろう」と政府に真っ向から迫ったものであったことがよくわかる。質問内容はすべて日米の外務大臣、国務長官、駐日大使ら国家を代表する政府関係者の交渉であり、沖縄返還の最後の最後の最も重要な詰めを話し合った内容を横路が「真実はこうであろう」と質（ただ）したものであった。

これに対し佐藤総理、福田外相、外務省のアメリカ局長、条約局長の答弁は、ことごとく嘘で固めた事実に反する言葉で埋め尽くされている。これほど欺瞞に満ちた国会でのやりとりはないだろう。国会質問の最後に横路と楢崎が「政府の答弁はどこまでもその責任が付いて回る」と言い残している。その後にこの電信文の存在がわかり、沖縄交渉で行われた日米間の密約の事実がアメリカ公文書の公開と関係者の証言によって裏付けられていく。

沖縄返還交渉が数々の密約で彩られたものになったのは、佐藤政権が、限られた任期の中で沖縄返還を実現させ、その功績を手柄にすることを目指したものだったからだ。アメリカは佐藤のその思いを巧みに利用して、できるだけ有利に交渉を運ぶ戦略を実行した。佐藤政権はそれを国会と国民の眼から覆い隠そうとしたため、返還交渉はできるだけ開示しない方針を貫き、国会でも「そのようなことはございません」と紋切り型の答弁を連発して強引に押し切った。

国会論戦で真実の解明をすべて否定された横路は、それでもあきらめなかった。次の機会は年を越えてから本格的に始まる通常国会で、最も重要な案件を審議する予算委員会がある。沖縄の米軍機ＫＣ135が、グアムからベトナムへ爆撃に行く航空機に給油していることなどの質問を準備をしていた。

年末の参院国会は土日返上して連日開会され、一二月三〇日の夜、参院本会議で沖縄返還関連法案がすべて自民党単独採決で成立した。これで沖縄返還協定の批准が確定した。自民党単独採決という国会議決が反対闘争の激しさを示していた。アメリカ議会でこの協定が承認されたのは、それより二か月近く前の一一月一〇日であった。上院本会議で賛成八四、反対六の圧倒的多数で承認されていた。返還される方の日本がなぜこれほどまで遅れに遅れたのか。返還交渉の経過に疑問を持って反対していた野党や革新系の方針は、後年の検証にしたがえば当時確かな証拠はつかめなかったものの決して間違ってはいなかった。佐藤政権の交渉の進め方には、国会軽視と説明不備が終始つきまとっていた。それは政治倫理の欠如であり、国民主権を軽視する日本の政治の負の遺産となった。佐藤の総理在任期間中の返還実現を目指す執念とそれを忖度（そんたく）した佐藤政権幹部の思い入れであった。

成人式の祝辞で「我利我利亡者」

官房長官の竹下が、早朝に総理首席秘書官の楠田實からの電話でたたき起こされたのは、一九七一（昭和四七）年一月一六日であった。電話口に出ると、今朝の読売新聞一面トップに、労働大臣の原健三郎が兵庫県淡路島の選挙区に帰り、成人式の祝辞で、おかしな演説をしたことを問題視している記事が出ているという。びっくりした竹下は読売新聞朝刊を広げて二度びっくりした。一面トップに派手な見出しが踊っている。

「原労相が福祉否定の発言」

「養老院は我利我利亡者の集まり」

「淡路島の成人式で祝辞」

前文の最後に（関連記事七面、一五面）と出ている。紙面三ページに及ぶ大報道である。七面には「労相の暴言」「古い体質まざまざ」という見出しで解説記事が出ている。一五面の社会面には、評論家や福祉問題の専門家などの批判記事を中心に「またやったお粗末閣僚」と五段抜きで出ている。大臣の放言祝辞だけでこれだけのキャンペーンを張るのは、読売新聞に大臣の首をはねる意図があることは明らかである。当時の新聞には、それくらいの意気があった。良くも悪くも天下国家を論じる新聞記者が普通にいた。

竹下は記事を読んで舌打ちした。養老院に行くような人は我利我利亡者だ、と成人式の祝辞で演説している。我利我利亡者とは、自分の損得ばかりを考えて他人への思いやりなどまったく考えない者をののしる言葉である。今では死語に近い言葉だが、当時この言葉はまだ残っていた。

「ガリガリモウジャ……祝辞か……」、竹下は心の中でつぶやいた。記事そのものは、確かにそういうことがあったという事実に基づいて書いているので、それはそれで文句がつけられないと思った。

ところが竹下は、労働大臣の談話を見て驚いた。大臣は「こんなことがなぜ問題になるんだ」とか「私の持論を述べただけだ」というようなことを語り、長々と書かれている。たとえ本心でそう思っても、新聞に書かれるような場合は体裁というものがある。竹下は読んでいるうち腹が立ってきた。こんなにでかでかと鬼の首でもとったように大臣の放言をとり上げる新聞も新聞だが、原も原だと思った。これでは佐藤が腹を立てるのも無理はない。また大臣の首のすげ替えか。今度こそ佐藤内閣の危機がきたかもしれないと直感した。

成人式の祝辞という大事なときに、我利我利亡者などと人格を否定するような演説が許されないことを原はわかっていなかった。防衛庁長官の西村直己は、記者会見で国連を誹謗する放言をやらかし、それを新聞に暴露されて更迭されたばかりである。国会は新年の再開の日程をめぐって、与野党の駆け引きが続いていた。原は毎日、あっちこっちと走り回って陳謝をしている。もはやなりふりかまっていられない。老人福祉施設の団体の会長のところには、わざわざ謝罪文を書いて持参した。国会や議員会館の中で顔見知りの野党議員と顔を合わせると、誰かれなく頭を下げる。労働省で開かれた記者会見のときも、テーブルに頭をこすりつけんばかりにして国民に謝った。

原は選挙のとき夫人と二人で選挙民に向かってやたら土下座してお願いする候補者として有名だった。

地元では土下座議員とも揶揄されていた。また労働大臣になってから、『週刊新潮』（一九七二年一〇月三〇日号）に「不名誉な記事をのせた小新聞の買収に失敗した大臣」という詳しい記事が掲載され、大きな話題となった。選挙区のある兵庫県には戸籍上の夫人がいたが、東京のマンションにいる夫人はその夫人とは違う「第二夫人」であり、この状態を十数年続けているという。その事実を原はインタビューでも認めている。

このことを最初にニュースにしたのは「正論新聞」（三田和夫代表）という政界紙だった。「〝渡り鳥大臣〟いつ帰る、二つの妻の座」とのタイトルで、戸籍上の夫人と第二夫人がいることを暴露している。第二夫人と東京で暮らし、公式の場にも夫人の名称で出席しており写真集まで出していた。また原はそのころ、日活映画の「渡り鳥シリーズ」の原作者と名乗って人気者になっていたので、同紙のタイトルにも〝渡り鳥大臣〟と付けられていた。後年、「渡り鳥シリーズの原作者」というのは事実とまったく違い、原は何もしていない架空の原作者だったことがわかる。

『週刊新潮』の記事によると、「正論新聞」に掲載する直前に同紙代表の三田に、原の秘書が一〇〇万円を持ってきて記事掲載を抑えようとしたが、三田は断って掲載に踏み切った。都合悪いことをカネで買収して隠蔽しようとした大臣として「正論新聞」と『週刊新潮』の両方から指弾されていた。

「正論新聞」を主宰する三田は、元読売新聞社会部記者であり、東洋郵船社長の横井英樹を拳銃で撃った愚連隊安藤組組員の指名手配者をかくまったとして警視庁に逮捕された有名な記者だった。三田は確かに指名手配者をかくまったのだが、その手配者は狙撃した真犯人ではなく、まったく無関係の組員だった。そのことを知っていながらかくまったのは、安藤組の動向をこの組員から聞き出そうとしたためだった。警視庁が安藤組を一網打尽に捕まえることを予想し、情報をとって特ダネをものにするため、かくまったものだった。筆者が社会部に配属されたころ、特ダネをとるため命がけで活動した三田のことを先輩記者から聞かされたことがあった。

ともかくも原はこうした数々のスキャンダルにまみれた議員だったが、一九八六（昭和六一）年には衆議院議長に就任する。筆者はそれを聞いたとき、間違いではないかと何度も名前を確認したことを覚えている。そして二〇〇〇（平成一二）年に二〇期五四年の議員生活を現役で終えて引退した。このようなことを許す政治風土、有権者意識が日本には色濃く沈殿しているのである。

「赤旗」のスクープ

労働大臣の放言問題がまだ片づかずにごたごたしている最中である。一九七二（昭和四七）年一月二三日の日曜日であった。佐藤は午前六時過ぎにベッドを離れ、着物姿で応接室のソファに腰を降ろして新聞を読んでいた。佐藤は新聞を八紙読んでいる。最初に朝日新聞を広げ、それから毎日新聞、読売新聞という順に眼を通す。その新聞を読む順序もここ二〇年来一定している。政治面は相変わらず、再開国会をめぐって与野党と政府の話し合いの経過を報じている。野党の書記長が集まって書記長会談を開いたと出ている。原労働大臣の養老院発言が解決しない限り、国会の日程の話し合いには応じないことで意見が一致したという。それから、二四日の衆議院社会労働委員会に佐藤と原が出席して、養老院発言問題で見解を述べることに決定したと出ている。

佐藤は八つ目の新聞に手をかけた。それはいつもいちばん最後に読む日本共産党の機関紙「赤旗」であった。新聞を手にしたとき、佐藤ははっと眼が醒めた。

「荒船衆院副議長が暴言」

「過激派学生を金で買ったと公党を誹謗」

一面トップの大見出しである。佐藤はその記事に吸い寄せられていった。

「原労働大臣の養老院暴言問題が決着しないうちに、今度は荒船清十郎衆院副議長の暴言問題が明るみに出た」という書き出しである。

記事によると荒船清十郎（あらふねせいじゅうろう）副議長は、一〇日ほど前、選挙区の後援会「荒船会」の会員ら約三〇〇人と新年会を持ったが、その席上公党を誹謗して次のような暴言演説を行った。

「社会党や共産党は、沖縄返還に反対すると言ってきわめて汚ない手を使った。それはいわゆる過激派学生たちをおだてたことだ。この二つの政党は、返還に反対するためには手段をえらばぬ方法をとった。一例をあげてみよう。

学生どもが去年の秋、沖縄返還に反対して火炎ビンを投げたり爆弾まで製造して投げた。このため警察官が多数傷つき死人まで出した。さらに学生たちは竹ヤリを振りまわし町中に火をつけ国民に多大な迷惑をかけた。ここで重大なことを皆さんにお話ししたい。この学生どもを暴れさせたのは、実は社会党や共産党なのである。学生たちに一日五〇〇〇円の金を払って暴れさせたのである。この金は一体どこから来ているかというと、隣りの共産党の国から来ている。学生どもをおだて、日当五〇〇〇円もの金をばらまく社会党や共産党などというものは、これはもはや日本の民主主義をめちゃくちゃにしようとする破壊者の集団である……」

荒船は六年前の運輸大臣のときも、ダイヤ改正のときに選挙区のある深谷駅に急行列車を停車させるように国鉄に指示して首が吹っ飛んだことがある。そういう「前科」に眼をつぶって、副議長に推薦してやったのは、佐藤自身だった。

荒船は、ことの重大性に気がついていないようだった。「赤旗」に掲載されたと言われても「わしは共産党は嫌いだから」などとわけのわからないことを言っていたという。後援会の「荒船会」の新年会で過激派学生の街頭闘争を引き合いに出し、「あれは社会党と共産党が過激派学生に五〇〇〇円の日当を払って暴れさせている」と言ったことも素直に認めている。

「録音テープまでとってあると「赤旗」に出ています。これが国会でこじれると総理は大変な窮地に立たされることになります」

周囲からの言葉に初めてことの重大性を認識したのか、荒船はあっさりと「総理を窮地に追い込むのは本意ではない。副議長は辞職するから沈静化してもらいたい」と言ったという。

副議長の職は、直接、内閣とは関係ないが荒船は元々自民党であり、しかも、衆議院議長や副議長のポストは内閣と同じ比重を持つものとしてその人選には佐藤の意向が強く反映される。言ってみれば、佐藤内閣の延長線上にあるポストでもあった。三権分立の建て前からすれば、立法府の国会は内閣から独立しているはずだが総理大臣の権力には及ばなかった。

副議長の発言が「赤旗」紙に暴露された翌日の一月二四日の月曜日であった。自民党の佐藤内閣を支える実力者が、夜遅くに都内の料亭に密かに集まった。佐藤政権を支える福田・田中・保利・竹下だったとされている。それぞれ、夕方から別の会合に顔を出し、それから自宅へ帰るように見せかけ、新聞記者の車を逃れ、ふだんはあまり使われていない築地の料亭にかけつけてきたという。

そこで野党の動向を分析し、党内の状況を報告し合った。佐藤内閣の最大の危機である。沖縄返還を目前に控えて、野党の攻勢は日増しに強くなっていた。来年度予算案をこれから審議するという重大局面を迎えており、原の「我利我利亡者」発言では、いちはやく公明党が辞任を強く要求し、出遅れた社会党と共産党が様子を見ていた。そこへ荒船暴言演説が出てきたため、名指しでいわれなき誹謗を受けた社会党と共産党が真っ先に荒船辞任を主張してきた。

野党の念頭にあったのは、失言の内容ではなくあくまで国会の日程とのかね合いであった。原の放言が読売新聞にとり上げられると、野党側はこぞって政治問題だと騒ぎ出した。しかし、だからといって老人福祉の実情について深く議論をするということもなければ、これからの福祉政策をどのようにすめるかというビジョン討論もなかった。

だが、現実には、放言を追及することは政治の舞台裏での技術であり、辞任に追いこむことが野党の功名心につながっていた。辞任さえすれば、すべてが決着つくような政治風土が生まれていた。どんなに国会が紛糾しようとどんなに野党が騒ごうとも、最後には辞任をして何もかもうまく収まってきた。事実、この半年間に三人の大臣が辞任した。辞任さえすれば、すべての問題が解決したような錯覚に陥っていた。四人の実力者は、佐藤が五月の返還実現までやるなら、ここは二人とも首を切って政権の延命をはかるほかないという意見に集れんしていった。

原は一月二八日に辞任し、翌二九日に荒船もあとを追うようにして辞めた。原の後任は塚原俊郎が任命され、荒船の後任は長谷川四郎が任命された。国会を再開するためには何もかも犠牲にしなければならない。佐藤政権はすでに、野党と対決しながら国会を乗り切るだけのエネルギーを持っていなかった。国会を乗り切るためには、野党にそれなりの手柄を与えていくよりない。その手柄こそが大臣の首を切ることだった。前年七月の内閣改造以来、これで四人の大臣が入れかわった。

毎日新聞政治部記者の西山は、佐藤内閣はもはや命脈が尽きたと考えていた。戦後の政治史の中でも佐藤は、なりふり構わず自分の思いを通そうとする点できわだった権力者であり、沖縄返還まではなにがなんでも政権にしがみつこうとする意志が、大臣の首のすげ替えというやり方に露骨に表れていると思った。沖縄返還は大きな政治テーマではあるが、実現への道筋を着実に付け、次世代にバトンタッチするという政治手法もある。しかしいったん権力の座についてしまうと容易にそのような考えにはならない。西山は佐藤が側近に「(沖縄返還が実現する)五月までは、石にかじりついてでも政権を維持する」と語っていることを伝え聞いていた。

西山は、佐藤はすぐにも退陣するべきだと考えるようになっていた。大臣の首のすげ替えよりも自身の政治責任をとって辞めるべきではないか。しかし大臣が放言し、辞めるか辞めないかという舞台裏の折衝は、霞が関や永田町界隈の一部の人たちが大騒ぎをしているにすぎなかった。国民はそのとき、二八年間グアム島のジャングルで生活して帰還した元日本兵、横井庄一のニュースで沸いていた。

衆議院予算委員会が開会された二月四日の冒頭から、第四次防衛力整備計画をめぐって、自衛隊の主要装備が正式決定を待たずに先取りする形で予算案に組み込まれているとして野党が反発、国会審議はストップした。佐藤の指導力も低下していたせいか、この対応で国会は紛糾に紛糾を重ねて三週間も空転した。二月二六日になって船田中衆議院議長あっせんでようやく軌道に乗ったが、三週間を超える国会空転は佐藤政権の末期現象とされ、退陣近しとの観測がいよいよ強くなっていく。楠田日記によると、この間、佐藤は単独審議で強行するか内閣総辞職も視野に入れて相当に迷っていたようだ。

国会が空転しているさなか、札幌オリンピックの七〇メートル級ジャンプで、日本が金銀銅を独占する快挙があった。その一方で連合赤軍のあさま山荘事件が勃発し、その模様が連日テレビで実況中継されて、国民の眼はそちらにくぎ付けとなる。二月二一日には、ニクソン大統領が北京を訪問する。どの新聞も空港でニクソンと周恩来が握手する写真とともに一面ぶち抜きの大扱いで報じた。米中の歴史的な和解と新時代到来の報道一色であり、佐藤政権の日中外交停滞の印象はさらに強くなっていく。

議長あっせんで曲がりなりにも国会は再開され、予算国会はいよいよ大詰めに向かおうとしていた。

一九七二（昭和五七）年三月六日の毎日新聞朝刊一面のちょうど真ん中あたりに、佐藤の大きな似顔絵とともに解説記事が掲載された。

「権力妄執でマヒ　佐藤政治」

「無責任と派閥エゴ　沖縄以後への対応はばむ」

大きな見出しだった。

「……自民党の統治機能は、いまは完全なマヒ状態に陥っている。沖縄協定の国会承認で存在理由の失ったはずの佐藤内閣が、持前の政権維持への執着から〝沖縄以後〟に向けての政策の総合的な再構築という重要な時期を占拠してしまった。首相たるものが、国民に対して負う政治責任の感覚はすでになく、あるものはただ、権力と個人的業績達成への妄執だけである。

佐藤内閣はすでに政策マインドはなく、その意味ではもはや内閣とは言えない。佐藤はすでに政治責任という観念は持ちあわせていないようであり、権力に連綿としがみつく、ただの男でしかないようである。党内は派閥間のエゴを丸だしにした権力志向になっており、それが結果的に佐藤内閣の延命にもつながっている。佐藤はこうした党内事情を巧みに利用してすべてを乗り切り、予定通り五月十五日までは居座るつもりらしい」

解説記事の最後に、「政治部・西山太吉記者」とあった。

これほど厳しい表現で時の総理大臣の政治的思惑と政治家としての資質を正し、自民党の派閥政治を批判した新聞記事は珍しい。西山には、この政権の存続は許されないとする確固とした思い入れがあったとしか考えられない。それほどの論評を紙面に掲載する姿勢が当時の新聞にはあったのである。

「実弾」乱れ飛ぶ

労働大臣と衆院副議長が相次ぐ放言で辞任に追い込まれ、開会した通常国会は対中国、経済、公害・環境、沖縄関連政策などで政策論争が続いていた。しかし政界とメディアは、もっぱら佐藤退陣の時期とポスト佐藤をめぐる話題で沸騰していた。時の政権への期待や注文はほとんどなくなり、政治問題を報じるメディアの中心は政権交代待望論と次期政権をめぐる自民党派閥の動きで埋まっていた。

国民は事なかれ主義の佐藤の待ちの政治に飽いていた。次は誰が総理になるのか。自民党の派閥力学を伝える話題に関心が集まっていた。その関心に応えるかのように一九七二（昭和四七）年三月二〇日付け読売新聞一面トップに特大の見出しが躍った。

「ポスト佐藤　黒いうわさ」
「派閥越し個人買収」
「自民党内に是正望む声」

「黒いうわさ」の見出しは、渦巻き地紋を配した、いかにも疑惑ありげの大見出しである。官邸に出てきた佐藤は、あからさまに不機嫌だった。読売新聞を鷲づかみにし、応接室に集まってきた竹下と首席秘書官の楠田に「これは何なんだね」と声を荒げてくる。

「読売の務臺（むたい）社長に抗議するよ。いったい誰がこんなものを書いているんだね。君たちは知っているのかね」

そう言われても二人にはわかりようがない。佐藤の怒りは容易に収まりそうもない。翌日の閣議でも佐藤はこの新聞記事のことを持ち出し、誰がこのようなことをやっているのかと閣僚全員を叱正するような剣幕にみな佐藤と視線を合わせないようにしていた。とりわけポスト佐藤の最有力候補とされている福田と田中は、両陣営を巻き込んだ買収劇の報道だけに、黙って嵐が通り過ぎるのを待つしかない。

閣議が終わって執務室に戻った佐藤は、閣議の他人事のような雰囲気にますます怒りがこみ上げてきたのか、秘書官に「読売新聞の社長につないでくれ」と命じた。その激怒ぶりが伝わって秘書官たちは震え上がった。

読売新聞社長の務臺光雄は、七〇歳を越えたばかりである。金太郎人形のようにふっくらとした顔をしており老人にしてはえらく血色がいい。会社に出てくると靴をスリッパにはきかえる。かけていた眼鏡を頭の上まで押しあげる。そういう格好で社内を巡回して歩く。社長として特に社員の勤務ぶりを監視して歩くというわけではない。社内を巡回しながら絶えず社長は何かを考えていた。

その日も務臺は、スリッパをひきずりながら四階の販売局のフロアを巡回していた。午前一一時を過ぎたころである。社長秘書が急ぎ足で務臺に近づいた。

「社長、佐藤さんから電話が入っております。大至急出てください」

「なに、佐藤？」

「佐藤総理です」

社長はスリッパの音を立てながら急ぎ足で社長室に戻った。読売新聞一面トップを飾った記事は、次のような内容だった。

「次期総理の座をめぐって自民党内は活発に動きはじめた。党内最大派閥を誇ってきた佐藤派はすでに福田派と田中派に二分され、事実上佐藤派は消滅した形となった。この両派を主軸として総理候補をかかえる派閥は、すでに多数派工作をはじめたが、中にはすでに〝実弾〟攻勢をはじめた派閥もでてきた。……」

実弾とはいうまでもなく買収資金のことである。読売新聞の記事は「党の幹部」とか「ある中堅議員は」という匿名の談話をつなぎながらかなり具体的に買収工作の事実を報道している。

「総理候補をもたないある中間派の親分は、田中派からすでに五千万円を受け取って票のとりまとめを依頼されたと言われており、現金をやりとりする現場を見たという議員もでるなど黒い噂は跡をたたない。また福田派の中堅議員は、別の派閥から公然と五百万円で誘いを受けたと公言したが、名指しされた派閥が事実無根と騒ぎたてるなどすでにドロ試合の様相を見せてきている。

こうした党内の買収工作の噂については保利幹事長も肯定しており、予算国会の審議中にもかかわらず、党内がポスト佐藤でうつつを抜かし、しかも買収資金が乱れ飛んでいるかのような噂を呼んでいることは極めて遺憾であると語っており、近く党内の実力者会談を開いて自粛をするよう懇請することを考慮している」

派内の結束を固めるため二〇〇万円の金を自派の国会議員にばらまいたという派閥の話も出ている。また二つの派閥から金をもらった議員もいるという話も出ている。次の総理大臣を決めるための買収が、国会を舞台として飛び交っているという話であった。

全国紙の一面トップの記事であるということだけで、国民は誰もが驚いていた。ちょうどその同じ時期に、住宅公団が東京の郊外で売り出した一区画二〇〇万円のマイホームの土地分譲に、三〇〇倍とか五〇〇倍とかの応募者が殺倒していた。しかもその二〇〇万円の支払いはほとんどの人が金融機関からの融資に頼るという。政治の世界で繰り広げられている馬鹿げた話を読売新聞は一面のトップで扱っている。これまでの新聞には見られない大胆な掲載だった。

佐藤は務臺に対し、「読売新聞ともあろう一流紙がね、こういう記事の書き方はおかしいじゃないか。大体事実があるのかね。ぼくはきみ、きょうの閣議で閣僚諸君にいちいち聞いて確認したのだが、こんな買収はしとらんと否定しておるよ」と詰問調で語ったと伝えられている。務臺が「このことで総理に説明するためにうちの政治部長を差し向けます」と語ったところで、電話はガチャリと切れたという。

この日の楠田實の日記には「総理激怒。務臺社長に電話。多田政治部長が飛んできて、総理に会って詫びを言いたいとのこと。しかし、総理は「会わない」と一言」と書いている。

中国問題で揺れ動く佐藤

中国との国交正常化を目指して、江鬮眞比古を密使にした密使外交はその後、どうなったのだろうか。密使を送り込んでから半年近くたつが、香港で北京政府とつながっている中国人脈と江鬮の折衝は、順調といわないまでもそれなりに成果が蓄積されていた。佐藤日記の一九七二（昭和四七）年一月二四日には「香港から江鬮眞比古君が帰国し、中国の模様を話して帰る。来月中に佐藤一郎君を使に出せそうと報告をうける。果たして然るか」と記述している。

江鬮の『宝石』手記によると、そのころ中国側に佐藤訪中を具体的に検討するチームが北京（徐明代表）と香港（黄志文代表）にできており、日本側にも小金義照衆議院議員、佐藤一郎参議院議員、今井博日本曹達社長、法眼晋作外務審議官などをメンバーにした委員会を作りつつあったという。そのころ秘書官の西垣昭は、佐藤から外務省審議官の法眼にこの密使の進捗状況を報告するように下命されており、法眼から外務大臣の福田にも伝わるように手を打っていたように見える。外務省を蚊帳の外にした密使外交だが、総理退陣が迫っていることを自覚していた佐藤は、後任総理に最も近い位置におり、自身も推していた福田にこの情報が届くように配慮したものだろう。

江鬮が香港での中国人脈を通じて進めていた佐藤訪中を実現するための周恩来側近への働きかけにつ

いては、宮川著書とＮＨＫ特番で詳しく報告されているが、そうした情報も参考にしながら中国密使外交を追ってみた。

二月六日、日曜日であったが江鬮は公邸に佐藤を訪ね、香港工作について報告を行った。秘書官の西垣も交えて約一時間、会談したもので、このとき撮影した佐藤・江鬮・西垣の三人が入った写真が、『宝石』の江鬮手記の冒頭に掲載されている。この写真は、総理と江鬮が写っている決定的な写真であり、江鬮は知人関係者らに見せたかったものか、後年、何人かがこの写真を持っていることが宮川著書に書かれている。

二月六日の佐藤日記では「江鬮眞比古君と会う。この人とは会う度が重なると面白い人だ。会津の産とのこと」とある。江鬮に対する評価がぐっと高くなっていた。西垣日記にはこのとき、香港に渡る江鬮に餞別として二〇〇万円手渡していると書いている。西垣日記は公刊されたものではなく、宮川著書の巻末に資料として漏れなく収録されている。これは佐藤の密使外交を研究する上でも必須の資料として特筆しておきたい。

このころ、佐藤の気持ちは周恩来に会って国交正常化の糸口を作り、その後は外交折衝で細部を詰めるという方向だった。江鬮を通じて周恩来に改めて親書を送る気持ちに傾いていく。

二月八日の日記には、「木村武雄君が香港に出かけたいといってくる。仲介者は永野重雄君（茂男とも言う）と言うが、偽名もあるし会わぬ限り判らぬ。岡田総領事には会わぬようにと注意する。江鬮眞比古君の名が出るので注意をする」とある。木村武雄は佐藤派の中堅衆議院議員であり、岡田総領事に会わないように注意するというのは、江鬮密使を知られたくない心境を書いたものだろう。

二月一六日の日記には、「江鬮眞比古君の使者が五千万円出してくれと言ってきたが簡単にすぐ引っ込めた。ちょっと解せないと言う。当方から、西園寺公一君に会いたい、しかし内緒でと言う。その機会を作ると彼は言う」とある。西園寺はそのころ中国共産党の手厚い保護の中で北京に住んでおり、日中の民間外交を推進する役を担っていた。どういう使者かはこれだけでは不明だが、五〇〇〇万円とはふっかけたものである。今の物価に換算すると一億五〇〇〇万円相当だろうか。

三月二日の日記には、「江鬮眞比古君と会見、香港は好都合に進んでおる様子。西園寺公一君に会うことも話しておいた。数日経てばなお香港の様子は明らかとなるらしい」とある。一見、順調に進んでいたようだが、佐藤の気持ちは揺れ動いていた。

そのころ国会で、対中国の政府方針が外相の福田と佐藤の間で違う見解だと追及され、政府統一見解を出すことになる。福田はまだ台湾を擁護する立場の発言をしており、佐藤はどちらかというと西垣日記、佐藤日記を読む限り北京に傾いていた。その不一致を追及されたもので、三月六日には政府統一見解を福田から国会で発表している。「台湾の帰属には発言する立場にない。台湾が中華人民共和国の領土であるという中国政府の主張は十分理解しうる」という歯切れの悪い言い方だった。

三月一五日の西垣日記を見ると、佐藤について次のように書いている。

「周恩来への書簡（筆者注、親書）を出せないという。もうすぐ辞めるものが出したりするのはどうか。江鬮が書簡なしで行くというなら餞別を二〇〇万円届けてくれ。日中国交に間に合わないほど早く引退することを、この二、三日に決心された模様だ」

このように佐藤は、江鬮から強く勧められていた三つ目の親書を出すべきかどうかまだ迷っていた。党内ではポスト佐藤をめぐって熾烈な抗争が始まっており、新聞の論調ももはや佐藤退陣を前提にした書きぶりで埋まっていた。来年度の予算成立を花道に引退という観測も出るなど、退陣の時期をめぐってさまざまな憶測が飛ぶようになっていた。

そうした中で佐藤は、まだ北京行きをあきらめていなかった。宮川著書と同書に収録されている西垣日記、佐藤日記、江鬮手記などを読むと、佐藤の心境は激しく揺れ動いていたことがわかる。中国政府と国交正常化するところまでは何としても自分の手で実現し、そのあとの細かいことは外交折衝で詰めればいいという考えにまだ固執していた。周恩来への親書を出すかどうかで迷いがある一方で、退陣時期も日夜考えていたに違いない。五月一五日の沖縄返還実現までは辞められないという気持ちが強くあり、それならその日まで北京に行けないこともないだろうという気持ちも頭をもたげていた。

西山の決断

三月中旬にさしかかったころである。社会党の横路孝弘から毎日新聞政治部の野党担当記者を通して西山に要望が来るようになった。先に詳しく書いたように、横路は前の年の暮れの衆院連合審査会と沖特委で、沖縄返還の日米交渉で密約があったのではないかと追及したことがある。しかし物証もないので政府側から適当にはぐらかされた答弁で切り抜けられてしまった。

その追及は、西山が四〇〇万ドルという数字まで具体的に書きこんだ毎日新聞の解説記事をもとにしたものであり、四谷の料理屋で面談した際に物証は見せられなかったが、西山はその内容をもとにしたと思われる詳細な解説を聞いている。しかし物証を示すことができないので、政府側の「はぐらかし」答弁でうやむやにされていた。横路はもう一度大詰めの予算委員会で追及したいが、今度こそ確証がなければならない。横路は、毎日新聞政治部の野党担当記者を介して、西山に物証となるコピーなどを提供してもらえないだろうかと頼んでみた。しかし西山は、現物だけは提供できないという態度を崩さなかった。

その一方で西山は、佐藤が次々と大臣の首を切る延命策で野党の追及をかわし、沖縄返還に執念を燃やすことは国民と国益の観点で考えてみると、無謀というに値するものだと考えるようになっていた。自身が外務省事務官から入手した極秘電信文にあるように、佐藤は日本の国益に反する条件でアメリカと密約を結んでいる。アメリカが密約に応じたのは、自国になんのデメリットも不都合もないからだ。問題は日本側だけにある。

沖縄のアメリカ軍基地もほとんど縮小されないまま、最大限自由に使用することが認められようとしている。対米支払いの巨額のカネも、費目別積算額を明確に日本側に示さないまま「つかみ金」で支払うことになり、その中に国民に説明しないで日本が肩代わりして支払う密約が紛れ込んでいる。佐藤がたびたびアピールしている「沖縄は核抜き、本土並み、ただで還(かえ)ってくる」という言葉は、実態とはかけ離れた虚言ではないか。沖縄返還を実のある形で実現するためには、佐藤に早期に退陣してもらい、次の政権でもう一度仕切り直しの交渉をするべきではないかと考えるようになっていた。

西山は、あの密約は結局真相が解明されないまま歴史の闇に埋没するのだろうか、最後にもう一度、あの極秘電信文をストレートに取り上げたスクープ記事を書けないだろうか、と考えてみた。しかし取材源である外務省事務官を当局が割り出すことは容易ではないかと考えるようになった。スクープ記事をもとに刑事事件として外務省が捜査当局に告発することになれば、取材源を守ることは難しいだろう。ならば、国権の最高機関である国会の場を借りて追及することも選択肢の一つになる。新聞記者と政治家の間では、よくあることである。真に国民の利益になると新聞記者が考えた場合、野党に情報を流して国会の場で政府や行政をただしてもらうことはよくある。それをニュースにすることで事態が正常になれば、国益にもなるし国民のためにもなる。

予算委員会での横路の質問になれば、年末の連合審査会と沖特委に引き続く関連質問になるからパンチ力が出てくる。横路の質問は、三月二七日に決まっている。横路は少壮の弁護士として知られており、ニュースソースを秘匿することに十分な配慮をするはずだ。

そこまで考えて西山は決断する。極秘電信文のコピーを横路に提供し、国会の場で真相解明してもらおう。それが最後の手段だ。野党とか社会党だから提供するという考えはなかった。国民の税金を使って不当に肩代わりし、それを自分の貢献に結びつけようとするような政権のあり方を衆院の予算委員会という国権の場でただしてもらうことは国民にとって利益になることだ。横路から再三要望がきている物証を同僚記者に託して提供しよう。それは予算委員会が始まる直前のぎりぎりのタイミングだった。

一九七二（昭和四七）年三月二七日午後、衆院予算委員会が間もなく始まろうとしていた。横路の公設第一秘書をしていた北岡和義は、衆院第二議員会館四三八号室の横路のオフィスで資料整理をしていた。その日横路は、予算委員会で日本の空を占有しているアメリカ軍の管制問題を追及する予定だった。委員会が終了した後、記者会見を予定しており、北岡はその資料づくりに必死に取り組んでいた。

午後一時過ぎだった。国会にいる横路から電話が入ってきた。普段と違う、あたりを憚るのか押し殺すような声だった。

「北さん、大至急、院内の社会党控室まで来てくれ」

突然の呼び出しに北岡は緊張して社会党控室に馳せ参じた。部屋に入っていくと横路は、胸の内ポケットから文書を取り出し、幅広いテーブルをはさんで向き合った北岡の前に押し出してきた。「極秘」と黒々と印字された紙である。北岡は仰天した。横路が待ち望んでいた物証、極秘電信文のコピーであることがわかった。電信文の内容をすばやく読み込んだ北岡に向かって、横路は「どうしようか」と緊張の面持ちでつぶやくように言った。その言葉の中に迷いが見えた。北岡はすぐに言った。

「絶対、今日の予算委員会でやってください。やるしかないと思います」

一瞬の間を置いて横路はうなずいた。北岡はなおも、追い打ちをかけた。

「この委員会しかこの問題を究明する場はないと思います。今日を逃したらチャンスを逸します。絶対にやってください」

横路が「よし」と小さく声を出したように聞こえた。若くして正義感に燃える議員と秘書の思いが一致した。二人は連れだって間もなく始まる衆院予算委員会の会場になっている衆院第一委員会室へ向かった。

第六章　爆弾質問から刑事捜査へ

爆弾質問

一九七二（昭和四七）年三月二七日、沖縄国会の中でも最も重要な日であった。与野党の国対では、この日に予算委員会の審議を終了し、直ちに本会議に提出して予算案成立のスケジュールが内定していた。この日は奇しくも、佐藤の七一歳の誕生日でもあり佐藤は内心、期するところがあっただろう。

衆議院の第一委員会室では、予算委員会の総括質問が続いていた。野党側の委員が次々と立って日中復交に関する外交論戦や防衛問題、さらに沖縄返還にともなう施策について政府側を激しく攻めたてていた。今年度も残り四日で終わろうとしている。三月三一日の年度末日までには、来年度予算案が国会を通過しなければならない。国会は前年の秋から沖縄返還問題と中国国連加盟問題などで押せ押せの審議が続いており、この日の予算委員会で次年度予算案を可決して本会議に提出する段取りになっていた。佐藤政権にとっては土壇場の国会審議であり、まさに正念場であった。

社会党の横路孝弘が質問に立った。予定では一九七〇年に沖縄から戦後初の衆議院議員となった上原康介が質問に立つことになっていたが、急きょ横路にそれを譲ることになり委員長の瀬戸山が認めて指名した。

横路は質問の前半では、沖縄返還後のアメリカ軍の軍事基地の機能について、日米安保条約と整合性を持つことになるのかどうか、日米双方の見解と返還後の実態に関する質問で激しく追及していた。途中で質問の主旨が変わった。

「昨年の暮れの連合審査会で、私はアメリカ側が支払うことになっている協定四条三項に関して日米間に秘密協定がある。外務省の記録に残っているはずだと指摘をしたわけです。しかし総理大臣も外務大臣もアメリカ局長も条約局長も秘密の決め事はない、メモもないと答弁なさった。しかし私は、ここに外務省の文書に基づいて事実を明らかにし、偽りを言われた責任を追及したい」

横路は半身にそり返った上体を一層大きくふくらませて、右手に一枚の紙片を持って高々とかざした。静まり返った委員会室をフラッシュの閃光が切り裂いていった。

「この電信文を読みますと、沖縄返還協定に関連して日米に密約がある。具体的に申し上げますと沖縄返還協定の第四条三項に基づく見舞金は四〇〇万ドルを超えないとなっておりますが、その金額を対米支払いの三億二〇〇〇万ドルに含めるということがこの電信文に明記されているのであります」

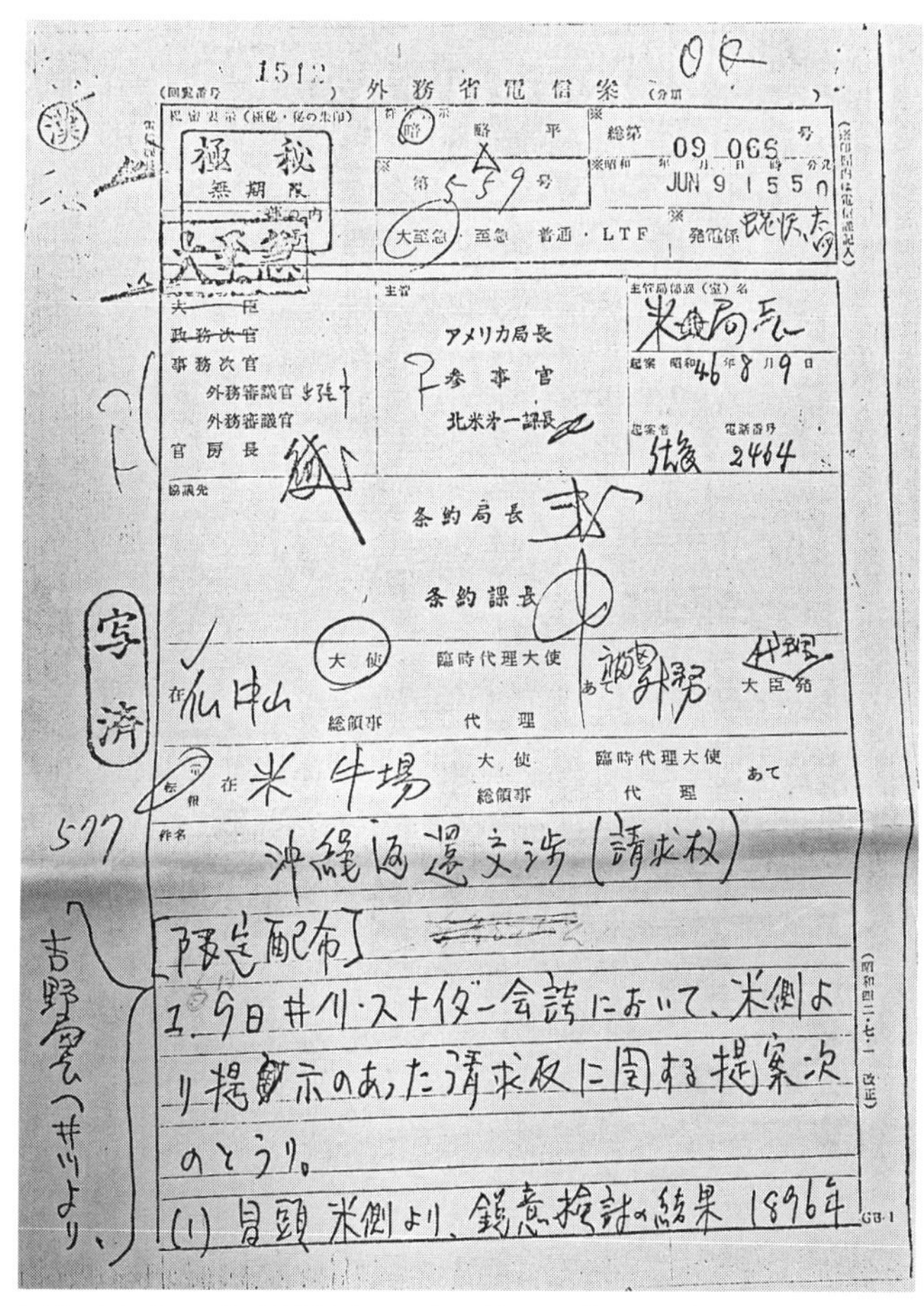

1512　外務省電信案

極秘　無期限

大至急

第539号

総第 09065 号

JUN 9 1550

主管　アメリカ局長　参事官　北米第一課長

主管局部課（室）名　米北局長

起案　昭和46年8月9日

起案者　佐藤　電話番号　2464

大臣　政務次官　事務次官　外務審議官　外務審議官　官房長

協議先　条約局長　条約課長

在仏中山　大使　臨時代理大使　総領事　代理　あて　愛知大臣発

在米牛場　大使　臨時代理大使　総領事　代理　あて

件名　沖縄返還交渉（請求権）

［限定配布］

1．9日井川・スナイダー会談において、米側より提示のあった請求権に関する提案次のとおり。

(1) 冒頭米側より、鋭意検討の結果1896年

吉野局長へ井川より、

写済

577

西山が入手した極秘電信文の一部（北岡和義氏提供）

横路は機密電信文の内容を詳しく説明しながら、再び文書を高々とかざした。カメラのフラッシュの閃光がそのたびに滝のように流れていく。テレビカメラの照明が代議士の若い姿をくっきりと写し出している。

「先日の沖縄国会で私と楢崎委員、大出委員と三人で質問しましたが、さようなことは何もない。聞いたこともないという答弁で逃げられた。文書がないと言っていましたが、アメリカとこのようなやりとりがあったことは明確であります。責任をどうとられますか」

「福田外務大臣」

「私の答弁は、先の沖縄国会の答弁と同じになります。裏取引は一切ないと、はっきり申し上げておきます」

横路が電信文の番号と日時まであると説明し、アメリカ局長の吉野文六が「いま即答はできないが調べさせていただきます」と答弁した。その後、楢崎弥之助と横路が交互に質問に立った。

「アメリカ側が支払うべきものを、日本側がいっぺんアメリカ側にやって、それをアメリカ側がいかにも自発的に支払うようにしている。重大な責任問題であり、どのような取り扱いになるかお聞きしたい。先の国会でも指摘したとおり、この斜線で極秘と書いている文書は何かと質問したが、政府側は知らぬ存ぜぬの一点張りであり、佐藤総理も秘密の約束は何もないと答弁している。これは簡単には取り扱いできないので外務省の回答がなかったらこれ以上、進めるわけにはいかない」

このあと委員長の瀬戸山三男が、外務省からの回答を待つことで本日は終了したいと言ったため、委員会はストップした形になった。

佐藤も福田も苦り切った顔をしている。与野党の委員からそれぞれの主張と怒号が飛び交い、委員会室が熱気と興奮の渦に巻き込まれる。結局この件は後日、外務省から回答を出すと委員長が宣し、委員会はそれで散会となった。

終了後、横路はたちまち新聞記者たちに囲まれた。横路と十数人の記者が一団となって委員会室を出ていく。その集団に追いすがるように血相変えた男が強引に割って入ってきた。外務省アメリカ局長の吉野文六だった。

「横路先生、その電信文のコピーを見せてください」

必死の形相で、まるでコピーを奪い取ろうとするような勢いである。横路がそれを拒否して進もうにも吉野は食い下がる。そのとき二人の間に北岡が割って入り、吉野に向かって怒鳴った。

「外務省のロッカーの中に同じものがあるじゃないか。それを見たらどうか！」

吉野の眼が一瞬、怒りに燃えたようだったが、北岡の胸にある秘書バッジをちらりと見ると、あきらめたように人垣の外へと出ていった。

予算委員会は翌日の三月二八日に再開された。冒頭、横路は指摘した電信文が実際に外務省にあったかどうかその説明を求めた。これに対しアメリカ局長の吉野は、「横路先生の提出された電信文には、大臣、次官、審議官の決済がないが、外務省に保管している文書と同じ内容である」と認めた。これに対し横路は、さらに畳みかけた。

「この事実については、昨年暮れの国会で私は質問したのに、政府側はまったくかような文書はないと答弁した。これは偽りの答弁であったことが明らかになった。この電信文で、問題は実質ではなくアピアランス、外観が必要なんだと補足している。これまでの答弁とまったく違う電信文の内容である。どういうことか」

電信文の存在を認めた外務省に今度は、その内容の意味と真偽について横路は追及する。外相も外務省の高官ものらりくらりと言葉の意味をはぐらかせ、何とかその場を切り抜けようとする答弁が続いていく。しかしこれはどう見ても政府側の言い分は矛盾だらけであり嘘は見え見えだ。たまりかねた佐藤が途中で答弁に立った。

「総理大臣だからなんでも知っているわけではないが、総理として逃げるわけにはいかないし責任はある。外務省からの報告でもこの文書についてはそのとおりだと認めている。全然知らないという答弁は不都合であったと思う。言えないなら言えないと申すべき事柄でした」

しかし、横路の追及はやまない。さらに楢崎が関連質問で追及した。

「政府側が、横路委員が出した電信文を認めているので、これはまさに日米間の秘密外交による典型的な密約である。それにもかかわらず政府は、われわれに虚偽の答弁をしてきた。これは国会と国民に対する背信行為である」

これに対する政府側の答弁は、電信文の内容は交渉の途中経過であり、最終的にはアメリカが支払う内容で決着しているの一点張りだった。しかしその答弁も後年、嘘であることが判明する。

結局、野党・政府の質問と答弁はすれ違いに終わり、その日から国会は空転して年度内の予算案通過はできなくなった。暫定予算案をまず成立させることで与野党が妥協し、年度末ぎりぎりで暫定予算案が衆院を通過していった。

思想調査

外務省では、大臣以下主要幹部が帰宅したあとも、柏原英雄官房長と吉野アメリカ局長、それに北米第一課長の三人は残って会議を続けていた。会議室のテーブルの上には、国会で横路が暴露した同じ電信文のコピーが置いてある。コピーにさらにコピーを重ねたらしく、ところどころうすれているところもある。

北米第一課長は、金庫の中に保管してあった電信文のファイルと問題のコピーを何度も比べてみた。電信文の文章そのものは一字一句違っていないが、ただコピーの方には誰かがあとから書き加えたものと思われるアンダーラインが所々に引かれてあり、簡単なメモのような数字も書きこんであった。

何回見てもまったく同じ文章である。このアンダーラインは一体誰が書いたのか。原文にあるペンの流れた線や紙の表面にある皺のような線まではっきり同じだがアンダーラインは保管したファイルにはない。コピーをとったあと誰かが書き入れ、それをまたコピーしたものかもしれない。

それとももう一つ決裁印を押す欄が違っている。この電信文は北米第一課長、アメリカ局参事官、アメリカ局長、官房長、外務審議官A、外務審議官B、事務次官、大臣の計八人の決裁が必要であった。

金庫に保管してあるファイルには、八つの欄にすべて決裁サイン（花押）が入っているのに、問題のコピーの決裁欄は途中までサインが見えるが、あとは空欄になっている。ということは、保管されているファイルから直接コピーしたものではないのかもしれない。このナゾをめぐって省内でも話題になっていた。

結論として、電信文のコピーはファイルから直接コピーしたが、決裁印の欄だけは切り抜いて、まったく別のファイルからコピーした決裁欄を貼り合わせて問題のコピーを作ったと判断した。問題は、誰がいつどのようにしてコピーしたかという点になった。金庫の鍵は、北米第一課長と課長補佐のどちらかが保管することになっている。この二人以外に金庫の鍵を持ち出したものがいなかったかどうか、そのことで北米第一課長は一年ほど前の記憶から懸命に思い出そうとしていた。そのときの体験から、電信文を持ち出した職員がいるとしたら、それは確信犯ではないかという話になる。三人の話はある「事件」へと波及していく。それは次のような事件であった。

佐藤は、沖縄返還の日程を最終的に決定するため、年が明けた一九七二（昭和四七）年一月五日、アメリカのニクソン大統領と会談のため訪米した。総理大臣という身分では最後の訪米になる。佐藤の訪米には外務大臣の福田と通産大臣の田中が随行したが、どちらも佐藤の後継候補として最短距離にある大物であった。この二人のうちのどちらかが後継者になることを予想し、佐藤がニクソンに引き合わせることも考えて随行したものと政界では受け取められていた。

一二月に入って間もなく佐藤訪米の正式日程と訪米随行団が決定し、随行団全員に内定の通知があった。ところが四、五日して突然、全員を取り消すと内閣官房から連絡してきた。佐藤と外務大臣、通産大臣、官房長官の四人以外の随行員は、すべて白紙にするというかつて例がない連絡だった。外務省からの随員では、大臣は別としてアメリカ局長、北米第一課長、それと書記役とか通訳とかほかに九人いたが、それを全部白紙に戻してもう一度人選をやり直すという前代未聞の話であった。

関係者以外知らない内示であり、言われた方は何か事務的な手違いがあってそうなったと理解していた。それから一週間ほどしてまた随員について発表があったが本人しか知らない内示であり、省外に広がるようなこともなかった。しかしほどなくメディアにも知られることになり、人選やり直しで憶測が広がった。

取材してみると、総理大臣に随行するような人物については、人選したあと警視庁公安部が中心となって随員の思想調査をするという。そのとき調べた結果、随員に内定した役人の中に共産党の秘密党員がいたという。警視庁の調査では一九六三（昭和三八）年に入党したとされている。六三年といえば、学生運動が華やかな時代であり、代々木派（日本共産党系）が主な大学で活発に活動している時期でもあった。

その前例にしたがえば、思想的理由で電信文を持ち出し、社会党に持ち込んだこともあり得るという話につながった。しかし外務省幹部の会議では、ともかくも電信文が起案されてから決裁を受け、ファイルされた金庫に眠るまでのルートでどのような人物が介入したか、それを洗い出すことが先決ではないかというごく平凡な結論に落ち着いた。

公安刑事の助言

外務省では官房長をキャップとして電信文を外務省からコピーして持ち出した人物の調査を続けていた。政府側の政治責任を追及する野党側の要求で予算委員会の審議は中断してしまった。外務省は、これを打開していく責任がある。なにがなんでも犯人をつきとめようという意気込みだった。

電信文が打たれたのは三通とも前年一九七一年の五月である。電信文の起案者はいずれも北米第一課長であった。調査委員会はそのうちの一通だけをとりあえず起案からファイルされるまで追跡してみることにした。

課長の起案した電信文の原文はアメリカ局参事官の決裁を受け、続いてアメリカ局長の決裁を受ける。そこで起案文は承認され、その原文どおりに打電するため電信課に回された。電信課は原文をコピーし、そのあと北米第一課長に返却した。決裁の残されていた官房長、外務審議官A、外務審議官B、事務次官、外務大臣の決裁は、電信文が打電されたあと事後承認という形で決裁を受けたのであった。官房長は電信文に直接接触した人間と、この状況の中に入り込む可能性のあった人間のリストを作るよう調査委員会に下命した。

横路の爆弾質問で紛糾した衆議院予算委員会は、その後の処理をめぐって審議はストップしたままになっており、打開策を見つけるため与野党の幹事長・書記長会談がもたれたが、双方の主張は平行線をたどっていた。野党側は、予算委員会の正常化とひきかえに佐藤総理の退陣表明を迫っていたが幹事長の保利はその要求を強硬にはねつけていた。

三月二九日になって外務省の官房長と人事課長らは、警視庁公安部の幹部と密かに会って善後策を相談したという。警察とはおよそ縁のない世界で生きてきた人間は、警視庁公安部の幹部三人が居並ぶ部屋で、これから調べを受ける容疑者のように張りつめた気持になっていた。

官房長と人事課長は、佐藤訪米随行員の予定者の中に、共産党の秘密党員がいたことから予定者全員が取り消しとなった事件をヒントに、今度の電信文コピー持ち出しの犯人も思想的背景を持った人物ではないかという疑いを強めていた。コピーを持ち出すことが可能だった人物の中から、思想的背景を持つ人物を公安関係の専門家に見つけ出してもらおうという虫のいいアイディアだった。人事課長は、自分たちが作成した思想的に怪しいと思われる外務省の名簿を持参していた。もしかするとその中に極秘電信文を持ち出した犯人がいるかもしれない。この犯人捜しの騒ぎの中で、ニューヨークの国連代表部員だった柳井俊二（やないしゅんじ）（のち駐米大使）もリークの疑いをかけられた。上司から厳しく事情を訊かれたことを後年告白している。

警視庁公安部の見解では、電信文を持ち出した人物は共産党の関係では出てこないということだった。社会党にコピーが流れたということは、案外確固とした思想的背景はないと考えていいのではないかという見解だったという。しかしそのとき警視庁公安部の幹部は重要なことを人事課長らに示唆している。電信文のコピーにある決済欄から足がつきそうだというヒントであった。決済が途中で止まっている。官房長まではサインによって決済されているが、安川外務審議官のところから空欄になっていて決済のサインがない。そこから足がつきそうだというヒントである。

それには外務省側が、二つのコピーをあとから貼り合わせたものではないかという見解を語ったという。電信文は電信文でコピーをとり、決裁欄は別のコピーをとり、あとで電信文と決裁欄のコピーを貼り合わせて一つのものに偽造したものではないかと語った。これに対し警視庁は、コピーを作った犯人は決裁欄もどこかでコピーしているわけだから、決裁欄の方を足がかりにして犯人を探すのが常道だと語った。さらにこう付け加えた。

「こういうものは告発して専門のものにやらせた方が無難ですよ。警視庁に告発されたらどうですか。担当は刑事部になりますが、その方が何をやるにも確かですよ」

調査のやり方に大きな穴があったかもしれないと外務省側は思った。北米第一課の金庫に保管してあった電信文のファイルと横路が国会で明らかにしたコピーをもう一度注意深く照合してみた。

決裁欄にはサインを記すように並んでいる。問題のコピーはそのうち最初からサインして途中で止まっている。調べていた人事課長の眼の色が徐々に変わっていった。サインしている独特の字体の位置が、本物のファイルと寸分違わず一致していたのである。サインの位置をよく注意して見ると間違いなくどれもこれも一致していた。

ということは電信文と決済印の欄は一枚の書面としてコピーされたものであり、官房長の手を離れた後、外務審議官の決裁を受けるまでの間にコピーをとられたことになる。三通のコピーとも同じように官房長の決裁の後でとられてあった。官房長の次に決裁を受ける人は安川壮外務審議官である。官房長と安川外務審議官を結ぶ線上にコピーをとった犯人が隠れているかもしれない。電信文と決裁欄を別々にコピーして貼り合わせたという見方は、重大な思い違いであったことから調査は振り出しに戻った。

告白

三月三〇日の朝である。外務審議官の安川は、出勤してきて自席につくと腕組みをしたまま自分の席でじっと考えこんでいた。電信文の決裁を持ち運びするのは、秘書の蓮見喜久子の役目である。官房長の決裁をもらったあとは官房長の秘書が審議官の部屋まで持ってくる。その書類を受け取り審議官の決裁を受けたあと次の決済者へ持っていくのは秘書官の蓮見である。電信文のコピーは官房長の柏原と安川の線を結ぶ途中でとられているらしい。柏原の秘書に対する取り調べは柏原自身が行ったが、手がかりになるようなことは何も出なかった。次は安川の身辺を調査する仕事が残されていた。さしあたって蓮見から事情を聴かなければならない。

しかし事態は急展開した。蓮見が電信文のコピーを毎日新聞の西山に渡したことを告白したのである。外務事務次官の森治雄と外務審議官の安川壮の二人は、翌日の朝、世田谷区野沢にある外相の福田の私邸を訪ねていった。予算委員会は極秘電信文の暴露で空転したままになっており、連日、与野党で国会対策委員会を開き正常化への折衝が続いていた。大臣に対する二人の報告は次のようなものだった。

「国会で問題になったコピーを詳細に調査したところ、三通とも安川外務審議官の決裁を受ける直前にコピーされていることが判った。そこで安川審議官の秘書をやっている蓮見喜久子という人物から事情を聴こうとしていたところ、本人からコピーして持ち出したことを申し出てきました」

西山は以前、外務省の霞クラブでキャップをしていた記者で、いま自民党本部の平河クラブのキャップをしている。福田もよく知っているなかなか筆の立つ記者である。福田は腕を組んで何かを考えていた。

自身が大蔵大臣を務めていた二年前は、返還にともなう対米支払いの交渉でアメリカ側と重要な密約を取り交わしていた。最初の密約は大蔵省の柏木と米財務省のジューリックとの間で極秘で交わされたものであり、外務省も知らない事実である。それをすべて仕切ったのは自分だった。佐藤と相談してやったことだ。その件は表には出ない極秘事項としてアメリカ側も約束を守っている。

しかし今回の密約電信文は、対米支払いに関連する別の密約であるが、外務省と国務省との交渉であり、責任者は外務大臣になる。昨年五月の交渉といえば外務大臣は愛知揆一だった。福田はそのことで少し救われたと思った。直接には自分の責任には及ばないとすばやく計算した。それで気分が少し明るくなっただろう。前年一二月、衆議院連合審査会と沖特委で社会党の横路がこの問題で質問していたが、あれは今回の爆弾質問への胎動だったのだろうか。

福田と外務省幹部の三人は、外務省職員が重要な国家機密を外部に漏らしたことは、公務員の懲罰処分で対応するようなものではなく、刑事罰でいくよりないという考えで一致した。

外務省は「蓮見喜久子が受けるべき罪」として「国家公務員法第一〇〇条（秘密を守る義務）に明らかに抵触しており、同法第八二条（懲戒の場合）に基づいて懲戒免職処分にすることが適当と認められる」として警視庁に告発する方針を決めた。

ただ西山についてはバリバリの現役の新聞記者であり、これをもとにどのような記事を書いたのかまだ精査していない。さらにどのようないきさつで社会党に流れたのかも不明である。いずれにしても警視庁の捜査にゆだねるという基本方針を決め、早急に外務大臣から総理に報告するべきということになった。

官憲動き出す

佐藤が、外省審議官の秘書が極秘電信文のコピーを持ち出し、毎日新聞政治部の記者に渡り、それが社会党に渡って衆議院予算委員会の爆弾質問になったことを知ったのは、三月三〇日の夜と推測される。佐藤に報告したのは、外相の福田といわれている。

爆弾質問の処理をめぐって衆議院予算委員会は止まったままだが、来年度の予算案は年度を越えること、年度を越えた一か月だけの暫定予算案は国会で審議して通すことは、与野党間の話し合いで決まっていた。その日、三月三一日は、午前一〇時から参議院で暫定予算案の審議が始まっていた。審議の休憩の合間を縫って、佐藤は築地本願寺で行われた元衆議院議長・綾部健太郎の党葬に参列していた。首席秘書官の楠田の日記によると、葬儀参列後、官邸に帰る車の中で、電信文を持ち出したのは外務審議官の秘書であり、それが西山に渡り、さらに社会党に渡った経緯を初めて語っている。楠田日記の三月二八日には、「北米一課のノンキャリ事務官が関わったらしい」とあるが、そのころすでに決済をとる過程でコピーされたらしいとの噂が省内で語られていた。

この事件が発生した数年後になって筆者が警視庁関係者から聞いた話では、最終的に警察庁の刑事局長、捜査二課長、警視庁の刑事部長、刑事部参事官らの話合いで法律的に詰めたといわれている。それだけ上級幹部が顔を揃えて詰めたことだけでも、この事件の特殊な事情がうかがわれた。警察当局ははじめから、この事件を単なる公務員の機密漏洩事件とは考えていなかった。毎日新聞政治部の平河クラブのキャップが漏洩文書を社会党に流し、それが爆弾質問となって国会での予算審議ができなくなり、予算案が年度内に成立しないという大失態を招いている。

三月三一日の楠田日記には、佐藤との会話の中で「これをやらかしたのは毎日の西山太吉記者だということを（筆者注、佐藤から）教えられる。西山は大平正芳氏との縁戚関係にあり、この問題に関する大平発言というものもあり、裏が複雑のようだ」と書いている。佐藤、福田ら政府首脳は、この事件の裏に政治的なある種の「陰謀」があるのではないかとの憶測をしていたと思われる。

警視庁は、コピー文書を持ち出した女性秘書については、国家公務員法第一〇〇条第一項の違反行為として処罰することが可能であると判断した。

国家公務員法第一〇〇条　①職員は、職務上知ることのできた秘密を漏らしてはならない。その職を退いた後といえども同様とする。

警視庁が外務省から聞いた話では、外務省の秘書が西山に頼まれてやったことをはっきりと述べている。警察の捜査官が聴いたものではないので、一〇〇パーセント断定はできないが、外務省の内部調査のこの報告は佐藤の手元まであがっていることは確実視されていた。もし西山を処罰対象として考えるなら蓮見の共犯関係ということで第一一一条を適用することができる。

国家公務員法第一一一条（要旨）　秘密漏洩の行為を企て、命じ、故意にこれを容認し、そそのかし又は幇助をした者は、それぞれ各本条の刑に処する。

西山を国公法第一一一条で逮捕したとしても、調べに対し本人が「そそのかし」を否認した場合どうなるか。さらにもし、蓮見の供述がそそのかしに応えたのではなく「自発的行為」と主張した場合どうなるか。

また、二人を逮捕したとしても、もし検察庁が起訴しなかった場合どうなるか。不起訴処分もしくは起訴猶予処分となれば、警察の行き過ぎ捜査として非難される可能性がある。まして相手は一流紙の記者である。敵対することになると、相手は全メディアとの対決と言ってもよかった。しかし、その不安を口に出した者はいなかった。警察首脳はすでに強制捜査で固まっており、二人の逮捕は時間の問題であった。ただ強制捜査に踏み切るのは、国会で予算案が成立した後にすることで一致していた。

中断したままになっていた衆議院予算委員会が再開されたのは、四月三日午前一〇時すぎであった。その日の夕方政府原案どおりに予算案を可決、直ちに衆院本会議に提出されることになった。

本会議は午後六時すぎに開かれる予定になっている。各議員や閣僚はそれまでの約一時間に軽い食事をとったり所用を済ませるため議員食堂や議員会館に散っていった。国務大臣・国家公安委員長の中村(なかむら)寅太(とらた)は、佐藤のいる院内の総理大臣室に入った。中村は佐藤に、それまでの調査報告をし、外務省の女性事務官を明日朝早く警視庁に出頭させると報告した。自殺や失踪されないようにすでに外務省の女性職員が付き添っていた。そして西山には任意出頭を求める方針を語ったという。

「新聞記者は何をやってもいいというものではないんだな。こんなことを先例として残さないためにもおれは闘うよ」

佐藤はそのような言葉で応えたと伝わっている。佐藤は「闘う」という言葉を番記者相手にも吐いたことがあるし官邸内で聞いた人もいた。

野党失速

衆院予算委員会締めくくり質疑を終了し、次年度の予算案を可決する予定で進んでいた国会は、横路の爆弾質問に政府側が嘘の答弁を繰り返しているとして社会、公明、民社党が審議拒否して国会は空転状態に入った。自民党幹事長の保利茂、社会党書記長の石橋政嗣（いしばしまさし）、民社党書記長の佐々木良作（ささきりょうさく）、公明党書記長の矢野絢也（やのじゅんや）が急きょ会談に入ったが、野党三党はいずれも佐藤の政治責任を明らかにすることを求めて自民党と激しく対立した。野党が求める政治責任とは、佐藤の退陣であり、その時期を明確に表明することを求めてきた。

これを受けて保利は、国対委員長の金丸信、官房長官の竹下の同席を求めて佐藤と会談して善後策を練り始めた。佐藤は最初から高姿勢だった。

「ともかくも予算案を年度内にどうしても成立させないことには話にならない。野党のいう政治責任については、真摯に受け止めるが予算成立が前提になる。総理の職を永遠にやるわけではない」

野党の求める退陣表明の要求にはまったく耳を貸さない態度だったが、最後につぶやいた「総理の職を永遠にやるわけではない」というひと言に真意があると保利も竹下も敏感に受け取った。この会談の後に保利はもう一度、佐藤と二人だけ残って詰めることにした。佐藤の腹をしっかりと読んで対応する必要がある。

保利が確認したいことは、予算案成立と野党の言う政治責任とは切り離すということだった。佐藤は、国民の生活に大きな影響を与える予算案を年度内に成立させることが第一だから、国会審議とは切り離すしかない。どうしても野党が折れないようなら自民単独でも仕方がないとまで言った。ただ、野党の言う「政治責任問題」というのは、退陣時期を明確に示せということはわかり切っていた。その件について佐藤は、野党の折衝で辣腕ぶりを発揮している保利に任せるという。そのころ政界では、六月末の通常国会が終了した直後の佐藤退陣のスケジュールが公然と語られるまでになっていた。

衆参ともに多数を占めている与党にとって、野党の要求は露ほども気にかけることはない。佐藤の心中にある多数論理は微動だにしない。保利は、総理の退陣は、通常国会終了直後であることを確認したまでであった。保利は、予算案の扱いについては国会対策委員会に任せ、政治責任問題は幹事長・書記長会談で詰めることで佐藤の了解を取り付けた。

新聞は早くもポスト佐藤をめぐる党内の動きを報道することが多くなり、佐藤政権はすでにレイムダックに陥ったという論調で埋まってきた。野党各党が、このメディアの風向きをとらえて、一斉に内閣の責任追及を強めてきた。保利は三党の書記長と密かに個別会談を持つことにした。四党会談になると野党各党は互いにけん制し合い、主導権を取るために互いに強気の発言をしてくるのでまとまらない。保利はまず「首相は十分に責任を痛感している。首相との会談の中で野党の意向は十分に理解を示し責任問題を重大に考えている」として退陣も視野に入っていることをにおわせることにした。個別に三党の書記長に会った保利は、佐藤の政治責任問題には触れずに、三月三一日までに超党派で暫定予算を成立させる。四月一日、二日は土日なので週明け四月三日の再開予算委の冒頭に佐藤が陳謝と反省の所信を表明する。それを受ける形で三党党首が所信を表明するが質疑はしない。これが保利の練りあげた野党説得策だった。寝業師、根回し保利といわれた老練政治家がもっとも心を砕いたのが、これを野党にのませるための説明だった。

「総理の心のうちでは、いま国会開会中に退陣表明をすれば、政治の空白が生まれ、行政がマヒ状態になり国民生活に大きな影響を与える。今、退陣表明はできないが、沖縄施政権返還を花道にして通常国会終了を佐藤政権のゴールにしたい。これは総理の意を体してこの保利が心底から約束することなので、党内をまとめてもらえないか」

この案に社会党書記長の石橋がもっとも頑強に抵抗した。爆弾質問の口火を切った横路をはじめ、党内の若手や論客の議員が佐藤退陣を求めてますます燃え上がっていたからだ。自民党が国会を無視して単独審議、単独採決して予算案を通過させれば、世論が黙っていないという主張もあった。

しかし保利は「総理はもはや、怖いものはなくなった」という殺し文句を吐いた。退陣の意志を固めた以上、少々乱暴なことでもできるという気持ちを伝えたものだ。石橋は「成田委員長と相談してから電話で回答する」と返事をした。数時間後にかかってきた石橋から保利への電話では、党首の所信表明は受ける。後は党として粛々として対応するというものだった。保利はこれで決まったと思った。

すぐに四党幹事長・書記長会談をセットして暫定予算案を三一日までに超党派で通過させ、週明けの四月三日の衆院予算委を再開して冒頭に佐藤の政治責任の表明を行い、続いて三党党首の所信表明で審議を軌道に乗せ、本予算案採決へ向けて国会を正常化するということで合意を取り付けた。保利は直後に国会対策委員長の金丸信に連絡し、このスケジュールで国会審議を再開するように取りまとめを指示した。

社会党代議士会、国会対策委員会などで強硬に佐藤退陣を主張したのは、機密電信文を暴露した横路だった。彼の主張は明快だった。昨年一二月の沖縄国会で今回とまったく同じ証拠を示して密約を追及したが、知らぬ存ぜぬで否定した。外相の福田、アメリカ局長の吉野は、横路の指摘に対しこう答弁していた。

「交渉ではいちいち記録を取っていません」

「メモは一切ありません」

「重要な会談の記録は全部あるかといいますと、全部ないんです」

「本国への連絡は電話でとりました」

機密文書など何もない、と堂々とした答弁だった。それが今回、現物の機密電信文のコピーを突きつけられ、確かにその内容と同一の電信文はあったと認めておきながら、今度は「それは交渉途中の経過でしかない。最終的には密約のようなものはなかった」と答弁内容を変えて切り抜けようとしている。横路は「これほど欺瞞に満ちた政府答弁はない。これを許せば国会の存在そのものが無になる」として佐藤退陣を求めて予算委の審議拒否は徹底的に行うべきという主戦論で通していた。しかしこうした党内事情とは裏腹に、国会対策委員会と四党幹事長・書記長会談で、保利が説得したスケジュールで固まっていった。

三月三〇日の夕方、本予算成立までの空白を埋める暫定予算（期間一か月、歳出規模約一兆一〇〇〇億円）は衆院予算委で可決、直ちに衆院本会議に上程され、夜になって衆院を通過して参院に送られた。参院は三一日の午前にこれを可決して暫定予算が成立した。

四月一日は土曜日だが国会は朝からあわただしく動き始めた。官邸には予算委員長の瀬戸山らが成立できなかった本予算案の取り扱いと、今後の日程を佐藤と相談するため来訪した。国会では幹事長・書記長会談が開かれ、佐藤が所信表明することになっている政治責任の内容について詰めに入っていた。

しかしこれは政治的なセレモニーだった。与野党間の会談でそれなりの時間を使って調整することで妥協案を探るように見えているが、落としどころは保利案で煮詰まっていた。週明けの予算委の冒頭で佐藤の政治責任に対する表明があり、それを受けて三党首がそれぞれ所信を表明する段取りで決まっていた。しかし会談は話し合いがつかないままと発表し、週末は休戦状態になった。

野党党首の「謝罪」発言

国会は空白のままであり緊迫しているように見えるが、与野党間の話し合いで収拾策が決まっている。佐藤は夕刻、鎌倉の別邸へ向かった。週末になると鎌倉の別邸に移動し、スリーハンドレッドクラブでゴルフを楽しむのが佐藤の定型化した週末行動だった。折しも桜が満開を迎える時期であり、絶好のゴルフ日和である。佐藤のゴルフ好きは有名であり、長男・龍太郎、二男・信二らとコースを回ることが定番になっていた。

佐藤日記を読んでいくと、ゴルフをしたことは必ず記録している。そこで一九七一年一月から退陣する一九七二年七月まで、佐藤日記からゴルフをした記録を抜き出してみた。この時期、沖縄国会から予算国会を通じて国会が緊迫し、佐藤が政権運営した中で最も多忙を極めた一年半であったが、ゴルフのプレイを六一回、鎌倉の別邸の裏山やコースでのゴルフの練習を一八回行っている。合計七九回、ゴルフに親しんだことになる。歴代の総理の中でも飛び抜けたゴルフ狂だった。七一年六月二一日の土曜日には新軽井沢コースの七番でホールインワンを記録し、関係者に記念の灰皿を配っている。

予算案が年度内に成立せず、政治責任をめぐって野党の攻勢が強いこの時期に佐藤がゴルフに興じるのは、気持ちに余裕があったからである。自民党は国会で絶対多数を保持しており、週明けからの国会再開での「セレモニー」は与野党幹事長・書記長の話し合いで事実上決まっている。

週明けの四月三日月曜日の午前一〇時から、衆院予算委員会が開かれ、予定どおり冒頭に佐藤の所信表明が行われた。佐藤の見解表明は「予算審議中に批判を受けた事態は誠に遺憾だ。政府の責任者として深く責任を感じている。各党の本件に対する意向はよく承知している。予算成立に協力をお願いする」というもので、一分足らずの表明だった。野党が束になって要求していた退陣時期への言及もなく、国会空転の原因となった極秘電信文への言及もなく、ほとんど意味のない発言であり、人を食ったような表明だった。

これを受ける形で社会党の成田、民社党の佐々木（委員長代理）、公明党の竹入義勝（たけいりよしかつ）の各党首が佐藤の責任問題を追及して、即時退陣を要求する演説を行った。ただしこれは言いっぱなしの演説であり、党首演説についての関連質疑はしないことで幹事長・書記長会談で決まっていた。すぐに野党の質疑に移り、午後まで続いた。夕方には予算案を可決して本会議に提出され、可決して参院に送られた。こうして横路の爆弾質問で紛糾した予算国会も年度を越えたが予算案は成立し、佐藤は恒例により国会内の各党へお礼のあいさつ回りを行った。この日の様子を佐藤日記には次のように書かれている。

佐藤日記（四月三日、要約）

「最初に小生から簡単な所信表明と遺憾の意を表明。（筆者注、これを受けて）各党の党首が所信表明、下野要求をして別に当方は発言せずただ聞くだけ。相手も勝手なことを言いつつ成田委員長、佐々木書記長（筆者注、春日委員長代理）、竹入委員長が退陣を要求。さらに各党からの質問は相次いだが言いっぱなしでけり。

（筆者注、予算案が衆院で可決後）恒例により各党あいさつ回り。成田君も待っていて、先刻は勝手なことを言って失礼しましたとあいさつ。おかしなもの。公明党でも民社党でも同様のあいさつを受ける」

成田に「勝手なことを言って失礼しました」とあいさつされ、佐藤は「おかしなもの」と感想を書き、公明党も民社党も「同様のあいさつ」だったと書き残している。結局、国会の論戦も馴れ合いから一歩も出ず、佐藤日記に書かれているように佐藤は最初から野党の本心を見抜いていた。

爆弾質問を発して政府を窮地に追い込み、佐藤退陣に燃えていた横路は、『月刊社会党』（一九七二年六月号）に「沖縄密約事件が提起したもの」と題して、要約次のように書いている。

「政府がこれほど明確に黒を白と言い切った答弁は少なかろう。社会党はじめ各党が一斉に内閣の責任を追及したのは当然だが、結果は佐藤首相の所信表明と各党党首の見解表明という国民一般から見れば〝茶番劇〟とも言うべき収拾で四七年度予算は国会を通過してしまった。責任追及はうやむやに終わったのである。

議会と言う不思議なところではハラとハラとか相手の感触とか、筆者自身にはよく分からない不可解な言葉で国会運営がすすめられている。上層部の間で内閣の責任問題が話し合われ、公式の委員会の場ではすでに〝話がついている〟ということがしばしばある」

痛烈な党の執行部批判である。このころから、国会では国会対策委員会で与野党間の裏取引と馴れ合いが常態化していると指摘され始めており、社会党の凋落が静かに潜行を始めていた。

第七章　夜回り取材と指揮権発動

朝日新聞のスクープ

本書の冒頭で書いた一九七二（昭和四七）年四月四日の朝日新聞朝刊一面トップの「外務省機密電信文持ち出しは女性事務職員」のスクープは、同社社会部防衛庁担当記者の田岡俊次（たおかしゅんじ）の特ダネだった。そのことを知ったのは、本書の原稿を執筆するため、多くの資料と取り組んでいたとき、二〇〇三年五月一三日に琉球朝日放送で放映された「メディアの敗北　沖縄返還をめぐる密約と一二日間の闘い」（土江真樹子ディレクター）のビデオを見たときであった。この番組に田岡俊次が登場して、あの特ダネについて語っている。筆者はその田岡とは一九七〇年ころ、分譲マンションの詐欺事件を取材していたときに被害者集会の現場で初めて出会い、取材合戦を展開した相手でありびっくりした。すぐに連絡を取って取材を申し入れ、あの特ダネが生まれた詳細を聞くことができた。

田岡の取材は、横路が一九七二（昭和四七）年三月二七日の衆院予算委員会で極秘電信文のコピーを証拠として提示し、日米交渉で密約があったのではないかと政府を追及したことから始まった。外務省は提示されたコピーをもとに、誰がそのコピーを社会党に流したのかその犯人探しにやっきとなっていた。

最初、外務省は、機密電信文を漏洩した人物は確信犯、思想犯ではないかと考え、過去に外務省職員で思想的問題を起こしている人物がいなかったかどうか洗い出していた。警視庁公安部に極秘で相談し、助言を仰いでいたこともその考えの一環だった。しかし警視庁は、それよりも電信文の決済サインが途中で止まっている点を重視し、電信文を決裁した官房長と未決済の外務審議官の間に介在する人物を洗い出すことがまず重要であると指摘していた。

本格的に取材を始めた田岡は、すでにコピーを持ち出した犯人が割れていることを確信した。それは四月二日の夜、高知全県区から衆院議員になっていた外務政務次官、大西正男の官舎に取材に行ったときである。電信文を持ち出した職員を追求取材していることを語ると、大西が「この件はまだ触れないで欲しい。自殺でもされたら大変なんだ」という言葉を漏らしたのである。

「自殺でもされたら」という言葉には人物を特定しているニュアンスがある。大西は検察官上がりの弁護士でもある。彼なら何か手がかりを知っているに違いないと狙って取材に行った田岡の思惑がズバりと当たった。

　田岡は翌日の朝から外務省に入り込み、北米一課長、官房長と取材していくが、手がかりらしいものはない。どちらも漏洩者には心当たりがないの一点張りだ。

　外務審議官の安川壮（やすかわたけし）の部屋へ行くと、座っているべき女性秘書の姿がない。もう一人の秘書に訊けば「病気で休んでいる」という。明らかに迷惑顔をした安川に取材を申し入れて部屋へ入った。安川は、気持ちを落ち着けようとしたものか、タバコに火をつけようとする。当時、大衆タバコの代表とされていた「いこい」にマッチで火をつけようとするが手が震えてうまく点火しない。田岡はとっさに自分のライターを取り出して安川のタバコに火をつけてやる。

　田岡は安川の動揺ぶりから「病気で休んでいる」という女性秘書が漏洩者ではないかと目星をつけた。むろん、安川の口からは何も聞けない。肝心の秘書の話になると曖昧な言い回しで確証を得るところまではいかない。しかし田岡は、安川の狼狽ぶりから女性秘書が極秘電信文をコピーして持ち出したに違いないと確信して人事課に行く。そこで初めて蓮見喜久子が当の秘書であり、埼玉県浦和市の住所を突き止めた。当時、日本では役所でも企業でも従業員の自宅住所、電話番号が記載された職員とか社員名簿が必ずあり、ほとんど何の制約もなく閲覧することができた。警視庁の職員名簿だけは、住所欄がなかった。しかし夜回り取材で自宅住所を知りたい場合が出てくる。そのときは、あるポストに座っている職員のところに行くと教えてくれた。どこの社の記者も同じことをしていたので、記者クラブと警視庁の間の「紳士協定」があったのだろう。職員・社員名簿は、古本屋へ行くと販売しており、取材ではよく利用したことを覚えている。田岡も人事課にある職員名簿の閲覧からすぐに女性職員の自宅住所を割り出したのである。

間もなく記者会見が始まった。外務省は、文書を持ち出した職員を特定できないまま、警視庁に国家公務員法違反で告発するとの簡単な内容である。記者から質問が飛んだ。

「漏洩したのは外務省の職員という確信があって告発するのですね」

「いや、確信とまでは言えませんが、氏名不詳者を告発するということです」

会見が終わったあと田岡は、発表した外務省の幹部を追いかけ追加質問をする中で「彼女を告発するのか」と問いかけた。幹部は明らかにギクッとした表情でうろたえた。部屋に入ってから田岡はさらに声をひそめて言った。

「いま社から車を呼んだ。これから取材に行くつもりだ。告発するのは彼女ですね。私は浦和までインタビューに行こうと思っています」

幹部は仰天した。

「ちょっと待ってください」

今度は、田岡を官房長室に案内して説得にかかった。

「インタビューは絶対にやめてください。非常に微妙な状況ですから彼女に万一のことでもあると大変な事態になります」

そこで田岡と官房長の間で一種の取引があった。漏洩した人物を蓮見と確認したこと、明日一番で警視庁に出頭することなどをリークさせ、そのかわり浦和まで出向いてインタビューすることは断念することにした。

記者クラブの朝日新聞のブースまで戻った田岡は、キャップと担当記者を集めて取材結果の一部始終を説明したところ、安川と女性秘書の線から極秘電信文のコピーは毎日新聞の西山に渡り、それが社会党へ渡っていったのではないかとの推測がたちまち固まった。同僚記者たちは、蓮見と聞いて西山に渡ったことを確信すると言い始める。これを裏付ける取材が始まり、手分けして関連取材が密かに始まり、深夜までかかってスクープ原稿が出来上がっていった。

密使外交最後の賭け

一九七二（昭和四七）年三月二七日からほぼ一週間の間、国会の緊迫と混乱とは別に、佐藤が密使を使って中国との国交回復を目指していた動きが劇的に進展していった。国会が緊迫度を増していた三月二九日のことである。佐藤に依頼されて香港を拠点に中国側と密かに折衝を続けていた江鬮眞比古（えぐちまひこ）が、いつものように隠密に公邸を訪ねてきて、香港で進めている佐藤訪中の具体化の進展ぶりを報告した。この報告に同席していた秘書官の西垣は、その日の日記に「北京は国交回復を望んでおり、五月の佐藤訪中を受け入れるというもので、台湾問題は訪中時に解決するという」と記述されている。これは大きな前進であり、五月の佐藤訪中の実現性がはっきりと視界に入ってきた報告だった。その日の佐藤日記は、国会空転について「国会は昨日来空転。しかし外出もならず足止めを受ける」とだけ書いているが、江鬮の報告には喜びを隠さず、長々と次のように書いている。

佐藤日記（一九七二年三月二九日、一部抜粋）

「江鬮眞比古君が内密に訪ねてくる。香港の方は至極順調にいってあるとの報告。もちろん今までの経過で特に説明をようする点も多々あるが、江鬮君の努力で問題なく経過し、北京また政府間交渉を望んでおるとのことで、当然のことではあるが関係者の努力には頭が下がる。ことに江鬮君の努力は大したもの。内密に江鬮君を帰す。一時間半」

江鬮を疑ってかかっている時期もあったが、この日は最大限の賛辞で労をねぎらっている。この日、改めて江鬮から親書を出すように佐藤に要請があったことが同じ日の西垣日記によって明らかになる。西垣は日記の中で、親書の下書きを公邸に届けてあること、時間的に余裕がないので決断の時期であることを進言したことを書いている。

佐藤はそれを受けて、下書きを法眼（ほうがん）外務審議官に見せ、法眼から外務大臣の福田に報告させるように指示を出している。そこまで指示したことは、佐藤は本気で日中復交を実現するために北京に行くつもりであり、いずれ外交ルートに乗せることを外務省幹部にも知らせようとしたものだろう。

西垣が書いた第三の親書の草案は、特段手を入れることもなく四月五日付けで清書する。親書の肝心な部分は「復興三原則についてはできるだけ誠意と努力に於いて受け入れ、できるだけ早く北京を訪問して周恩来首相と会談して基本的問題を解決したい」というもので、国交回復での日中間の壁はなくなった内容になっていた。この親書を受け取りに四月六日に江鬮が公邸に訪ねてきた。

佐藤日記（一九七二年四月六日、一部抜粋）

「夜は江鬮君と会う。しかし記者諸君には内緒。うまくいったらしいがこれで江鬮君が北京へ出かけることに果たしてなるや否や、これは結局かけか」

親書は江鬮が香港の黄志文らと一緒に北京に届ける計画を話したのだろう。江鬮が行けなくても黄に託されることになっている。佐藤が署名、落款を押した親書が餞別の三〇〇万円とともに手渡されている。

その二日後、思わぬ展開があった。総務会長の中曽根康弘が官邸に訪ねてきて、佐藤と中国問題を話し合う。中曽根は周恩来に書簡を送ったことがあるが返事はなかったということも話題になった。それに続いて佐藤日記は次のように書いている。

佐藤日記（一九七二年四月八日、一部抜粋）

「意外であったのは彼（筆者注、中曽根）が江鬮眞比古君を知っておる事、並びに小生が彼を知っておることも併せて知っていたこと。江鬮君を極秘で扱っていた小生の方が間が抜けていたのか」

宮川著書によると、佐藤が書いて江鬮に託した三通の親書の写しはすべて、中曽根平和研究所（中曽根事務所）で保管されていた。筆者も二〇二一年一二月に中曽根事務所で見ることができた。中曽根は一九九〇年ころ、回顧録を書くために江鬮に接触したところ、秘書を名乗る石川昭治が月刊誌『宝石』

の江鬮手記のコピーと三つの親書の写しを置いていったという。

佐藤密使外交は、意外と多くの人に知られていたことがわかってくる。外務省の幹部はすでに知っており、佐藤に言われて江鬮は、田中角栄にも説明に行っている。そのころから田中は、ポスト佐藤の政権を担った場合に備えてすでに中国と水面下で折衝を始めており、中国もポスト佐藤は、福田ではなく田中を希望していることがさまざまな中国ルートから伝わってきていた。

知る権利

四月四日の朝、外務省の女性事務官が警視庁に自首した形で出頭したことが報道されると、ほどなく西山も出頭して取り調べを受けている。二人の供述から警視庁は、その日の夕方になって女性事務官を国家公務員法第一一〇条で、西山を同一一一条違反で逮捕した。その日の夕刊から始まった報道と記者逮捕という衝撃に、警視庁記者クラブの記者たちは、真相がよくわからない事態に浮足立っていた。

その日毎日新聞本社役員室は、緊迫した空気に包まれていた。

「これは第二の竹槍事件だ!」

毎日新聞社社長の山本光春が役員に向かってそう言ったと伝えられている。毎日新聞社は西山が逮捕されたことを受けて、緊急の役員会を開いていた。自社の有望な記者が警視庁に身柄を拘束されている。起きてはならない事態に社長の山本は、戦時中に東條英機ににらまれ、毎日新聞が危うく廃刊に追い込まれそうになった「竹槍事件」を思い出したのだろう。

それは太平洋戦争の戦況が急激に悪化し、南方戦線は次々と玉砕や撤退に追い込まれていたころである。海軍の記者クラブに所属していた毎日新聞の記者が、南方戦線の壊滅的な状況を解説し、一面に大きく掲載した。

「勝利か滅亡か　戦局はここまで来た」

「竹槍では間に合わぬ　飛行機だ、海洋航空機だ」

一九四四年二月二三日付け毎日新聞一面の解説記事を書いたのは海軍省記者クラブのキャップをしていた新名丈夫（しんみょうたけお）であり、その記事に大きくこの見出しをつけたのが、当時、整理部デスクの山本だった。折しも東條は、国民に向かって本土決戦と一億玉砕の覚悟を訴え、婦女子といえども死を決する精神的土壌を育むべしとして、竹槍訓練を展開していた。

竹槍訓練などをいくらやっても戦争には勝てない。海軍の主張する飛行機の増産が喫緊の課題だ。山本は、解説の意図を端的に表現した見出しをつけたものだが、この大見出しが東條を激怒させた。

毎日新聞を廃刊に追い込めという東條からの下命はかろうじて切り抜けたが、執筆記者はほどなく陸軍から召集がかかり、危うく死地である南方戦線に送られそうになった。それを救ったのは海軍だった。海軍が従軍記者として召集し、フィリピンに派遣したため難を逃れた。陸軍と海軍が戦局と作戦をめぐって鋭く対立しており、新聞記者も陸軍派と海軍派が互いの立場を代弁するような書きぶりで紙面を作っていた。

しかし毎日新聞は、東條からの弾圧をもろに受け、編集局次長と整理部長が引責辞任し山本は反省の意を陸軍に示すために丸坊主になった。横浜事件とともに戦時中に起きた有名な言論弾圧の「竹槍事件」は、生々しい史実として残っている。山本はほどなく地方紙に転出し、戦後、毎日新聞に戻って順調に出世し、編集局長から常務、専務を経て社長になったばかりだった。

編集局長からこれまでの経過説明を聞いた山本は、西山が外務省の極秘電信文のコピーを事務官から取得し、それをもとに解説記事を書いて紙面にしていることを知って、正当な取材活動と思っただろう。極秘電信文の内容が国民に知ってほしくないことだから国家権力は内密にしている。都合の悪いことは国民に知らせない。戦時中と同じである。竹槍事件をくぐり抜けてきた社長は、編集局長の中谷不二男に国民の知る権利と正当な取材活動への権力の介入を強くにじませる意向を示しただろう。

しかしことはそう簡単ではないと編集局幹部は考えていた。西山が入手した極秘電信文のコピーがなぜ社会党に流れたのか。ニュースソースの秘匿問題で手抜かりがなかったのか。西山が政界へ進出するという噂話は本当なのか。

その一方で沖縄返還交渉にからんだ政府の密約は、国民の知る権利から考えても許されないものであり、山本が考えているように戦時中と同じであり、戦後民主主義は何も育っていないことになる。問題の本質は、国民の知る権利を守ることにある。翌日の毎日新聞の朝刊一面は、西山の逮捕を報じる記事の横に編集局長・中谷不二男の主張が七段記事として掲載された。

「国民の「知る権利」どうなる」

「正当な取材活動」

「権力介入は言論への挑戦」

「極秘電信文の漏洩を追及する政府は、その文書を流したとの疑いで外務省職員と本紙記者を逮捕した。これは日常の記者活動の延長と考えられる行為に対する法の不当な適用と受け止めざるを得ない。政治権力の容赦ない介入であり、言論の自由に対する挑戦である」

編集局長の書き出しは、この事件は警視庁という警察権力が捜査した事件ではなく、政府が政治権力で介入したものであると激しくかみついた。さらに続けていく。

「極秘電信文の内容は、政府が沖縄返還協定の日米交渉過程で疑われていたものだ。裏取引なしと政府は強弁してきたが、それをくつがえすだけの重要な証拠である。国会で政府は一貫して密約なしとしてきたが、この電信文は国権の最高機関である国会への欺まん行為であることを証明した」

「新聞報道の立場は、たとえ外交交渉の機密といえども、その取材の自由はいささかも拘束されない。言論機関は国民の知る権利にこたえ、最大限の努力を払って知らせる義務を果たす役割を負っている。いかなる高度の国家機密といえども聖域ではあり得ない」

この後に編集局長は、西山が聖域に攻め込んで取材入手した機密文書をもとに記事を書いていることをあげたが、ニュースソースの秘匿で外務省の事務官に迷惑かけたことを率直に詫びた。さらに衆議院予算委員会で社会党の横路が追及した「極秘電信文のコピーと西山の入手したものとが同一であるかどうかは未確認であるが、もし報道のルートから離れたものであったとしたら記者のモラルに反するものであり、今後、事実関係を解明する」と結ぶ主張だった。

さらにこの日の毎日新聞三面には、アメリカでちょうど一年前に起きたベトナム戦争をめぐる秘密文書の新聞掲載で、アメリカの連邦最高裁が民主主義を保障する判決を下したことをおさらいする形で掲載した。これはアメリカのベトナム戦争との関わり合いを記録した国防総省の秘密文書を、ニューヨーク・タイムズとワシントン・ポスト紙が入手し、次々と掲載した事件だ。これに対し国防総省は、「国家機密の保持」を理由に、掲載差止めを地裁に求め、高裁を経て最終判断は連邦最高裁に持ち込まれた。

最高裁は、国民の知る権利を保障する「言論・出版の自由」を認めて司法省の訴えを却下し、両紙に掲載の継続を認めたものであった。期せずしてほぼ同じ時期に、日米で知る権利をめぐる国家権力と新聞社が対決することになったのである。アメリカは新聞社が主張する「知る権利」が国家権力を葬ったのであった。

この日の朝日、読売などほとんどの新聞もまた、歩調を合わせるように沖縄返還交渉で裏取引があったことを示す極秘電信文について改めて解説した。そしてこの電信文が漏洩したことで二人が逮捕された事実関係を報道し、このような内容を新聞が報道すること自体は国民の知る権利に照らしても問題はなかったと報じた。その点では、どの新聞も一致した見解だった。しかしこの文書が、記者から社会党に渡ったとするなら記者のモラルに反する疑いがあると問題を提起するものが多かった。

国会で取材が許される記者は、所属する報道機関から国会に届け出て了承された記者だけである。国会議員と同じように胸に国会記者章のバッジを付けていなければ、国会議事堂には出入りできない。政治部の記者は誰でも付けているが社会部記者は、国会担当が一人いる程度で、普段はほとんど国会での取材はない。

ところがそのころ欠陥車問題や公害問題など消費者運動という新しいうねりが始まり、筆者はたまたま国会論戦を取材する機会が多くなり国会記者章のバッジを常時携帯するようになっていた。国会での論戦を取材していたとき、佐藤が番記者を引き連れて国会内を移動する集団に遭遇し、番記者の一人になりすまして、官邸から国会の委員会室へと移動する佐藤のうしろをぞろぞろとくっついて歩いたこともあった。初めて身近に見た佐藤の風貌は、やはりあたりを威圧するものがあった。肉がややたるんだ端正な顔はゴルフ焼けした精悍な表情をつくり、なによりもぎょろりとした大きな眼ににらまれると足がすくむような迫力があった。

社会党は党内に「沖縄密約対策特別委員会」を設置し、記者会見で「報道関係者の取材に関し、万一、国家権力の介入があれば報道の自由に対する侵害であり、社会党としては全党をあげて断固戦う」とのコメントを発表した。参院の予算委員会では、西山逮捕をめぐる国家権力と報道の自由をめぐる論戦で、社会党などの野党側と佐藤政権が丁々発止の論戦を展開していた。

参院予算委員会が終了して佐藤が廊下に出てきた。番記者が佐藤をまん中にひとかたまりの集団をつくる。大臣室までの廊下をこの集団がかたまって移動していく。

突然、佐藤の歩みが大臣室の前まで来ると止まった。記者団の方に向きを変えると白い歯を見せてにやっと笑った。このような表情をする時は、佐藤は重要な言葉を吐くときが多い。記者団は緊張した。

「この中に毎日新聞の記者はいるかね、手をあげて」と佐藤は言った。その言い方と顔の表情からやや冗談めかしていることがわかる。記者団も柔和な表情で一斉に毎日新聞社の番記者の顔を見た。佐藤は、その記者の方に向かって言った。

「毎日新聞社の編集局長は、政府を攻撃しているな。ああいうのには付き合えないな。大体、文書が社会党に渡った経緯をわれわれも聞きたいんだ。君たちと同様、われわれにも知る権利があるんだ」

にやっと笑った。記者が訊いた。

「知る権利の侵害が問題になっていますが……」

佐藤の表情が険しくなった。

「毎日新聞の編集局長は、この間の記事の中で言論の自由に対する政府の挑戦だとはっきり言っている。そういうことで来るならおれは闘うよ」

西山が逮捕された翌日の毎日新聞の朝刊で編集局長が書いた主張を指していることは明らかだった。ぎょろ目が大きく開かれて光った。激しい言葉だった。「俺は闘うよ」という言葉が佐藤の考えを十分に表していた。法律論で闘うという意味ではない。西山が数回にわたって書いてきた沖縄返還の交渉過程の密約疑惑、佐藤への厳しい批判や毎日新聞が打ち出している早期退陣への論調などへの恨みが、この言葉の中に込められているようだった。

記者の一人が発言した。

「西山記者を逮捕しなくても、任意で調べることができたのではないですか」

佐藤は質問に一瞬、戸惑った表情を見せたが、すかさず言った。

「おれもそう思うよ。しかし、もしこれで買収とかの問題が出てきたらどうするかね。料理屋で女性と会っているというが都合悪くないかね」

そういうと佐藤は向きを変えてすたすたと大臣室へと消えていった。この発言で佐藤は新聞の論調を詳しくチェックし、逮捕された二人の取り調べの調書に眼を通しているか途中経過の報告を詳しく聞いていることがわかった。買収という言葉を初めて聞いた記者たちは、捜査の狙いを垣間見たと思った。

「料理屋で女性と会っている」。そのような言い方も国民の知る権利という本筋とは離れた観点で発言している。それまで二人の間に金銭授受があったという話は聞いたことがなかったが、これについて追跡する必要があるだろうと記者たちは思った。

夜回り取材

西山と蓮見が警視庁捜査二課に逮捕された後、各社の事件記者たちは取り調べ内容と捜査の進行を知るために精力的に夜回り取材を展開していく。事件記者は、抜かれたら抜き返せというのがこの世界の掟になっている。朝日新聞に外務省事務官の出頭を抜かれ、毎日新聞記者の西山逮捕に広がってきた。捜査途中のネタで決定的なことをまたどこかに抜かれることは絶対に許されない。特に朝日は読売にとっては宿命のライバル紙であり、朝日にまた抜かれることがあれば、自社のキャップの進退問題にまでなるだろう。事件当事者の立場に立たされた毎日新聞も同じだった。自社の有力な記者が事件の渦中に巻き込まれている。ここで他社にまた抜かれたら面目丸つぶれになる。出足で朝日新聞に特ダネで抜かれているので、新たな事実で抜き返さなければならない。

筆者は日曜版の取材を中断し、担当デスクの中澤から勧められ、社会部の遊軍席に座って事件の取材に取り組んでいた。中澤は、新聞記者の逮捕という事態を重くとらえ、この事件の真相を若い筆者に学ばせてやろうという配慮が見えた。

当時も今も同じだが、取材方法で最も有効な手段の一つが「夜回り」である。昼の役所での会見取材は、いわば公式の場であり、各社一緒に集まっての会見だから、どうしてもよそ行きの言葉のやりとりとなって、本音を聞くことはできない。それが夜回り取材になると、自宅に帰ってきたころを見計らって訪問し、上がり込んで取材をする。いわば訪問取材である。社会部記者は自由にハイヤーが使えるので効率よく動ける。一九六八年まで放映されたＮＨＫの人気ドラマ「事件記者」の冒頭場面で、新聞社の社旗を翻して颯爽と走っていく車の映像が流れていたものだったが、まさにそれを彷彿させるような取材活動であった。

訪問する相手は、部長、課長など管理職ではない。現場の中堅捜査員、階級でいえば巡査部長、警部補、警部が主な相手であり、ネタがあってもなくても定期的に通って信頼関係を作っていく。警察捜査の中身を聞くのだから、相手も守秘義務があるのでストレートに漏らすことはまずない。しかし付き合いが深くなれば、以心伝心でヒントくらいは漏らしてくれる。そのような情報を仲間の記者と集めては貼り合わせ、全体像を類推していく。それはジグソーパズルの組み立てと似ている。情報の断片はいわばピースであり、それを互いに持ち寄って貼り合わせてみると、ぼんやりと形が見えてくることがある。そこから類推したピースを求め、得られたピースを貼り合わせながらさらに取材を発展させていく。特ダネは、そのような根気強い取材活動の積み重ねから出てくるものであった。

筆者の取材方法で特異的だったのは、西山起訴後の「その後の取材」のときだが、警視庁交通部の幹部から刑事部、公安部などの中堅クラスの刑事を密かに紹介してもらうことだった。交通部長の津田武徳は、一九六九（昭和四四）年一月一八日の東大安田講堂事件のとき、現場の総括指揮官をしており、筆者はサツ回り（警察担当）記者として、現場を取材していた。あの日の安田講堂周辺の騒擾しか見ていなかったが、津田が指揮した取り締まり当局の話は、事件の全体像を把握して指揮したものであり、非常に有益で面白かった。それを聞きたくて夜回りに何度か行ったことがあった。西山起訴後のときは、捜査のやり方や刑事事件の手続きなど一般的知識として聞いただけだが、未熟な筆者に懇切丁寧に教えてくれた。

警視庁という巨大な組織で警察官という職業意識を共有している集団は、部署を越えても互いの信頼関係でつながっていることが多い。ほとんどは若い時代にどこかで一緒に同僚として働いたことがあるという。そうした関係から刑事部、公安部などの中堅クラスの管理職や捜査員を紹介してもらった。とはいっても「こういう人物が行くから宜しく」という程度であり、それで何か重要なネタをとれるほど甘くはない。雑談をしながら調べから起訴までの一般的な捜査の流れを聞いたり、誰に取材に行くといいかアドバイスをもらうことでは参考になった。しかし事件の本筋を聞き出すことは、極めて難しい取材だった。

起訴された西山が果たして有罪になるのかどうか。記者仲間でも西山と外務省の女性事務官との男女関係も絡めてよく論議されるようになる。西山が女性秘書から極秘電信文のコピーを手に入れたことは間違いないようだが、それと二人の男女関係とは別問題ではないかと思った。女性秘書といっても若い未婚の女性とはわけが違う。四一歳のれっきとした外務省の事務官であり既婚者である。しかも外務審議官の秘書という要職についている。今でいう不倫関係であったかもしれない。筆者の夜回り先でも刑事から率直な感想を聞き出そうとしたが、起訴した以上、有罪にしなければ捜査当局、特に検察の勇み足になるのではないか。何か有力な証拠を検察は持っているのではないかという推測はよく出ていた。

記者仲間で出た話題は、この事件は刑事捜査というよりも政治的思惑で動いているという分析だった。筆者はこの事件とは直接関係ない警視庁の幹部に、政治的な絡みで逮捕して調べている容疑者の調書を首相官邸まであげることがあるかどうか訊いてみたことがある。幹部は言下に「そんなことはあり得ない」と否定した。しかし、二人の調書は警察庁を通じて国家公安委員長にあがっているのは、記者の間では公然の話とされていた。

指揮権発動

西山逮捕後、果たして西山は起訴されるかどうかそれが最大の関心ごとであった。外務省女性事務官は、機密文書を漏洩した実行行為者だから国家公務員法に触れるのは明らかだが、西山が共犯者として起訴されるかどうかは、新聞記者なら当然の関心ごとだった。夜回り先で聞いた刑事たちの感想では、西山を逮捕したのは、起訴まで持っていく自信があるからだろうという一般論と、起訴猶予も視野に入れながら途中で釈放する場合もあるという意見もあった。あるとき自宅へ帰る途中、こつ然と「指揮権発動」という言葉が浮かんできた。翌日、筆者は資料部に保管されている指揮権発動についての膨大なスクラップを借り出し、必死に読み込んでいった。

指揮権発動とは、造船疑獄事件で有名になった言葉である。造船疑獄事件は、昭和二九（一九五四）年一月に表面化した造船業界と政界との構造汚職事件であった。政府が計画造船の政策を進めるために造船会社に融資したが、その見返りに運輸省や開発銀行関係者、そして政治家へ多額のリベートが流れた。

捜査したのは東京地検である。大手造船会社社長、自民党の副幹事長など国会議員を四人逮捕し、さらに政界中枢に捜査の手が回った。同年四月二〇日、最高検は収賄容疑で自民党幹事長だった佐藤栄作の逮捕許諾請求を決定した。これに対し法務大臣が指揮権発動して佐藤の逮捕を阻止した。法務大臣から検察現場への下命によるものだった。

この事件で逮捕されたものは総計七一人にのぼり、起訴されたもの三四人、政・官界に流れた資金は二億七〇〇〇万円以上とされた。戦後間もないころに勃発した汚職事件としてあまりに有名な事件だ。筆者の関心をひいたのは、造船疑獄の捜査は東京地検だが、今回は警視庁ということだった。しかしどちらも行政機関であり、政府・政権が影響力を行使できる点では同じである。造船疑獄で指揮権発動の根拠となったのは、検察庁法第一四条であった。

検察庁法第一四条（指揮監督）

法務大臣は……検察官の事務に関し、検察官を一般に指揮監督することができる。但し、個々の事件の取調又は処分については、検事総長のみを指揮することができる。

佐藤の逮捕を救ったのはこの条文であった。法務大臣から検事総長への下命によって地検の捜査がゆがめられた。今回は警視庁である。警視庁の上部に警察庁があり、それを統括している法律は警察法になる。筆者は六法全書を繰って警察法を調べていくうち、警察法第一六条の２に引っかかった。

警察法第一六条の2
警察庁長官は、国家公安委員会の管理に服し、警察庁の庁務を統括し、所部の職員を任免し、及びその服務についてこれを統督し、並びに警察庁の所掌事務について、都道府県警察を指揮監督する。

警察権力を動かせるのは国家公安委員会とその長である委員長である。その任にあるのは国務大臣・国家公安委員長の中村寅太である。中村は反主流派の三木派に所属しているが、佐藤や福田とごく親しい関係にある政治家であり、内閣改造の際にも派閥の順送り人事を無視して一本釣りで引っ張りあげられたといわれた大臣だ。そのとき筆者の頭の中に次のようなことが浮かんだ。

佐藤が国家公安委員長に下命し、西山を逮捕させたのではないか。佐藤は自分がかつて指揮権発動で救われている。それをヒントに今回は逆に佐藤がこの指揮権を発動するように国家公安委員長に仕向けて逮捕させた。今回は検察庁ではなく警察を使ったのではないか。

そのころ佐藤が番記者たちに向かって「がーんと一発やってやるか」と語ったという話が広がっていた。その場に筆者は居合わせなかったが、もし事実なら非常に気になる言い方である。本書を書くにあたって改めて調べてみたところ、そのような言葉を発したのは新聞報道にも掲載されていたから事実だが、外務審議官秘書が極秘電信文コピーの持ち出しを告白する前日になっていた。

佐藤から機密保護法という言葉が出たとき場内は一瞬、時間が止まり、次の瞬間どよめきがあがった。

参院予算委員会で極秘電信文の漏洩と二人の逮捕の妥当性をめぐって、社会党の委員との論戦の中で出てきた言葉であった。野党の民社党の議員が、事件に関連して次のように質問した。

「今回の事件を受けて、一部に機密保護法を制定するべきだという意見が出ています。総理のお考えを聞かせてください」

「佐藤内閣総理大臣」

「必要であると考えている。ただ、今回の事件と結びつけているわけではない」と短く答弁したが、これを社会党が問題視した。これは重大な「憲法体制への挑戦である」と言い始めた。

確かにこの事件が発生したあと、一般世論として政府が情報を操作して国民の知る権利が制約され、また国家権力が都合のいいように世論を誘導することもできることを印象付けた。国家権力は、やろうと思えば何でもできるのではないか。それを容易にする法体制が機密保護法だ。社会党は「総理の発言は撤回するべきだ」と迫った。これに対し佐藤は「取り消すべきすじのものではない。私の個人的な考えである」と突っぱねたが、社会党は激しく反発してきた。その言い分は以下のようなものだった。

機密保護法がない現状でも、政府の独断で機密が決められ、不当に取材の自由が制限されている。戦時中は公共の福祉の名のもとに隠れた言論弾圧が行われてきた。その反省に立って憲法は一一条で、基本的人権を次のように定めている。

「国民は、すべての基本的人権の享有を妨げられない。この憲法が国民に保障する基本的人権は、侵すことのできない永久の権利として、現在及び将来の国民に与へられる」。

これは基本的人権を永久の権利としたものだが、機密保護法は基本的権利を制限する法律である。このような法律を作ることは憲法上できないし、総理大臣という地位にある人物が個人的考えとして表明したことでも許されることではない。社会党は、佐藤の跳ね上がり発言として激しく詰め寄った。

佐藤のぎょろ目がますます凄みを増してきた。委員長席に向かって手をあげると、指名される前に発言席に立っていた。

「これは、今回の事件とは関係ない発言だ。機が熟した時に制定する必要があろうと言ったまでだ。制定するときは単独立法がよい」とそう言ったあとで佐藤はまた問題発言を行った。

「守らなければならない秘密が公になりがちな状態では、何らかの網をつくっておかなければならないものと考えている」

この発言は重大であった。「守らなければならない秘密が公になりがち」とは、この事件を意識しているから出た言葉である。国家権力が自ら秘密としたことが明らかになるような状況は、国家権力にとって、はなはだ不都合だと考えていることを問わず語りに語ったものだ。今回の事件とからめて機密保護法の制定を考えたことは明らかである。野党は足並みをそろえて佐藤の発言を追及する構えになっていった。

先輩記者の紹介で知り合った警視庁のある部の管理官の自宅に筆者が夜回りに行ったのは、西山が起訴された後だった。このとき管理官とは、夜回りで聞いた話は絶対に記事にしない約束になっていた。管理官は、夜回りに来るのを待っていた様子だった。この事件の担当外のところにいるので、情報はあまりないように思ったが、何度か取材しているうちに、相当なる関心を持っている様子だった。

「国公法の一一一条ですが」と筆者は用意してきた資料を広げて切り出した。

「職務上知ることのできた秘密を漏らすように企てたり命じたり、故意にこれを容認し、そそのかし、またはそのほう助をしたものとありますね。これを公判で立証するのは相当に難しいのではないでしょうか」

この疑問点に対し管理官は意外なことを言い出した。

「逮捕された記者と女性の事務官とは、毎日のように赤坂の何とかいう政治研究事務所で会っていたらしいですね。逮捕された記者がアメリカに出張したときには文書を郵送しているようです」

筆者は、初めて聞くことにびっくりしていた。一九七四（昭和四九）年一月三一日の一審東京地裁判決で西山が無罪になった。その判決文を読むと、西山がアメリカに出張した際に、外務省女性事務官が出張先まで文書を郵送していたことに言及していた。そのことを語っていたのだ。女性事務官が積極的に外務省の文書を持ち出して郵送することがあれば、そそのかしにあたるかどうか難しいのではないか。これを超えてそそのかしを判断するには、どうしても男女問題にひっかけざるを得なくなる。管理官はそう語りたかったのではないか。

筆者は、判決文を読んだときに初めてその意味がわかった。積極的に情報提供なり資料提供を受けても、そそのかしにはならないということではない。そのように仕向けたのは、男女間の行為があったから初めてできることであり、これこそ情がうつるというなんとも名状しがたい行為からくるものではないか。管理官はそう言いたかったのではないか。そのときの話から、西山起訴は無理だったのではないか。そこに政治的思惑が絡んだ判断があったかもしれない。それが指揮権発動につながったのではないか。そういう考えが頭をもたげ、その後も何度か記者仲間で論議したことがあった。

西山事件の起訴からしばらくして、警視庁のある幹部の部屋に行ってみたときのことだ。その部署は西山事件とは関係ない部署だが、筆者は毎日のように顔を出し、雑談をしながらさまざまな捜査テーマについて教示を受ける間柄になっていた。その日はどうしても訊いておきたいことがあった。

職員の退庁時間後の六時過ぎに顔を出すと、いつものどうぞという仕草に招かれてソファに座った。西山事件をどう見ているか。刑事部ではない、すこし離れた部署にいることから筆者は訊きやすかった。そのとき幹部は、唐突にこう言った。

「これからは何でも、内部組織から出てくる情報が大きな動きにつながる時代でしょうね。公害事件も多くは内部告発から出ていますね。このような告発の内容からどのような違法性があるのか。それを調べていく記者さんたちも大変な時代になりましたね」

当時、公害という言葉がようやく社会に定着し、企業の有害物質垂れ流しが大きな社会問題になっていた。新しい法律が施行されて取り締まりが厳しくなったが、事件になるのは企業などの組織の中からの内部告発が端緒になることがほとんどだった。具体的な事例について、その幹部と何度か意見交換したことがあった。西山逮捕事件も、いってみれば外務省の組織の内部から外部へと出ていった情報であり、それを言外に語っていると筆者は理解した。

幹部と筆者は、しばらく黙って出されたお茶を口に運んでいた。そのとき筆者は、思っていたことを行動に移すかどうか悩みに悩んでいた。スーツの右のポケットの中に、「指揮権発動　西山記者逮捕」

と原稿用紙の裏に、やや大きな文字で二行にして書いたメモを忍ばせていた。このたった二行のメモをこの幹部にぶつけて反応を見たい衝動に駆られていた。これ以上、時間はない。筆者は決心してメモを取り出し無言で指し出した。

幹部はちょっと驚いた顔をしてメモを受け取ってじっと見ていた。筆者はその表情を凝視していた。眼の動きも表情も何も変わりが見えない。わずか数秒だった。幹部は静かにメモを筆者に返してこう言った。

「情報をとるのも大事でしょうが、問題は中身でしょうか」

まったく関係ないことを言うとちらと時計を見た。次の予定の時刻が来ているという合図である。幹部はメモについては、何も言及しなかった。筆者はそそくさと礼を言って部屋を出た。記者クラブまでの庁舎の長い廊下を歩きながら筆者は、今聞いた幹部の言葉を反芻していた。「情報のとり方よりも問題は中身」。情報のとり方に違法性があるとして記者が逮捕され起訴された。しかしそれよりも重要なのは、情報、つまり極秘電信文に書かれている中身が重要だと幹部は言いたかったのではないか。

それに気づいた筆者は、警視庁の捜査の妥当性だけに気を取られていたが、あの電信文に書かれている内容こそがもっと重要なことであることを改めて思った。そして指揮権発動という言葉には、幹部は何も反応を示さなかった。しかし反応を示さなかったことが反応だったのではないかと思い直した。もし間違った見方をしていれば、彼は何か反応を示したはずだ。疑問に思えば微かに首を傾げる動作とかこの幹部独特の動作があったはずだが、まったく表情を動かさずに無言でメモを返してきた。そこに幹部のメッセージがあったのではないかと筆者は考え、このメモは妥当だったのだと確信を持つようになった。

釈　放

東京地方裁判所は、皇居前の祝田橋に面した白い建物だ。折からの雨の夜空の下で暗い影を落とす建物の五階だけが煌々と明かりがついている。西山の釈放を求める準抗告申し立て事件を担当する刑事二部の部屋である。

一九七二（昭和四七）年四月九日、日曜日であった。この日、決定が出るのは午後二時ころだろうといわれていた。それが六時を過ぎても八時を過ぎても出ない。審理が長引くのは合議体を構成している三人の裁判官の意見が合わないからだ。長引けば長引くほど、西山の身柄拘束の取り消しの可能性が高くなってくる。

筆者はこの日、夜回りに出ないで警視庁のクラブで待機していた。ときたま刑事部長や捜査二課長の部屋を訪ねて雑談を交わし、時間つぶしをしながら決定を待っていた。

社会党はじめ野党の国会議員らの主張は、西山は国民の知る権利にこたえる記者活動をしただけであり、逮捕して拘置するのは不当だとしていた。国民の知る権利をめぐって、野党と政府が鋭く対立している。送検した後に東京地裁は、一〇日間の拘置を認めていたが、これを不服として西山側が準抗告を申し立てていた。西山は調べに対し認めることは認め、しゃべることはすべて警視庁の取調官に話をしていた。釈放されても証拠隠滅の疑いはない。西山の弁護団は、一〇日間の拘置を認めたことを取り消すように準抗告の手続きをとっていた。

「九分どおり拘置取り消しはありませんな」

これが警視庁側の判断だった。この言葉は、昼食のあとで記者たちが懇談に集まってきたいわば雑談の中で漏らしたものである。余裕ある態度に記者たちも拘置取り消しはないものとして早々に予定原稿を書いている記者もいた。筆者は審理が長引くにつれて、これは拘置取り消しではないかと心の中では思い始めていた。午後八時を回ったが、警視庁刑事部の四人の課長の在席を示すランプはすべてついている。準抗告の決定を待ってみな足止めを食っていることがわかった。

突然、遠くのほうから「やったあ」と歓声があがっているのが聞こえてきた。毎日新聞社の部屋からだった。釈放が認められたのである。刑事部長の部屋はあっという間に二〇人ほどの記者でぎっしり埋まった。すでに刑事部参事官や二課長も来ている。これから三人が協議するということであり「ともかくも残念な決定になった」と言うだけであり、ショックを隠し切れない様子だった。

西山釈放を受けて東京・竹橋の毎日新聞本社は、記者会見用に二階の大きな会議室を準備していた。夜中だというのに一〇〇人を超える大勢の記者とカメラマンが詰めかけ異様な熱気に包まれている。筆者は、会場に駆けつけるといちばん前の席に座った。

入手した極秘電信文をどのように紙面化したのか。なぜ社会党に渡ったのか。その経緯を、釈放された西山から直接、聞き出す絶好の機会だと会見に期待をかけていた。会見には編集局長と政治部長が付き添うように同席した。まず西山が「私の基本的な考え方を述べたい」と前置きして大略、次のようなことを語った。

「関係者にご迷惑をかけたことを深くお詫びする。私は新聞記者として言論の自由を守る権利を行使したことでは、何ら恥ずることはなかった。私は国益と記者としてのいわゆる取材のぎりぎりの調和点を私なりに追求した。しかし結果的に外務省の蓮見事務官に迷惑をかけたことを残念に思う。この事件を機会にわれわれは国民の知る権利を守ることを再認識しなければならない」

会見場の雰囲気は、どこか普段の雰囲気とは違っていた。新聞記者を新聞記者が会見する。しかも取材したことが法に触れたとして逮捕され、国民の知る権利と取材方法をめぐって国論を二分している。しかし西山の見解を聞いたところで朝刊の締め切り間際になり、記者たちは駆け込みで原稿を送らなければならない。質疑応答の時間はないまま、翌日に再度会見を行うということでその日は終了した。

翌日の四月一〇日午後一〇時半から、釈放後二回目の会見が行われた。冒頭、西山は再び基本的考えを次のように述べた。

「政府が設定する秘密を明らかにするのが新聞記者の仕事だ。取材活動を規制すれば政府の都合のいいことだけが世間に知らされ、都合の悪いことは隠蔽され、民主主義の基本が遮断されてしまう。取材方法では、相手の同意を得て秘密とされる情報を受け取ったが、社会的通念もあるので、批判は甘受する。沖縄返還交渉に疑問をもち、国民の利益とニュース・ソースの秘匿の両面を考慮に入れながら紙面に取り上げてきた。日米の政治関係なども考慮し、三月一五日の批准までは、すべてを公表することを控えてきた。しかしぎりぎりになって何らかの形で密約問題を明らかにするためには国会の予算委員会で取り上げてもらい、それをニュースとして政府の姿勢をただすという方法を取った。社会党に提供したということではなく、予算委員会で取り上げてもらうという点を重視した」

これに続いて質疑応答が行われた。まずなぜ社会党に秘密電信文のコピーが渡ったのか、社会党との関係を訊く質問が続いた。これに対し西山は、政治部記者として社会党を担当したことはなく、一度だけ会ったことがある横路代議士に対し同僚記者を通じて渡したと回答した。

「極秘電信文のネタを、紙面を通じて報道したことはなかったのか」と質問が出た。これに対し西山は「この問題については、昨年（一九七一年）六月一八日付け解説で書いています。しかし政府はその後も密約を隠してきており、これは国民に知らせるために国会で問題を提起すべきと思い、予算委員会の場を選んでただすことにしました」

さらに自民党筋からしきりに流されていた大平派との関係が訊かれたが、西山はきっぱりと否定した。会見の質疑のやりとりは記憶が曖昧になっていたため、今回、改めて政界進出のことなどについて西山に取材した。彼は次のように語っている。

「私は政治部に配属になってからずっと、大平派の担当になったが、ほかにも多くの政治家から取材する立場だった。これはどの派閥担当になっても同じような立場で取材することであり、担当が大平派であろうとなかろうと同じである。政治家の道に進むことはまったく考えたことはないし発言したこともない」

また政界進出のために多額の預金があったとの噂についてはこう語った。

「実家の母親が、家作の家賃を息子のために貯めて、時々送ってきてくれた。それを貯めていずれ家でも買えということだった」

参院予算委員会は、西山の釈放を受けて「国民の知る権利」をテーマに引き続き論戦が展開されていた。西山の釈放について社会党の議員から感想を求められた佐藤は、「その件は、国家公安委員長が答える」と言って国家公安委員長に答弁を振った。

「政府は、今回の西山記者の逮捕は、同記者の取材の手段、方法は法を逸脱しているとの観点に立っている。一般の記者の取材と警察は見ていない」

この答弁を知った筆者は、夜回りで聞いた警視庁警事の言葉を思い出していた。警事は、外務省の女性事務官がたびたび資料を持ちだして西山に手渡し、アメリカの取材先にまで二回、送っていた事実を語った。そそのかしではなく積極的に手渡していたのではないか。その疑問を払うように警事は暗に、男女間の行為があることでそそのかしになっていくことを示唆したように思った。

「取材の手段・方法は、法を逸脱している」という言葉は、警察当局がそそのかしの立証で焦点を当てているのは、男女問題であることを指していた。

その直後のやりとりだった。社会党の別の議員が佐藤に次のように質した。

「総理は、秘密保護法の制定について先に発言している。これは世論操作の進軍ラッパではないですか。秘密保護法を制定するという発言の撤回を求める」

「佐藤内閣総理大臣」

「進軍ラッパではありません。私が平素考えていることが、やりとりの中で偶然出てきたものであります」

社会党委員はさらに食い下がった。

「それは世論の誘導です。知らしむべからずという権力主義の発想であります。総理、発言を撤回してください」

「佐藤内閣総理大臣」

「具体化している話ではないので撤回するしないはどうかと思います。しかし誤解があるなら撤回することもやぶさかではない。発言が慎重でなければならないという意味で慎重であるべきだったと思います」

委員会室にほほーという声が上がった。この発言は、事実上、撤回したことになる。まだ夕刊の締め切りに間に合う。記者席にいた各社の記者が原稿を送るため、あわただしく委員会室を出ていった。

「佐藤総理、機密保護法制定発言を事実上撤回」

そのような見出しで参院予算委員会の論戦が報道された。その後佐藤は、衆議院連合審査会で機密保護法の制定について「その意志はないとはっきり申し上げる」と発言し、公式に制定発言を撤回した。

委員会が終了して佐藤が廊下に出てくるところを記者たちが待ち構えていた。佐藤を囲んだ一団が院内の総理大臣室に向かって移動を始めた。記者が声を出した。

「西山記者が釈放されましたが、総理はどう思いますか」

総理の歩みが止まり、取り囲んだ集合体も止まった。佐藤の表情は意外と柔和に見えた。

「よかったね。君たちは喜んでいるんじゃないか」

一人の記者が大きな声で問いかけた。

「総理はどう思いますか」

「もういいんじゃないか。調べは済んだんだろう」

別の質問が飛んだ。

「機密保護法の総理の発言には、福田外相や田中通産相もだいぶ批判的に応じていますが」

佐藤のぎょろ目が質問の記者を探すように集団を見た。外相の福田も通産相の田中も、佐藤の後継候補として取りざたされている有力閣僚である。その身内から批判のコメントが出てきたという質問である。

しかし佐藤の言い方は意外とあっさりしているので拍子抜けした。

「それはそうだろう。まだ決まっているわけじゃないからな」

佐藤の視線が遠いところを見るようさまよっているように見えた。記者が訊いた。

「西山記者の釈放で事件の性格が変わったように思いますが、総理はどう思いますか」

浅黒いぎょろ目がいい放った。

「そんなことはない」

記者はさらに続けた。

「警視庁や検察庁は不満のようですが」

「それはどうかね。君たちはすぐ総理が不満だとか書くからね。私の気持ちを理解している記者はいないな……」

何か続けて言い足そうとするように見えたが、言葉をのみこんだ佐藤はくるりと体の向きを変えて院内の総理大臣室に向かっていった。

起　訴

一九七二（昭和四七）年四月一五日の朝、司法記者クラブの会見室は、異様な雰囲気に包まれていた。午前九時に東京地検がこの事件の起訴を発表することになっていた。

東京地検特捜部長が、開始時間きっかりに会見場に現れ、同時に起訴状を印刷した文書が詰めかけていた記者に配布された。これに先立ち午前七時に、逮捕された外務省の女性事務官は、警視庁から釈放されていた。

特捜部長はまず「蓮見喜久子を国家公務員法第一〇〇条違反で、西山太吉を同一一一条違反で起訴した」と骨子を読み上げると、起訴に至った根拠が時系列にしたがって書かれた起訴状をよどみなく読んでいった。

事務官から記者に手渡されたいきさつについては、「西山は蓮見とひそかに情を通じ、これを利用して蓮見をして安川審議官に回付される外交関係秘密文書ないしその写しを持ち出させて記事の取材をしようと企てた」とし、さらに次のような文言を続けた。

「……東京都渋谷区内のホテルに誘って情を通じたあげく、〝取材に困っている。助けると思って安川審議官のところにくる書類を見せてくれ。君や外務省に絶対に迷惑をかけない。特に沖縄関係の秘密文書を頼む〟などとしつように申し迫った」

起訴状では、このような西山の「申し迫り」「申し向け」がそそのかしに当たるとし、その前提に

「情を通じた」ことを主張していた。「ひそかに情を通じ、これを利用して」というくだりを読み上げたとき、記者の中で小さな失笑が漏れた。記者たちは配布された起訴状をすばやく黙読していたので、その部分が来ることを待っていた。

起訴状では、極秘電信文に書かれている密約の真偽については一切触れられず、この密約に関することは放置された結果となった。ただひたすら外務省の女性事務官と新聞記者が「情を通じ、極秘電信文が漏洩された」ことだけが強調され、沖縄返還をめぐる日米交渉の密約問題は結局解明されないまま起訴されたことになる。

政府は国民に対し、密約はないと嘘を語ってきたのではないか。その嘘を国民に知らせようとした記者の取材活動は、刑罰によって阻止されることになる。国公法一一一条でいう「そそのかし」という行為の処罰の規定がどこにあるのだろうか。市民のモラルから外れた行為であっても、相手との合意によって自由に取材できたことも刑罰の制裁をうけるとしたら、夜回りの取材で入手したネタを原稿に書いて掲載すると、情報を漏らしたと断定された刑事とその情報を取得した記者は、同じように逮捕されることになる。

司法記者クラブの担当記者は、あわただしく夕刊の原稿を送っていた。締め切りぎりぎりの発表であり、原稿用紙に書く時間がほとんどなく、手元にある資料と会見のメモを見ながら頭の中で原稿文を考えながら、電話口で読み上げていた。

筆者は発表された起訴状を読みながら、西山が有罪になることはあり得ないと考えていた。しかしその一方で、当時、東北大名誉教授で金沢大学学長を務めていた民法の大家、中川善之助の言葉をにわかに思い出していた。中川は特に家族法の権威であり民法学の大御所として知られていた。東北大学法学部出身の友人を通じて中川と知り合った筆者は、読売新聞日曜版の「私のドラマ」という一ページ特集に登場してもらうために、カメラマンと一緒に金沢大学まで出張し、長時間のインタビュー取材をしており、原稿を書き始めていたところだった。

インタビューで中川は、日本の裁判の諸問題を語ったとき、日本は地裁・高裁・最高裁の三審制度になっており、一審判決が確定するとは限らない。最高裁で確定するまで司法の判断は固まらない、という話をしていた。一九七一（昭和四六）年六月三〇日、イタイイタイ病の一審判決で富山地裁は、原告側の主張を認め、イタイイタイ病は鉱山から垂れ流されたカドミウムが主因であると判断し、原告の肉体的および精神的苦痛の甚大さを認めて、被告企業に損害賠償金の支払いを命じた。公害裁判の走りであり、新聞はどこも大扱いで報道した。

このとき地元記者から感想を求められた中川は、「一審では確定したわけではないので、裁判所の判断はまだ断定できない」という三審論を語った。それが一審判決を批判するかのように受け止められた。公害裁判の原告側主張を認めたくない発言ととらえられ、メディアから一斉に批判を浴びた。このとき筆者は中川の真意が伝わっていないのではないかと考え、すぐに中川に電話で確かめた。案の定、一審で「勝った、勝った」と騒いでも確定したものではないという意味を語ったことが「舌禍事件」のような扱い方をされ心外であるということを語った。

筆者は予定どおり、中川の人生を語った「私のドラマ」を書き上げてデスクに提稿したが、中川の騒ぎが落ち着くまでこの原稿はしばらく預かりとなった。別の人物の掲載が続き、筆者はホンダ創業者の本田宗一郎、日本のロケット開発の創始者である糸川英夫などを執筆したが、中川の原稿が掲載されないうちに「私のドラマ」そのものが打ち切られ結局、この原稿は日の目を見なかった。しかし、中川が語った三審制度はずっと筆者の心に残っていた。果せるかな、西山事件は一審で無罪となったが、二審の東京高裁で逆転有罪となり、最高裁で有罪が確定した。

毎日新聞の「おわび」

西山が起訴された四月一五日の新聞各社の夕刊紙面は、訴因にある「密かに情を通じ」が「そそのかし」にあたり、国公法第一一一条違反で起訴されたことを解説付けで報道した。この事件は、沖縄返還交渉の経過の中で、国会に報告されていない秘密交渉や密約があったかどうかが第一の問題になっていたはずだが、途中で西山の取材方法という記者のモラルのあり方に焦点が移され、外務省の女性事務官と取材記者の男女関係だけが大きな関心ごとになっていった。

警視庁記者クラブの読売新聞のブースで毎日新聞の夕刊紙面を見ていた筆者は、読むうちに言い知れない憤懣が湧き出てくるのを抑えることができなかった。東京地検が起訴した訴因は、大別すると二点に論点が絞られた。第一は、西山が事務官の蓮見から提供された電子文のコピーが国公法でいう「秘密」となるかどうか。第二は、西山の取材方法が国公法一一一条でいう「そそのかし」にあたるのかどうかである。この裁判はどう見ても西山の勝ちだと筆者は改めて思った。夜回り取材で得た第一線の刑事たちからは、国公法一一一条でいうそそのかしを適用して起訴するのは無理ではないかという感触だった。一方で、事実関係は別として、起訴することは決まっているような言い方をする刑事もいた。しかし裁判になれば訴因の適否の争いになる。外務省は国会で、電信文にある内容は、交渉の途中経過であり機密に値するものではないと主張した。もしそうなら機密でないものを外部に漏らしたことになり、国公法で縛っている漏洩にはあたらないことになる。

問題は取材方法であった。そそのかしの理由に検察側は「西山は蓮見と密かに情を通じ、これを利用して秘密文書を持ち出させた」とする取材方法が、国公法一一一条違反としたことにあった。これがもし認められて処罰されるようなら法をねじ曲げるものであり、当局は到底勝ち目はないだろうと思った。東京地検は、秘密文書が社会党に提供されたルートについては解明できなかったとし、東京地検検事正の神谷尚男（かみやひさお）は、記者会見の最後に「捜査はすべて終了した」との言葉で締めくくっていた。

そこまで読んだあと、筆者の眼は紙面の真ん中の「見解とおわび」とした五段抜きの囲み記事に吸い寄せられていった。

毎日新聞「見解とおわび」（要旨）

新聞記者の取材活動は国民の知る権利に基づくものであり、国公法一一一条による逮捕は不当である。沖縄返還の報道は、新聞社として当然やるべきことであり、その事実を明らかにしようとした新聞記者が罪に問われることは、知る権利に対する重大な侵害だ。

しかし西山記者は、取材にあたっては動議的に遺憾の点があった。西山と女性事務官との個人的関係を捜査の段階で初めて知った。西山と女性事務官の関係をもって、知る権利の基本であるニュース取材に制限を加えたり、新聞の自由を束縛するような意図があれば問題のすり替えだ。われわれは西山記者の私行についておわびするとともに、問題の本質を見失うことなく主張するべきは主張する態度にかわりはない。

新聞社、新聞記者にとってニュースソースを秘匿することは、絶対的な鉄則だ。西山はニュースソースを秘匿しつつも、事実を明らかにすることを意図していながらも、原資料そのものを第三者に提供したことが結果的にニュースソースを明らかにした。その点は新聞記者のモラルから逸脱したものである。これが西山の個人的行為であったとはいえ、外務省の事務官に多大な迷惑をかけたことを深くお詫びし、誠意をもって処する考えだ。責任を感じて一五日に次の処置を取った。

代表取締役専務・編集主幹・斎藤栄一　東京本社編集局長事務取扱

取締役・東京本社編集局長・中谷不二男　取締役・社長室担当

東京本社政治部員　西山太吉　休職

何度も繰り返して読んだ筆者は、これは一体どのような意図で書かれたものか理解できなかった。冒頭から最初の段落では、西山逮捕・起訴は不当であると主張しているが、突然、西山の取材方法は道義的に遺憾な点があったとし、西山が蓮見との男女関係にあったことをおわびしている。そう記述しながら二人の男女関係をもって「取材に制限を加えたり、新聞の自由を束縛するような意図があれば問題のすり替えだ」と記述している。

筆者は読むうちに、本質のすり替えをしているのは、むしろ毎日新聞ではないかと思った。取材に制限を加え、新聞の自由を束縛するために西山を逮捕して起訴したのである。

最後に「責任を感じて次の措置を取った」として代表取締役編集主幹、取締役編集局長の二人を降格させ、西山を休職とした人事を発表している。これは、当局に対し白旗をあげたものである。

筆者は、他社の記者がこの事件をどのように見ているか訊いてみることにした。朝日新聞社会部の坊園茂（ぼうぞのしげる）と夜遅く飲み屋で会ったのは、西山が起訴されて間もない時期であった。筆者と坊園は、それぞれ違う大学に通学していたが不思議な縁で昵懇（じっこん）の間柄になっていた。学生時代に筆者の友人を介して付き合いが始まり、二人は偶然に読売と朝日の記者になった。入社後、いずれも社会部へ配属になり、サツ回りで行った先が同じ警視庁第八方面本部の武蔵野署の記者クラブになったのも偶然だった。その直後に東京・府中市で三億円強奪事件が勃発し、昼夜を問わない熾烈な取材合戦でしのぎを削った仲だった。偶然の重なりに二人は意気投合し、他人には相談できない私的なことで、互いに自宅を訪問したり個人的に相談相手になる仲になっていた。サツ回りから筆者は遊軍担当を経て警視庁記者クラブへ異動し、坊園は警察庁記者クラブ担当になっていた。

「この事件は複雑怪奇に出来上がっているな」

二人の意見は、最初からこのような言い出しで始まった。テーブルにあるコースターの裏をひっくり返して筆者は走り書きした。

起訴状の訴因
機密電信文の真偽
新聞記者のモラル

国民の知る権利

政争の具

坊園は「機密電信文の真偽」をボールペンで囲んで言った。

「これがまったく置き去りになっているが、ここでいちばん重要なことはこの真偽ではないのかね。政府は、密約はなかったの一点張りだが、電信文は交渉の途中経過だったというだけで、電信文のようなことはなかったとする証拠は何もあげていない」

これは途中経過であり機密でないなら、国公法違反を適用する理由がないのではないか。しかし国会での野党も新聞もそのことで追及する気配はまったくなくなっていた。筆者が言った。

「確かにそうだな。国会論戦を見ていても、言葉だけで密約はなかったの一点張りだ。途中経過の電信文というだけで、重要なことは電話で報告したから文書には残っていないと言っている。これはどう見てもおかしい」

「西山記者を起訴した訴因が、密かに情を通じこれを利用して……とあるが、笑っちゃうよな。これが国公法違反だというが、それじゃおれたちが日常的にやっている夜回り取材こそ、国公法違反の最たるものじゃないのかね。おれたちは肉体的な情は通じていないが、刑事（デカ）さんとは信頼関係という心情で通じているよな」

二人は声をあげて笑った。

「佐藤は新聞記者のモラルとか言っているが、モラルの問題で逮捕（パク）ることができるのかね」

二人はしばらく、この事件の輪郭を語り合った。逮捕劇は上からの指示できたとしか考えられない。

そこまでの思考過程で重要なポイントになったのは、漏洩した文書が政争の具として国会論争に利用されたのではないかという点だった。佐藤が語っている政争の具とは、機密電信文が西山から同僚記者を介して社会党に流れたことが、佐藤退陣のきっかけに利用されようとしたと佐藤は思い込んだのではないか。

「今度の事件は言って見れば佐藤の陰謀だと思うな。大体において、機密文書を社会党に流したとか女をそそのかしたとか、女と男の関係があったとかそういうことばかり言っている。これは本質的なことじゃないんだ。要するに公務員でもない新聞記者を国公法違反で逮捕したこと自体が法的に妥当だったかどうかという問題だと思う。もちろん、その裏には国民の知る権利とか表現の自由という憲法で保障された権利があるから、それをきちんと総括していくことが本筋ではないかな。政治部の記者に訊くと、夜回りに行っても西山が大平派から出馬するのかどうかとか、社会党にコピーが流れた経緯とかそればかりが話題になっているそうだ。法的な検証なんて何も出てきていないんだよ。そうだよな」

筆者の問いかけに坊園が応じた。

「確かに政界といっても自民党だが、関心は西山の政治的な動きに興味があり、佐藤派を筆頭とする主流派と反主流派では温度差があるそうだ。西山逮捕は刑事事件として逮捕されたのではなく、もっと深い政治的な思惑を秘めて逮捕されたんだと思うな。政治家の話題が国公法違反の是非ではなく、社会党に流れたいきさつとか記者のモラルとか男女間の話とかにどんどん転化して、低次元になっているような気がする」

そのあと二人は、いつものように個人的な悩み事でしばらく語り合い、別れ際に坊園が言った。

「警察（サツ）は、上から降ってきた命令は何でもやるのがオキテだな。たとえシロでも上からクロと言われればそうなるし、軍隊と同じだよ」

筆者が次に連絡を取って意見を聞いたのは、土屋達彦だった。東大安田講堂事件の現場で知り合い、過激派学生の反対運動の現場で再会し、一緒に「インターナショナル」を歌った記者である。毎日新聞外信部にいた大森実は、アメリカの北爆下のハノイに一番乗りし「泥と炎のインドシナ」のスクープ記事を送って衝撃を与えたが、この記事でライシャワー駐日アメリカ大使の抗議を受けたことから同社を退社して「東京オブザーバー」紙を創刊した。そこで記者をしていた土屋は、産経新聞社会部に転じたところまで聞いていたが、その後のことも聞いてみたかった。土屋が切り出した。

「最初は政治的な関心が先行し、次に男女関係に移り、それからやっと一一条のそのかしの法的根拠と立証の話になってきたように感じている。つまり順序が逆なんだよ。最初から法律に照らしておかしいとなったのではなく、政治的な関心と男女問題を根拠にして罰則できないかと逆走したんだ」

筆者が応じた。

「要するに佐藤が日ごろわれわれメディアに抱いていた憤懣を、西山逮捕によって一挙に晴らしたと言ってもいいと思う。去年七月の内閣改造からこれまで一年足らずの間に四人の大臣の首を切ったが、そのうち二人はメディアに切られたようなもんなんだ。こうした一連の政治的進行と合わせ、うちでも朝日、毎日でも日を追って反佐藤的な原稿がよく出た。これは何も故意に出したわけではなく、弱体化した内閣とリーダーシップを失ってきた総理に対する国民世論の叱正だと思う」

確かに警察は、西山と女性事務官の関係ばかりいやに強調するようになり、問題の本質を低次元な男女関係にすり替えようとしているように見えた。佐藤に政争の具だと開き直らせているいちばんの根源は、あの文書が社会党に流れていったことだった。そのことで二人は長いこと語り合った。

もともと報道する目的で入手した文書をなぜ野党に流すことができるのか。なぜあれをもとに堂々と原稿として書かなかったのか。ここがいちばん重要な問題じゃないか。だから女性事務官との男女関係が強調され、結果的に彼女をだましたとかそそのかしたと言われてしまう。しかし、あの電信文をストレートで原稿にするのはやりにくいんじゃないか。社会党に流し、国会という国権の最高機関の場で公表させ、それをニュースとして扱ってもかまわんじゃないか。国民の知る権利を実現する一つの方法ではないか。

筆者が言った。

「確かに似たようなことはやっているよな。社会部なんかよく野党に、ある問題を提供し、国会でとり上げさせるとき、それを予告原稿で書いてるじゃないか。新聞はな、とりあげるべきニュースはある程度の客観性が必要なんだ。その客観性を場合によっては新聞記者がいろいろと工作して作り上げる。そういう行為があったとしても国民の知る権利、ひいては国民の利益につながることなら許されてしかるべきだし、現にそういうことをやっているんだ」

土屋が応じた。

「よく事件の反響などで評論家や有名人の談話をとって載せるが、あれだってより客観性を出すための演出だと言ってもいい。おれたちだって、ストレートで原稿にできないようなネタは、よく警察にタレこんで格好だけ捜査をやらせるように工作して書いているじゃないか。そういうことが結果的にはニュースソースの秘匿にもなっているんだ。それと同じだよ」

初めは、記者が足でかせいだ話を事実のまま記事として取り上げていくが、そういう問題をより大きな社会問題として認識させるため、時には新聞社が積極的に国会で取り上げるように働きかけるケースがあった。記者たちは、そういう行為を「持ち込みネタ」と呼んでいた。

働きかける相手は問題の性質上、大抵は野党になる。特に一社だけが独走してキャンペーンを始めた場合は、国会という公けの場で改めて問題にされることによって、それまで黙殺してきた他社も取り上げざるを得なくなる。つまり、ニュースとしてはそれまで一社だけだった主観性から、複数のメディアが追いかけることによって客観性に転換される。

しかしこれは何も、新聞社の独善性が功を奏したということではない。新聞社からの働きかけに野党が乗ったのは、つまり国会の場で取り上げるべき価値を認めたからであり、またそういう行為が国民の利益につながっていると認識するからである。そういう判断こそが客観性を持っていることの裏打ちにもなっていた。また刑事事件でも同じような状況がたびたびあった。

たとえば、銀行とかデパートといった信用を第一にしているような企業で、横領事件があったり詐欺の被害者になっているような不祥事があったとする。この種の企業はたいてい信用失墜を恐れて事件を隠そうとする。しかしそういうときに限って新聞社にタレコミがくる場合が多い。

新聞記者が、タレコミが事実であるかどうか内偵したとしよう。調べた結果事実であることに間違いないことがわかったとする。その時点でもまだ新聞は記事にはできない。なぜなら新聞社や新聞記者には捜査権がないから、最終的に、企業側から「そういう不祥事はありません」と否定された場合は手も足も出ないからである。事実、そういう言い逃れで記事にできないことがこの世の中にいくつもあった。そんな時は例外なく警察にその話を持ち込む。そして警察が内偵に乗り出した時点で記事にするのである。「警察がこれこれの疑いを持って捜査に乗り出した」という報道は、まぎれもない事実の報道だからである。

二人の話題は際限なく広がっていったが、この事件は最後まで報道の自由、知る権利をタテに政権と闘うべきであり、西山の不当逮捕として闘うべきだったとする意見に集約されていった。不当逮捕であるからこそ、調べの途中で裁判所は保釈を認めたのだ。検察庁をして「保釈となって、機密電信文の流れまで解明することは不可能になったので事件捜査に終止符を打った」と言明させたのは、国家の立場を都合よく語った言葉であり、これこそメディアが追及するべきことだったのだ。

メディアの敗北

朝日新聞のスクープ「外務省機密電信文持ち出しは女性事務職員」から始まった西山記者逮捕事件は、報道の自由、国民の知る権利を主張するメディアが、連日、キャンペーンを展開し、一面から社会面までこのテーマで埋め尽くす騒ぎに発展した。折しもアメリカでベトナム戦争をめぐる秘密報告書が暴露されて新聞に掲載され、それを差し止めようとした政府当局が敗ける事件があり、それと対比させる形で報道する紙面も出てきた。アメリカでは、秘密文書を持ち出した元国防長官補佐官も逮捕されたがすぐに保釈され、掲載差し止めも身柄拘束もすべて政府側が敗け、メディア側の完全勝利となったことと西山事件を比べて報道することになる。

国会でもこの問題で自民党と野党が激しく対立し、沖縄返還の密約は国民に知る権利があり、取材の自由があるとして、西山逮捕は不当であるという紙面で埋め尽くされていった。西山逮捕から五日目の四月八日の主要紙の朝・夕刊に掲載された主なニュースの見出しだけを拾い出してみると次のようになる。

北海道新聞　記者の逮捕は違法　虚偽の答弁許されぬ
同　「逮捕」は本質すりかえ　国益に反する秘密が問題
読売新聞　「知る権利」守り抜く　違法な政治逮捕
同　断じて譲れない　前提に取材の自由
東京新聞　報道の自由対決強まる　秘密暴露こそ国益
同　危険な権力の介入　許せぬ〝強権発動〟
日本経済新聞　野党、機密外交を鋭く追及　首相答弁「機密保護法」必要は持論
同　社説「極秘電報漏洩問題と新聞の立場」
毎日新聞　取り戻せ〝知る権利〟市民が体験的証言
同　「報道の自由守れ」全国に運動広がる
サンケイ新聞　秘密保護法は必要・首相答弁　〝世論に逆行を追及〟
同　「言論の自由」町へ　擁護訴え都心でビラ配り

朝日新聞　　記者逮捕・人権侵害の疑い　東京の二弁護士会が調査へ
同　　「報道の自由」「知る権利」を擁護　野党、政府追及強める構え

閣内からも西山逮捕を疑問視する声が出てきた。農林大臣の赤城宗徳は、四月七日の閣議後の記者会見で西山逮捕に関する質問に答えて「（警察のやり方に）賛成なら話せるが、私は批判的なので多くを言えない」と言ったあと要旨次のように語った。

「新聞記者のモラルの問題を刑罰に付そうとしているのは問題だ。モラルを法律と混同して間違えている。また公務員の資格のないものまで国家公務員法を適用して逮捕したのはどうかと思う。国家公務員法違反と報道の自由ははっきり分離して考えなくてはならない。社会党の横路代議士が、犯罪ではないが、犯罪的資料をもって国会で質問することとは別問題だ。記者が機密を取材するのは当然だ」

このコメントは純粋な法律論としても的を得た見解であるが、佐藤が高姿勢で西山逮捕を主導したといわれていたことを批判したものと受け止められた。さらに法務大臣の前尾繁三郎（まえおしげさぶろう）も閣議後の記者会見で要旨次のように語った。

「この事件は、司法権の問題で行政府の問題ではない。国家公務員法一一一条にいう教唆があったかどうかが問題だ。新聞に載せたとか載せないとかは問題ではない。佐藤首相の思い過ぎではないか。行政組織において秩序を守ることと言論問題とは別だ。今度の問題は、公務員が秘密を守る義務に対し、第三者が法律を犯したということだ」

このコメントも国公法が適用されて一般人が逮捕されたことを疑問視したものであり、国会の質疑や

番記者と交わした佐藤の言動を批判する言葉としてメディアが取り上げた。

改めてこの事件を整理してみると、第一に西山が外務省事務官から情報を入手して、何も書かなかったというのは事実に反することである。「記事にもしないで」と佐藤も語ったと伝えられているが、西山は返還協定調印の翌日の一九七一（昭和四八）年六月一八日に、毎日新聞に署名記事を書いている。極秘電信文に書かれていることを、数字を入れて克明に解説したもので、これに関わった外務省の高官はこれを読んで肝をつぶしたに違いない。

さらにこの記事をヒントに、独自に取材・調査した社会党の横路が年末の衆院・連合調査会と沖特委でこの事実について追及している。政府答弁はことごとく「密約などまったくなかった」という嘘の答弁の連発だった。

年を越えた三月の予算委員会での大詰めの質疑では、西山から提供された極秘電信文コピーをもとに追及されて外務省はその事実を認めたが、書いてあることは密約ではなく交渉の途中経過であり、アメリカに代わって賠償金を支払うことはなかったとの言い分で通した。

こうした政府側答弁は後年すべて嘘だったことがわかったが、事件勃発とともに国会では大問題になり、刑事事件に発展した。

「知る権利」「報道の自由」を主張するメディアのキャンペーンが展開され、密約があれば国民の知る権利が優先するのは当然であり、国家公務員でもない西山は不当に逮捕されたという意見が大勢を占めるようになる。逮捕した根拠が国家公務員法でいう教唆であり、無理やり身柄を拘束したという印象を国民の多くが持ったことは間違いなかった。筆者が取材現場で感じた国民感情はそうだった。

日本新聞協会は四月七日に同協会編集委員会（日刊新聞四〇社、放送三社の編集・報道局長の会議）を開いて見解を発表した。その内容は翌日八日付けの各紙に掲載された。その要旨は次のとおりだった。

①国家公務員法の拡大解釈によって取材活動を制限する恐れが出ていることは遺憾である。

②取材活動の自由は憲法で保障された「言論・報道の自由」の核心をなすものであり民主主義社会の重要な基盤である。

③言論・報道の自由はそれぞれの報道機関を通じて実現するべきであり、取材源の秘匿と保護には最大限の配慮を払うべきことはいうまでもない。

④国民の信頼にこたえ報道機関に課せられた社会的責任を果たすため，言論・報道の自由の確立にいっそう努力をする決意である。

この見解の③については、その時点で未確定の要素があったものの毎日新聞と西山に向けて出したものだった。

新聞が一大キャンペーンを展開しているとき、首相官邸の佐藤とその周辺はどのようになっていたのか。佐藤日記と首席秘書官楠田實日記には驚くほど「平穏」な日常がつづられている。四月七日の楠田日記には、新聞協会で各社の編集局長会議があったことが書かれている。楠田は同協会事務局長の江尻進（元共同通信論説委員）から同協会編集委員会の様子を聞いたことが書かれている。

①昨日の編集委員会では、毎日新聞に対する批判的空気が強く、毎日新聞の態度を支持する声はあまり聞かれなかったが議論沸騰した。

②会議の見解では「取材活動をもっと責任をもって自制する」という点を強調すべきであったと思うが、各社の編集局長は労組などの社内に対する顧慮があり、結果的にあのような内容になったと思う。

③「新聞倫理綱領」は協会が自主的に決めた規定であり、これを外部から批判するのは自由である。

④見解は、理事長の了承を得て発表した形をとっているが、理事会は開かれておらず、山田編集部長から白石会長（京都新聞）、に電話で報告したにすぎない。この点は八日の緊急理事会で（事務局長から）叱っておくつもりだ。

これは、事務局長から聞いたことをまとめて書いたものであり、この時点ですでに毎日新聞に対する各社の反応から、現場で取材する記者の意識と編集記者たちとの感覚にズレが出てきていたことが見えている。経営者側の立場は、紙面のキャンペーンにそろそろブレーキをかけたいという気持ちが出始めていることが、労働組合に対して配慮するために見解の内容を吟味したことからうかがわれる。各社労組の集まりの新聞労連は、革新系の理論的左派として知られていた。西山逮捕が伝わったときにも、毎日新聞労組の幹部や編集局の記者らが役員室に押しかけ、不当逮捕だとして編集局長らに事情説明を求めたという報道もあった。

連日、国会で野党と激しくやり合っていた官邸の様子はどうだったのか。四月八日の佐藤日記の前半は、中曽根康弘が来訪して中国問題を話し合い、江鬮のことが話題になったことを書いている。国会の様子は、野党議員の名前を四人あげただけであり、後半に「新聞報道の自由と西山君を即時釈放すべしと各党迫る。段々中身が明かになりつつあり、西山君と蓮見事務官との男女関係や、大平派と西山君の関係も噂にあがる」と書いている。佐藤の興味は、知る権利や報道の自由よりも、男女と政治関係だったことがここでもわかる。

四月八日の夜、西山の弁護人が西山の拘置決定を取り消す準抗告を東京地裁に求めており、九日は日曜日だが朝から準抗告の審理が行われることになった。もしかすると拘置決定が取り消され、西山が釈放されるかもしれない。報道機関はそれに備えて、午前中から緊迫した空気になっていた。

佐藤はいつもの日曜日のように鎌倉の別邸に移り、雨模様の中でゴルフコースに出ている。一〇日から国会論戦も峠を越えたようで、佐藤日記には西山が釈放されたので「変化があり」とし、国会で「余り論戦は激しくない」と書いている。この日を境に佐藤日記でも、潮が引いたように西山問題に関する記述は登場しなくなる。西山が起訴されて新聞が大騒ぎしている四月一五日以降もこの事件に関する言及はほぼなくなり、楠田實日記にも書かれなくなる。こうして激しく燃え盛った取材と報道の自由、国民の知る権利といった話題は、まるで一次的なブームのような結果になっていった。

「情を通じ」という文言を西山の起訴状に取り入れた当時の担当検事の佐藤道夫（後、民主党参議院議員）は、後年、テレビのインタビューでこの言葉を考え出した当時のことを次のように語っている。

「言論の自由の弾圧だと言っている世のインテリ、知識層、マスコミ関係にちょっと痛い目にあわせてやれということだった。（「情を通じ」の言葉を聞いた）検事総長が、なかなか面白い、是非そうしよう」（テレビ朝日、鳥越俊太郎レポート「メディアの敗北」二〇〇七年八月一二日）という経過から、起訴状へ盛り込まれていったという。そのことを得々と語る元担当検事のシーンは、筆者の記憶に今なお鮮明に残っている。

この思惑はズバリ当たった。新聞に代わって出てきたのが週刊誌、月刊誌などのメディアであった。外務省女性事務官夫妻が西山糾弾で登場するようになる。言論の自由、報道の自由、取材の自由ではなく、男女間のモラルと取材方法を絡めたスキャンダルとして世間をにぎわすようになっていった。

退陣表明

一九七二（昭和四七）年六月一七日、自民党両院議員総会で佐藤が引退表明する日であった。午前九時に官房長官の竹下と幹事長の保利は佐藤に呼ばれていた。首相応接室で二人が待っていると、佐藤が入ってきた。佐藤はピンクの縞模様のネクタイに濃紺の背広を着ており、ワイシャツは薄いブルーである。そのダンディな身なりに二人は目を瞠(みは)った。竹下がその日の予定を時間を追って説明し始めた。

衆議院の控室で両院議員総会が開催され、終了後直ちに官邸に移動し、総理を慰労する両院議員のご苦労さんパーティに出席する。そのあと、官邸で記者会見が開かれる段取りになっている。佐藤は最後の記者会見について、いつもと違うやり方を言い出した。

佐藤の言い分は、いつもの記者会見のように新聞記者とは質疑をしない。テレビに向かって話をするからそのような設定をしてくれという希望だった。竹下はびっくりする。内閣記者会との定例記者会見で、佐藤だけが一方的にしゃべって質問を受け付けないということはあり得ない。まして佐藤最後の記者会見の場である。記者たちから質問が出るのは当然だった。

しかし佐藤の強い意向を受けて竹下は考えた。たとえば佐藤の所信を表明した後に代表質問を二つだけというように、制限をつけて会見をやる方法もある。しかしこの提案にも佐藤は「今日は、新聞記者とは話をしない」と強く言い張った。その言い方が尋常ではないことを竹下はわかっていた。竹下は、内閣記者会と話し合って総理の所信だけにし、質疑はなしという方向で調整すると提案した。

「そうだ、それでいい。新聞記者からの質問は受け付けない。テレビに向かって所信を述べるから、席もそのように設定してくれたまえ」

佐藤の言い方と言葉の調子には、有無を言わせぬものがあった。それで打ち合わせは終わったが、佐藤と竹下の間に重大な思い違いがあったことに二人とも気がつかなかった。佐藤は「テレビを前に出してくれ」と言ったが、その意味を竹下は正確に理解していなかった。

時間は分刻みで進んでいく。竹下は秘書官を呼んで、佐藤の意向を手短かに伝え、内閣記者会の幹事社の了解をとるように指示した。幹事社と官房長官室との話し合いで決まったことは、次のようなことだった。

①総理は、テレビのカメラに向かって所信を述べる。

②新聞記者は、それを陪席するという立場で会見に立ち会う。

③所信後の質問はしない。

内閣記者会は、これをのんだ。通例ではありえない一方的な佐藤の要求だが、これが佐藤の最後の会見だから、まあ、いいだろうというあいまいな温情があったという。これは甘い判断だった。

衆議院第一四控室は、男たちの熱気でむせ返るようであった。午前一一時から、自民党の両院議員総会が開かれるため、議員たちが陸続と現れて入室していった。七年七か月、政権の座にあった佐藤がいよいよ引退を表明する両院議員総会である。

司会に促されてマイクに立った佐藤は、次のように話し始めた。

「長い、長い国会だったが、一糸乱れぬ結束で予算や国民生活に必要な法案の成立に努力してくれた諸君に、まずお礼を言いたい。私は当初からこの国会は楽には進まないと考えていた。いろいろ工夫したが手違いもあり迷惑をかけた。国会を延長して取り組んだが、その効果がなかったことが、返すがえすも残念だ」

この後で佐藤は、沖縄返還が実現したことを自賛し、会期末の国会で野党から内閣不信任案が出されたことを非難し、政権を担当してから日韓問題、安保問題、大学改革などを成し遂げたことをあげた。

それから「自賛しているわけではないが」と断りながら、沖縄返還の実現を語った後「喜びも悲しみも、時には憤慨も、同志とともに分かち合ってきた」と語ったとき、感極まって言葉に詰まった。

「数回の選挙では、圧倒的な支持を得られた。衆院であれだけ多数を取れた。しかし政党に油断があってはならない。政局が安定でき、高度経済成長も達成し、自由世界で第二位の経済力を持つようになった。長い間、政局を安定したことは誇りうることであり、国民の期待に沿うことができた」

それから佐藤は、一息入れたあと傲然と胸を張って会場を見渡した。

「念願だった沖縄の祖国復帰を実現し、そのまま引退すれば、それこそ六方を踏んでの花道だった」

ジョンソンとニクソンという二代にわたるアメリカ大統領との沖縄返還の折衝は、佐藤にとってはまさに政治生命をかけた交渉であった。大統領執務室の隣の小部屋で交わしたあの議事録は、自宅の書斎の奥にしまってあった。

佐藤が見栄を切ったとき、会場から「団十郎！」という大声のヤジが飛び、会場から笑い声が起こり拍手が沸き起こった。歌舞伎役者の市川団十郎は、歴代「ギョロ目の睨み」が売り物だった。ぎょろ目といえば歌舞伎の世界では団十郎が代名詞になっている。いつしかぎょろ目の宰相は、「政界の団十郎」と呼ばれるようになっていた。歌舞伎で勇壮なさまを誇張した所作を、「六方を踏む」と言っている。佐藤は自らの偉大な業績を引っ掛けて、六方を踏むと言いたかったのだろう。身内のヤジにひとしきり会場が和んだ。拍手が鳴り終わるのを待つと佐藤は次のように言って締めくくった。

「私は、戦後いちばん長く政権を担当した。長いことがいいということではなく、私の言いたいのは協力一致して政局を安定することが国運を隆盛にすることだ。退陣の決意を述べたがこれからは一党員として努力する決意だ。これまでの同志の皆さんの協力、鞭撻、あるときは叱正に厚く、深くお礼を申しあげたい。ありがとう」

万雷のような拍手が沸き起こった。「名宰相！」という声も飛んだ。佐藤は会場に向かって二度、三度とうなずきながら見渡すようにする。

「佐藤総理、万歳！」という声が飛び、これに呼応するように拍手がひときわ激しく沸き起こる。佐藤は何度か頭を下げると、自席に戻りポケットからハンカチを出して目頭を押さえた。フラッシュが洪水のように閃いた。佐藤が涙をぬぐう写真は、その日の各紙夕刊に大きく掲載された。

両院議員総会から出てきた佐藤は、待ち構えたカメラの放列に、一瞬顔をこわばらせると「こんなに人気があるなら、引退を早くするんだった」とジョークを飛ばした。これから引退表明を受けて両院議員がねぎらいのパーティを開催することになっている。会場の官邸の大食堂に移動するとき、番記者から声が飛んだ。

「いまの心境はいかがでしょうか」

「うむ、どんなとかそういう気持ちはないよ。青山もとより動かず、白雲おのずから去来す、だな。つまり山は動かないが、周りのものは動いていくということだよ」

解説を交えてそう言うと、官邸の大食堂に向かっていった。

最後の会見

内閣記者会との会見は、予定どおり始まろうとしていた。六〇人ほどの各社の記者が席に着き、ステージにはすでに官房長官と官房副長官、秘書官らが並んで着席した。ステージに向かって右側から、佐藤が出てきた。決められた席に座ると、会見場を見渡し胸を張った。

「テレビカメラはどこかね？　どこにＮＨＫがいるのかね。今日はそういう話だった」と言って一息入れた。記者席のいちばん後ろにはテレビ局のカメラがずらりと並んでいる。そのカメラの放列に向かって佐藤は手招きするようにした。記者たちは、これは佐藤の冗談だと思って笑っている記者もいた。しかし佐藤は続けて言った。

「今日は新聞記者の諸君とは話さないことにしているんだ。僕はテレビを通じて国民に直接話をしたい。新聞記事になると違って報道されるからね。偏向的な新聞は大嫌いなんだ。今日は直接国民に話をしたい。これじゃあ、できないな。やり直そうよ。新聞記者は帰って下さい」

そう言うと背後に控えている官房長官の方に不満そうに顔を向けた。佐藤の顔に明らかに怒りの表情が出ている。竹下は真っ青になった。会見場を埋めていた記者たちも、佐藤の言葉の意味が最初よくわからず、呆気に取られていた。記者席は誰も動かない。

「これじゃあ、話はできないな」

そういうと佐藤は席から立ちあがり、ステージから袖に向かって歩き始めた。小さな声で居並ぶ秘書官に向かって「駄目じゃないか。言ってあっただろう」と言った。竹下は慌てて佐藤の後ろを追いかけるようにステージから消えた。

記者席がどよめいた。「新聞は大嫌いだ」と確かに言った。記者たちは互いに佐藤の発言を繰り返して語りながら確かめ合い、憤慨していた。そのざわめきがまだ収まらないうち、佐藤が再びステージに姿をあらわした。

「どうも私は科学に弱くて……」と独り言を言って席に着いた。テレビカメラが最後列に構えており、佐藤の所信をすべてテレビで放映することは初めからわかっていた。また、内閣記者会と官邸との事前の打ち合わせで、この会見では質問は出さないで終了するということになっていた。竹下は、そのような事前の調整には手堅い政治家として定評があった。佐藤の思い違いだった。

「それではこれから総理の記者会見を行います」

改めて司会者が言った。それを受けて佐藤が「それでは……」と話を始めようとした。そのとき最前列にいた記者の一人が発言した。最前列の記者席は、毎日、朝日、読売など全国紙の記者や全国ネットのテレビ局、通信社のキャップクラスの記者が占めている。その中の一人の記者であった。

「先ほどの総理の発言は、内閣記者会として絶対に許せません。どういうことなのでしょうか」

びっくりするような強い口調だった。「新聞は大嫌いだ」と発言した佐藤に抗議したのである。佐藤の顔がみるみる険しくなった。

右手でどんとひざをたたいた。

「それなら出てってください」

顔から火を吐くような剣幕である。ぎょろ目が光り、傲然と胸を張った。いちばん前に座っていた記者たちが、ほぼ同時に立ち上がった。

「出よう、出よう」

記者たちは口々に言葉を交わしながら会見場をぞろぞろと出ていく。中にはどうしたらいいか躊躇する記者もいたが、周囲から「出るんだ」と声をかけられ、移動していった。会見場には誰もいなくなった。空席になったイスだけが並び、まるで人のいない学校の教室のような風景となった。ただいちばん後ろにだけは、テレビ局のカメラと新聞各社のカメラマンが所定の場所に取り残されていた。

佐藤は、誰もいなくなった会見場でテレビカメラに向かい話し始めた。記者が一人もいない記者会見場で、遠くのテレビカメラに向かって話を続ける佐藤の姿は、テレビにそのまま写されて全国津々浦々まで届けられた。国会で自民党の圧倒的多数を誇り、七年七か月続いた佐藤政権のこれが最後の幕引きの光景だった。

周恩来返書から田中政権へ

佐藤の密使となり日中国交正常化の折衝を行っていた江鬮は、佐藤が退陣表明した六月一七日の午後、時差一時間遅れの香港で、中国側の対日邦交恢復香港小組の三人と佐藤訪中の最後の詰めを話し合っていた。その様子を江鬮手記から抜き出すと次のような光景だった。

「午後一時を大きくまわった時刻、一枚のメモが届けられた。小組側委員の一人は何気なくメモを読み、硬い表情で他の二人にメモを読むように促した。一瞬の沈黙が部屋を支配した。不吉な予感が私の背筋を走った」

そのメモは新華社からの至急連絡であり「佐藤総理、本日、引退を表明」と書かれてあった。江鬮密使と北京と直結した窓口になっている香港小組が練り上げた佐藤訪中への準備はほぼ仕上がり、①一九七二年八月一日、中国建軍記念日に中国を訪問、②共同声明を発表後三か月から六か月以内に政府間交渉で平和条約を締結するとのスケジュールも合意していた。この日に周恩来から佐藤親書への返書が香港に届いており、それを江鬮が東京へ運ぶ段取りであったという。

江鬮は手記の中で「万事休す……か？　緊張感が抜け、こんどは疲労が充満し、虚無感が全身をおしつつむかのようだった」と書いている。こうして江鬮密使による佐藤訪中と日中復交の実現は幻となって消えた。江鬮密使の経過は、中曽根康弘がかなり詳しく知っており、中曽根回顧録の『政治と人生』（講談社）のなかで主として『宝石』の江鬮手記などをもとに書いているので、そのほかの情報も勘案し

1972年4月5日に周恩来に送られた佐藤親書の写し（中曽根平和研究所所蔵）。この親書への周恩来からの返信が同年6月17日の佐藤退陣の日に香港まで届いていたとされているが、退陣のため北京に戻されたといわれている。

ながら整理してみた。

佐藤が周恩来に書いた親書は、三通あった。一九七一年九月七日付けで書いた最初の親書は、台湾と中国の関係について明瞭な表現になっていない理由で中国側に受領されなかったという。間に立った中国側の人物が受領しなかったのか周恩来がそうしたのかはわからない。

二通目は九月二〇日付けで書いたもので、日本が中国の国連加盟を阻止する動きであったため、中間にいた人物がそうしたものか周恩来の手元までに届かなかったようだ。

三通目は一九七二年四月五日付けで出したもので、中国側の主張を認め周恩来との会談を申し入れたものだった。中曽根の著書『政治と人生』によると、この返書を江鬮は、佐藤退陣表明の翌日の六月一八日に受け取り、正書は中国側が北京に持ち帰り、副書（写し）は江鬮が持って帰国した。江鬮は六月二二日に公邸で佐藤に手渡したと言っているという。その内容は、周恩来は佐藤と北京で会い、日中問題について話し合うというものだったという。しかし佐藤日記にも、秘書官で江鬮担当だった西垣日記にも総理首席秘書官の楠田實日記にも、佐藤と江鬮がその日面会した記述は見当たらない。しかし中曽根は「（この事実を）佐藤氏に確かめたところ、認めていた」とある。真相は周恩来返書の内容とともに今なお不明である。

江鬮密使が香港を拠点にして日中復交実現を画策していたころ、ポスト佐藤を狙っていた田中角栄が、側近の衆議院議員、奥田敬和（おくだけいわ）、石井一（いしいはじめ）らを密使にして中国と折衝し、田中政権実現を視野に北京との秘密外交ルートを作っていた。奥田が香港を拠点にして接触した中国の人物は、江鬮人脈と同じ人物になっている。田中は政権が樹立して真っ先に日中国交復交に取り組むことを宣言したが、そのときすでに、田中の腹心だった奥田らの地下外交ルートで地ならしができていた。北京の周恩来らもポスト佐藤は、福田よりも田中歓迎であると伝えられており、その時流にうまく乗ったこともあるだろう。

田中がこの年九月二五日、北京空港に降り立つ三日前に、田中の命を帯びて中国密使となって外交折衝を続けていた奥田敬和が、北國新聞の朝刊二面右肩から一〇段ぶち抜きの、どでかい寄稿文を掲載している。「ホノルルから北京へ　肌に感じた中国外交　総裁選前から香港で接触」との見出しで、密使外交のあらましを書いている。

佐藤内閣末期、労働大臣や衆議院副議長の失言問題が相次ぎ、国会運営が混迷状態にあるなか、予算委員会で沖縄密約に関する社会党・横路の爆弾質問から予算年度内成立ができないなど大揺れに揺れていた。その時期、奥田は密かに香港に渡り、江鬮が密使となって接触していた北京とつながる中国人脈と接触していたことを明らかにしたものだ。

佐藤訪中を目指して佐藤は三通の親書を江鬮に託して香港経由で北京に送っているが、そのうち三通目に初めて周恩来から返書が来たもので、九分九厘、日中復交の機運は築かれていたように見える。しかしポスト佐藤を見据えた中国は、次期政権に最も近い位置にいた田中の密使とも密接に折衝を行っていたことがわかる。外務大臣の福田は江鬮密使の存在と水面下の折衝は、外務審議官の法眼からの報告で承知していただろう。江鬮から直接、聞いていたとも伝わっており、何かのパーティで福田と江鬮が語り合っている写真も残っている。

沖縄返還が実現した陰では、国会と国民が知らない佐藤密使外交と密約が展開され、政権末期には日中復交実現を狙った佐藤の江鬮密使が地下活動をしていたことになる。沖縄返還と中国復交問題という国の命運をかけるような外交問題が佐藤直轄の密使に託され、一方は佐藤の思惑どおりに成功し、もう一方は時間切れで実現できなかった。

沖縄返還を実現するために、半年余の間に四人の大臣の首を切って延命をはかり、最後に返還交渉の密約が暴露されたことから新聞記者が逮捕された事件へと続いた佐藤政権最後の一年は、歴史に残るきわめて特異な政治劇の展開であった。

第八章　佐藤政治の総括と退陣後の出来事

佐藤密約外交を総括する意味

これまで佐藤政権最後の一年をドキュメントとして書きながら、その中に織り込む形でアメリカの公文書公開などから明らかになった沖縄返還の密使・密約の事実を書いてきた。米公文書公開をきっかけに、多くの書籍や論文によって佐藤の密使・密約外交は語られてきたが、政治や行政の世界できちんと総括されたとは思えない。司法に至っては、政治権力もしくは行政府に寄り添う形で事実を歪曲するか否定する判断を示してきた。これが主義・思想・党派とは関係なく、ジャーナリストの感覚で感じた日本の権力機構のありさまだった。

日本は議会制民主主義の政治体制であり、立法・行政・司法の三権分立の中で民主主義を担保してきたと思っていた。しかし沖縄返還での佐藤の外交手法とその成果はいかなるものだったか。返還交渉の重要な内容も、巨額の賠償金支払いも、ほとんど国会への報告を経ずに決めていた。さらに被爆国である日本国民が最もセンシティブな感情を抱いていた核の取り扱いについても同様で、総理直轄の密使を使って有事の核持ち込みを容認する議事録をアメリカ大統領のニクソンと内密に取り交わして返還実現に道を開いていた。しかし、多くの政治書籍や文献は、沖縄返還を佐藤の最大の功績と位置付けてきた。

一方の当事者、施政権を返還したアメリカは、沖縄返還にどのような体制をとって臨んでいたのか。驚いたことに、一九七二年七月の施政権返還二か月後には、沖縄返還交渉のアメリカ政府のとった方針と交渉経過のすべてが検証文書として残されていたのである。公開されたその文書は『検証 米秘密指定報告書――ケーススタディ・沖縄返還』(西山太吉監修、土江真樹子訳、高嶺朝市一協力、岩波書店、二〇一八年)として刊行され、詳細が解説されている。それによると、アメリカの国務省と国防総省は調整をしており、日米の返還交渉開始の一九六九年までに、沖縄返還についてのアメリカ政府方針を次のように決めていた。

①一九六八年一一月一〇日、琉球政府主席に革新系の屋良朝苗が当選し、その直後の同月一九日にはB52爆撃機の大爆発事故が発生した。沖縄住民の反米意識が高まり、大規模なゼネストが展開されたことなどから、アメリカ政府は沖縄返還へ踏み切る方針を固めた。

②一九六九年一月、大統領に就任したニクソンは、返還合意をふまえ、施政権返還を実現するための早期交渉の準備を指示した。台湾、韓国、ベトナムの政情を視野に入れながら、沖縄の米軍基地の

自由使用を勝ち取ることが必須とされた。

③核問題は外交交渉の中では一切持ち出さずに大統領専権事項として引き延ばし、ニクソン・佐藤首脳会談の中で核の撤去と有事の核持ち込みを決める作戦にした。

④二七年間の沖縄統治でアメリカが投与した金額は日本が負担し、返還後における米軍施設の移転や改修にともなう費用も日本が負担することなどを盛り込んだ財政交渉を行う。これは日本側の希望を入れて外交折衝とは切り離し、アメリカ財務省と日本の大蔵省担当者間ですべて決め、最終的には外務省と国務省の協議の場に持ち込んで協定を結ぶことにする。

⑤日本がアメリカに支払う賠償金額は、費目別に積算せずに、六億五〇〇〇万ドルなどつかみ金に等しい総額だけで要求する。これを費目別に振り分けるのは日本側の国内問題であり、返還にあたってアメリカは一ドルたりとも出さない。

こうしたアメリカ側の具体的な戦略は、アメリカの省庁間で立ち上げた返還戦略のワーキンググループが作成した「メモランダム5号」「メモランダム13号」などに詳細に書き込み、返還交渉の具体的な内容を決めていた。

このような事実は、アメリカの公文書公開があって初めてわかったことだが、日本側に同様なものがあったのかどうか。政府が策定した沖縄返還への具体的な戦略文書は、筆者は確認できなかった。

沖縄返還にともない日本側がアメリカに支払った全金額も正確にはわからないし、日米間の交渉の経過や重要な文書も残されていない。返還協定では、三億二〇〇〇万ドルを支払うことが記載されていたが、実際にはこれを大幅に上回る額がアメリカ側資料によって明らかになり、琉球大学の我部政明（がべまさあき）らの研究でも確認されている。

これを受ける形で二〇〇九年九月の民主党政権発足後、財務大臣の菅直人が、沖縄返還交渉を外務省にも内密に行っていた大蔵省財務官、柏木雄介とアメリカ財務省特別補佐官のアンソニー・ジューリックとの交渉について、省内での調査を命じた。柏木・ジューリックの秘密交渉で、日本がニューヨーク連邦準備銀行に六〇〇〇万ドルを二五年間無利子で預金することや基地移転費用、米軍施設改良・移転工事費などを日本側が負担することなど、「思いやり予算」として現在も続いている日本側負担の「原型」となる密約が交わされ、支払われてきた。

このような事実は、アメリカの公文書公開があって初めてわかったことだ。しかし柏木・ジューリックの交渉経過の記録文書はすでに廃棄されており、アメリカ公開文書以外、真実をうかがい知ることは不可能になっている。

さらに返還にあたってアメリカは、佐藤が自らの自民党総裁任期が終わる一九七二年秋までに返還を実現したがっている事情を熟知しており、佐藤が返還実現のために相当なる譲歩をすることを交渉の中に織り込んでいた。当時、国務省の日本部長をしていたリチャード・フィンは、一九九六年になって琉球朝日放送報道部記者の土江真樹子とのインタビューで本音を吐露している。それを要約すれば次のようになる。

「沖縄返還交渉はポーカーと同じゲームであった。欲しいカードを読み取られないよう、相手の手を読みつつ、どれだけ有利にことを進めるかが勝ち負けを決める。外交交渉もそれと同じである。われわれが最も重視したのは、返還後の基地を自由に使うこと以外の何ものでもなかった。しかし日本が重視したのは核というカードだった。日本側はカードを読み間違えたのだ。佐藤総理は、返還を成し遂げることで政治的成果をあげたがっていた。そのメンタリティがわかっていたのでゲームは有利に進むと確信していた」

ポーカーは完璧に負けたのである。佐藤が任期中に沖縄返還を実現し、それを手柄に退陣することを織り込み、その弱みに付け込んで有利な返還条件を日本側にのませていたということだろう。

また土江がニクソン時代の国家安全保障会議メンバーだったモートン・ハルペリンにインタビューしたとき、ハルペリンは要約次のように語っている。

「返還交渉で密約は確かに存在していた。沖縄から核撤去をするために密約は必要だった。国家安全保障決定メモランダムには、核を撤去する用意はするが、有事の際には核をまた持ち込むと書いている」

日本側にとって重要な核兵器に関する課題は返還交渉のテーブルには載せず、最後の最後まで手の内を明かさない方針をとったアメリカ側の意のままに進展していった。一九六九年から七一年にかけて、このアメリカの返還戦略に日本側が、気づいていたとする記録を筆者は確認できなかった。

沖縄返還交渉の内幕を暴露した二人の密使と吉野文六

本書にも書いてきたが、日本側の沖縄返還交渉の動きは、佐藤から直接下命を受けて動いていた密使が後年、その役割を詳細に著作物で暴露して初めてわかった。おそらく佐藤の周辺の人物でも、二人の密使が進めた交渉の内容はほとんどわからなかっただろう。二人の密使とは、高瀬保と若泉敬である。この二人が何をやったかはすでに書いているのでここでは触れないが、政府から辞令もなく、報酬も示されず、密かに任務を帯びてアメリカと折衝した稀有の「外交官」といえるだろう。したがって外交文書として残るようなものはなく、密使を暴露した著書によってのみ、その一端を国民が垣間見たということになる。

吉野文六は、当時、外務省アメリカ局長であり、沖縄返還交渉を最も知り得る立場にあった官僚だが、二人の密使の仕事内容については承知していなかった。西山が外務省職員から入手し、社会党の横路孝弘に渡って国会で追及された機密電信文にあった密約内容については熟知していたが、一九七一年暮れの衆議院連合審査会、沖特委で横路がその点で質問した時には、密約は存在せずという嘘の答弁で切り抜けた。そのことは、本書でも詳しく書いた。

しかし若泉敬が一九九四年に上梓した『他策ナカリシヲ信ゼムト欲ス』（文藝春秋社）で詳細に佐藤密使外交と密約について暴露、次いで琉球大教授の我部政明は、この密約の存在を二〇〇〇年に公開されていたアメリカ公文書の中にあることを発見し、朝日新聞がそのことをスクープした。このような状況の中で二〇〇六年二月八日、吉野文六が北海道新聞の取材に応じ、日本政府側の当事者として初めて密約の存在を認めた。さらに二〇〇九年一二月一日、吉野は東京地裁の沖縄密約文書不開示取消訴訟の原告側証人として出廷し、密約の存在とそれに署名したことを証言した。

吉野はその後もメディアに登場し「記憶は嘘をつけない」という名言を吐いて密約を認める証言者になった。また政策研究大学院大学のオーラルヒストリーでは、「一九七一年一二月の（国会の）横路さんの質問では、そんなことは一切ありませんと言って否定したわけですから、相当に国会に対して嘘を言った」と語っている。

結局、沖縄返還交渉の日本側の体制は、外務省・大蔵省・密使がばらばらにアメリカと交渉していたもので、国家として一体化された戦略や方針は何もなく、それぞれがばらばらに交渉し、最終的には外務省と国務省が取りまとめたものを土台にした日米首脳会談を行った。核の扱いと繊維交渉の重要な部分については共同コミュニケにも盛り込まず、日米双方の都合のいい解釈をするごまかしの文言を忍び込ませるなどして返還していた。

本書はこのような嘘やごまかしをあばく目的で書いたものではない。歴史の真実を検証し、まともな民主主義国家のあるべき姿を考える機会を示す目的で書いたものだ。

密約を検証した二つの報告書

二〇〇九年九月、民主党の鳩山由紀夫内閣の発足で外務大臣に就任した岡田克也は、沖縄返還交渉に関する密約問題について外務省に調査を命じた。ところがまったく同じ目的の調査を二か月後の一一月に、民間の有識者グループにも委嘱した。外務省と民間有識者の二本立てで行わせたものであり、外務省調査は省内の調査に当て、有識者グループにはそれを基本資料として活用しながら真相究明を求めたものだった。しかしその結果は、どちらもきわめて歯切れが悪く、依然として密約問題は闇の中にあるとの印象を残した。

外務省調査チームは二〇一〇年三月五日に、「いわゆる「密約」問題に関する調査報告書」を発表した。「いわゆる「密約」」とうたっているのは、「世間でいわれている密約」の調査をしたということで、最初から密約など存在しなかったと言わんばかりのタイトルである。密約問題の真実を調査するということなら素直に「密約問題に関する調査報告書」とすればいい。枕につけた「いわゆる」という言葉はまったく不要だった。

「藪中事務次官の下に北野大臣官房審議官をヘッドに約一五人のチームを立ち上げて」調査したという。それがたった二三頁の報告書である。「はじめに」で、「いわゆる「密約」問題に関連すると判断された情報の内容を客観的に記述することとし、根拠が十分ではない推論を行うことは控えた」と断っているように、最初から徹底調査など眼目ではなかった。外務省の文書だけという制約を自ら課し、沖縄返還交渉の重要な部分を避けた、あるいは骨抜きにした報告書になっている。

国民がもっとも知りたいのは、若泉がキッシンジャーと交渉して作成したニクソン・佐藤の、有事の核持ち込みを保障した議事録についてであるが、外務省に文書は残されていないと書き、そっけなく「文書なしに決着したというのが外務省の認識であった」としている。文書があったかどうかだけに絞って調査した経緯を書いているに過ぎないのであり、外交交渉を検証したことになっていない。

西山が入手した四〇〇万ドルの肩代わり密約についても吉野とスナイダー在日公使との文書に双方がサインして確認したことを吉野が認めているにもかかわらず、「(吉野の)証言が一貫していない」と事実上吉野証言を否定する表記にしている。さらにこの密約を日本側が「補償」するとした外務大臣からの書簡は発出されなかったとしている。全体を通して、これほど薄っぺらでちゃちな政府報告書は珍しい。新聞記者の立場から言うと、あいまいな解釈と文言を重ね、あたかも密約の存在はなかったかのように導いて、「なかった」という印象を読み手に与える拙劣な官僚作文といえるだろう。

これに対し、有識者会議が公表した報告書は、「いわゆる「密約」問題に関する有識者委員会報告書」というタイトルで、東大教授・北岡伸一を座長に波多野澄雄（筑波大学教授、座長代理）、河野康子（法政大学教授）、坂元一哉（大阪大学教授）、佐々木卓也（立教大学教授）、春名幹男（名古屋大学教授）（肩書はいずれも当時）らこの分野の専門家で構成するチームが一〇八ページにまとめたものだった。アメリカに渡って公文書を精査し、関係者のインタビューなども行った内容は、外務省調査内容とは雲泥の差であり、証拠に基づいた学術報告となっていた。

ここでは佐藤・ニクソンの首脳会談のときに通訳を排除し大統領執務室に隣接する小部屋で署名した「合意議事録」が密約に当たるかどうかについて、次のように書いている。

①合意議事録の効力は、佐藤が自分限りのものと考えたと推測する。文書も私蔵していたので後継内閣を拘束するものではない。

②文書の内容は共同声明を大きく超える負担を約束しておらず、必ずしも密約とは言えない。

③合意議事録がどのように共同声明の役割をはたしたかどうかは、資料が不足しているから判断できない。

④この合意議事録がなければ首脳会談は成立しなかったかもしれないが、会談の日時はなお二日残しており、不首尾に終わっても新たな提案で合意は実現されたのではないかと推測する。

⑤若泉・キッシンジャーの果たした役割を評価し、このルートを通してニクソンの意向が佐藤に届いた意義は大きい。

要するに、肝心なことは推測や資料不足を理由に都合よく解釈し、佐藤・ニクソンが署名して持ち帰り公表されずに佐藤私邸に眠っていた文書は密約ではないと語りたいのだろう。これでは、佐藤の「外交の私物化」を認めていることになり検証とはいえない。

次に西山が外務省事務官の蓮見から入手し、社会党に渡って横路が予算委員会で追及した極秘電信文について報告書は、要約次のように記述している。

「原状回復補償費として米側は自発的支払いを行うものの、その財源を日本側が負担する、という合意や了解は非公表扱いとされ、明確に文書化されているわけでもない。両国政府の財政処理を制約するものとなる点では、これらは「広義の密約」に該当するといえるであろう」

その後に次のような記述がある。

「沖縄返還に伴う財政経済交渉には不透明な部分が多々ある。「本土並み」や早期返還の実現という要請のなかで、不透明な処理を余儀なくされた場合も少なくなかったであろう。返還後四〇年を迎えようとしている現在、今回の調査が、こうした清濁併せ持った返還交渉の苦闘の歴史の全体像を検証しそれを正確に伝えて行く努力の第一歩となれば幸いである」

密約があったとする明確な言及を避け、「今後の検証」に下駄を預けた中途半端な結論となっている。これは世にいう「玉虫色」の調査報告書である。日本を代表する斯界の専門家六人が出した報告書にしてはすこぶる歯切れが悪い。このような中途半端な結論は、政治・行政そして司法の世界でもよくあることを、筆者は三〇年以上の新聞記者活動で折々感じてきた。日本が成熟した民主国家になれない限界の一端がここにあるのではないか。筆者は改めて報告書を書いた六人の専門家がどのような学者であるか調べてみた。すると外務省に忖度する「御用学者」であるかのように評している文献を複数発見した。

佐藤とニクソンが小部屋で署名した議事録は、国際的な核紛争や戦争に日本が巻き込まれたとき、国民の命運を決定的に左右する可能性を持ったものであり、外交折衝とはそうした負の可能性をつぶしながら協議を重ねていくものだろう。佐藤が外務省や国会にも内密に、密使を介して文案を作成し、ニクソンと交わした議事録は紛れもない密約である。それは総理在任中の沖縄返還を急ぐ佐藤の「外交の私物化」以外の何物でもなかったと筆者は考えるようになった。この議事録は、アメリカでは国務省で保管されていることが確認されており、現在も機密扱いになっているという（二〇〇〇年一月六日付け朝日新聞）。

二匹目のドジョウを時間切れで逃がした佐藤

沖縄返還の仕上げを目前にした通常国会の最後の土壇場で、秘密電信文の暴露によって国会が空転し、予算案が年度内に通らず混乱しているさなかに、佐藤は密使・江鬮眞比古を使って中国の周恩来に日中国交正常化を呼びかける親書を託していたことは書いた。

国会が緊迫している合間を縫って、密かに密使を官邸ではなく公邸に引き入れて親書を託し、その都度、二〇〇〇万円、三〇〇〇万円の餞別を持たせてやる。この事実を知ったとき、佐藤の別の政治家像を垣間見て驚いた。国会が空転し、予算案が年度を越えてもまだ成立していない日であっても、週末ゴルフはきちんとこなし、野党との収拾策は参謀に任せ、人との面談は絶やすことなく続けていた。

密使に託して周恩来に向けて発信した親書は、間違いなく先方に届いたようで、周恩来からの返書が佐藤退陣のその日に香港まで届いていたという劇的な終末を迎えてこの歴史的出来事は闇の中に沈んでいった。しかしその火種は残され、田中政権発足後ほどなくして、日中国交正常化は実現する。表に刻まれた歴史の歯車は華々しい史実として残ったが、佐藤の中国密使の驚くべき水面下の事実は、沖縄密使と同じように密使の暴露手記によって突然浮上したこともここに書いた。

結局、密使と密約によって佐藤の外交は沖縄返還を勝ち取り、「だまされたと思ってやってみる」と佐藤日記にも書かれていたように、二匹目のドジョウを狙った日中国交正常化は時間切れで果たすことができなかった。

密使外交を水面下で展開しながら、沖縄返還と日中国交正常化という戦後日本にとっての二つの最重要課題に取り組んでいた「人事の佐藤」とは、いったいどのような宰相だったのか。自民党非主流派にいながら佐藤からは比較的優遇されていた中曽根康弘（なかそねやすひろ）は、佐藤日記にもよく登場する政治家であり、それなりに信用されていた政治家だったようだ。その中曽根が、佐藤は沖縄密使だった若泉を高く評価していたと著書で書いている。「それは学者としてだけでなく愛国者として認めていた」という記述がある。その一方で日中国交正常化の密使だった江鬮を「どれだけ信用していたかわからん」とも書いている。そして次のような率直な見方を中曽根は残している。

「佐藤さんの人物登用法は、分からん人間でも知ったような顔をして使って、役に立った場合には採用するけれども役にたたん場合は捨ててしまう。そういう危険な人の使い方を、佐藤さんはやるのです。非常に手堅い分、最終的にはその人間を捨ててしまう。しかし自分が信用できるうちは、いろいろな検証してから取り込んで、自分の周りにぴったり寄せ付けて情報をとることは丹念にやっていました。佐藤というのは杓子定規の官僚型ではありません。官僚出身なのに政党人らしいというか、あるいは政党人の物真似をやる。そういう官僚のずるさを持っていた。政党人的な面と官僚的な面と両方をうまく使い分けていた」。

佐藤政権最後の一年間を総括すると、佐藤の「外交の私物化」ともいえる密使・密約外交で沖縄返還は実現し、ほとんど実現しかかっていた日中国交回復は惜しくも逸した形となった。しかしそれは一国の宰相、為政者としては決して褒められたものではなく、議会制民主主義、政治倫理、三権分立の国家体制をふまえたものではなく、むしろこうした政治手法は負の遺産として残され、営々と今につながってきた。

筆者は佐藤にインタビューしたことはなく、至近距離で数回目撃したにすぎない。しかし佐藤が几帳面に書いた膨大な「佐藤日記」と首席首相秘書官の楠田實のこれまた膨大な日記を丹念に読み込んでみると、佐藤栄作像は生き生きと蘇ってくる。その印象を語れば、佐藤は律儀で正直者、小心者であり、人をにわかには信用しない人物であった。ゴルフを愛し、プロ野球や大相撲の結果を気にする庶民感覚のある善良な市民だったが、政治家としては自ら決断して実行する人物ではなく、派閥均衡型、調整型であり、「待ち」の政治そのものだった。自らの国家観や外交政策に関連した記述はほぼ見当たらず、面談した人物の考えや思惑などを推量した形で書かれている。料亭政治と料亭会合のありさまが洪水のように連日続いており、同じような慣習が形を変えながら政界の中で今なお引き継がれているのではないかとの感慨を禁じ得なかった。

西山の裁判の経過

一審無罪、検察は控訴

西山が起訴されたころから、週刊誌などは、西山の取材方法は女性事務官との男女関係を利用したもので、道徳的に許されないとするスキャンダル記事で埋まっていった。それに乗じるように、女性事務官夫妻が、この事件を原因として離婚にまで追い込まれたする話題がマスコミを席巻し、沖縄返還交渉の密約問題の報道は完全に無視されていった。密約問題の本質はいつしか男女間の不道徳なスキャンダラスな話題にすり替えられ、新聞論調も密約問題から徐々に離れていった。

国家公務員法第一一一条（秘密漏洩のそそのかし）違反で逮捕・起訴された西山の裁判は、次のような経過をたどった。

一九七二（昭和四七）年四月一四日に起訴された西山と外務省女性事務官に対する東京地裁（山本卓裁判長）の判決は、一九七四年一月三一日に下された。

西山は正当な取材として無罪、蓮見は懲役六か月執行猶予一年の判決となった。蓮見は判決を受け入れて決着したが、無罪となった西山については東京地検が判決を不服として控訴した。
一審の判決で東京地裁は、次のように判断した。
①三通の電信文は国公法で守られる対象の秘密文書である。
②外務省の女性事務官はそれを漏らし、西山記者は漏らすことをそそのかした。
③しかし、西山記者のそそのかしは目的が正当であったこと、およびその行為とそれに対する処罰とによって損なわれる利益（国益）が、これによってもたらされる利益（知る権利）に優越しているとは認められない。
④国民の知る権利、意見表明の自由に奉仕する報道機関が、憲法で保障された報道の自由を行うためにやった行為であり、西山記者は外見上、法律違反となっても、その可罰的違法性はなく、正当な行為であり無罪である。

西山は一審判決後に毎日新聞社を辞めて故郷の山口県に帰り、生家の家業である青果卸売業を継いだ。

判決を下した裁判長の山本卓は、定年退官後に弁護士になり、高知県高知市で法律事務所を開設した。二〇一三年一二月七日付け高知新聞のインタビューでこの裁判を振り返って要旨次のように述べている。
「世間の耳目は、密約の内容そのものではなく、事務官と記者の男女関係に注がれ、取材行為が倫理的かどうかにも焦点が当たった。取材方法がけしからんと検察は攻めたが、けしからんという罪はない。手を焼いたのは、法廷での官僚の高い壁だった。起訴状記載の極秘電信文三通を証拠提出するよう求める裁判所にあらがい、検察側は出さない。新聞に写真も掲載された電文だ。再三の要請で二通は出てきたが、残る一通の全文は最後まで証拠提出されなかった。

証人の外務官僚らは〝わかりません〟〝覚えてません〟を連発。国家機密は許可がないと答えられないと証言拒否も続出し、法廷での真実究明は暗礁に乗り上げた。官僚の証言拒否を想定し、裁判所と外務省大臣官房を結ぶ電話を法廷に引き込んでいた。東京地裁では初めてだった。証言一つ一つに外務省まで許可を取りにいっていたら、裁判が何年もかかる。官僚に証言させよという異例の要求だった。そのやりとりを書記官が傍聴席に聞こえるよう復唱した。

それに対し、受話器の向こうからは〝承諾できない〟という返答ばかりが続いた。普通の事件だったら、検事や刑事が一生懸命に証拠を集めるが、あの事件は逆だった。外務省と検事が一緒になって真実を隠そうとした。裁判所には強制捜査権がない。提出された文書や証言しかない。限界があった。国家の重大利益に関わるとして行政が隠し通せば手の打ちようがない」

山本が語っている国側が最後まで裁判所に提出しなかった極秘電信文の最後の一通は、アメリカが支払うべき四〇〇万ドルを日本側が支払うとする書簡について、そのやりとりを書いた電信文だった。外相の愛知がこの書簡の不公表を持ち掛け、国務長官のロジャーズは不公表に努力するが発表せざるを得ないことも絶無ではないと回答したという。そこで両者が、日米双方が都合のいい表現を発見しようということで合意したもので、密約のやりとりを生々しく報告した電信文だった。

一審判決の翌日の二月一日、衆議院予算委員会で判決について聞かれた首相の田中角栄は「私個人としては（判決は）尊重いたしております」と答弁して事実上の判決支持を表明した。新聞記者の取材に対しても「常識的な判決であり、予想どおりだった」と語っている。

二審・東京高裁で逆転有罪

二審判決は、一九七六年七月二〇日、東京高裁（木梨節夫裁判長）で開かれた。高裁は西山に懲役四か月、執行猶予一年の逆転有罪判決を言い渡した。

高裁は次のように判断した。

①取材の自由は憲法二一条によって保障される自由の範囲に属するが、消極的自由にとどまる。

②西山記者の取材活動は、手段や方法が相手方の公務員に秘密をもたらすかどうかについての自由な意思決定を不可能にするものだった。

③一審判決のように、そそのかしと秘密の保護の二つの利益の比較衡量のうえ、なお正当行為とする余地は存在しない。

として一審判決の無罪を破棄し、国公法一一一条の「秘密漏洩のそそのかし」の罪があるとして改めて懲役四月、執行猶予一年の有罪判決を下した。

控訴していた検察側は、国家には秘密がある、国家と国民の利益を守るために秘匿する事項が多数存在するのは必然的なことだ、秘密かどうかを判断できるのは、国民に信任されている政府だけである、との主張を繰り返した。これに対し、控訴審で証人に立った坂本義一（さかもとよしかず）東大教授は次のように証言している。

「政府に対する信託は、無条件ではない。行政機関の決定は公開が原則であり、絶えず監視し、チェックすることが必要である」

しかし高裁判決はその監視機能を持っている新聞記者の取材活動そのものが犯罪にあたると認定したのであった。西山はこの判決を不服として直ちに上告した。

有罪が確定した最高裁の法理

男女関係をタテにした法理

一九七八年五月三〇日、最高裁（岸盛一裁判長）が上告を棄却し、西山の有罪が確定した。しかしその判断は、報道の自由、表現の自由を尊重し重要視するとしながらも、西山と外務省女性事務官の男女関係をそそのかしの重要な要因として執拗に主張した点で法理をゆがめるような判断であった。判決要旨は次のとおりである。

①西山記者が外務省女性事務官と男女関係を持った直後に秘密文書の持ち出しを要請しているのは、国家公務員法でいう「そそのかし」にあたる。

②報道機関の国政に関する報道は、国民の知る権利に奉仕するものであり、報道の自由は、憲法二一条が保障する表現の自由のうちでも特に重要なものである。報道のための取材の自由もまた、憲法二一条の精神に照らし、十分尊重に値するものだ。

③しかし報道機関の国政に関する取材行為は、国家秘密の探知という点で公務員の守秘義務と対立拮

抗するものであり、時としては誘導・唆誘的性質を伴うものであるから、報道機関が取材の目的で公務員に対し秘密を漏示するようにそそのかしたからといって、そのことだけで、直ちに当該行為の違法性が推定されるものと解するのは相当ではない。

④報道機関が公務員に対し根気強く執拗に説得ないし要請を続けることは、それが真に報道の目的からでたものであり、その手段・方法が法秩序全体の精神に照らし相当なものとして社会観念上是認されるものである限りは、実質的に違法性を欠き正当な業務行為というべきである。

取材の自由を認めておいて反転させた「法理」

ここまでの判断は、国家の秘密を知るための報道機関の取材は、根気強く執拗であっても正当な業務行為と認めている。ところが、これを打ち消す理由が男女行為の一点に絞られていく。その展開は次のようなものだった。

⑤しかしながら、報道機関といえども、取材に関し他人の権利・自由を不当に侵害することのできる特権を有するものでない。取材の手段・方法が贈賄、脅迫、強要等の一般の刑罰法令に触れる行為を伴う場合は勿論、その手段・方法が一般の刑罰法令に触れないものであっても、取材対象者の個人としての人格の尊厳を著しく蹂躙する等法秩序全体の精神に照らし社会観念上是認することのできない態様のものである場合にも、正当な取材活動の範囲を逸脱し違法性を帯びるものである。

ここで最高裁は「手段・方法が贈賄、脅迫、強要等の一般の刑罰法令に触れる行為を伴う場合」だけでなく、「取材対象者の個人としての人格の尊厳を著しく蹂躙する」場合も違法性があると断じた。つまり「人格の尊厳を著しく蹂躙する」ことが、この事件を有罪として確定するために最高裁が導いた「法理」である。

そして次のような判断になった。

⑥西山記者は、外務省女性事務官と男女関係をもち秘密文書の持ち出しを要請し、電話でその決断を促し、その後も同女との関係を継続して、同女が被告人との右関係のため、その依頼を拒み難い心理状態になったのに乗じ、以後十数回にわたり秘密文書の持出しをさせていたもので、そそのかし行為もその一環としてなされたものである。

⑦男女関係を持つことで女性事務官に被告人の依頼を拒み難い心理状態に陥ったことに乗じて秘密文書を持ち出させたが、同女を利用する必要がなくなるや、同女との右関係を消滅させてその後は同女を顧みなくなったものであって、取材対象者である女性事務官の個人としての人格の尊厳を著しく蹂躙したものといわざるを得ない。

つまり男女の行為は「そそのかしの一環」であり、ある時点から男女の関係を消滅させたことは「女性事務官の個人としての人格の尊厳を著しく蹂躙したもの」と断定し、「法秩序全体の精神に照らし社会観念上、到底是認することのできない不相当なもの」と断じて有罪を認めた。

合意による男女関係も「人格の尊厳を蹂躙」と判断

西山と外務省女性事務官との男女の行為は、いうまでもなく合意のうえでの行為である。どちらにも配偶者がおり、この件で二人の間でトラブルになったことはなかった。最高裁は、西山側の取材の自由、報道の自由を認めておきながら、そそのかしの判断になるとにわかに検察側の言い分を全面的に認めて有罪へと誘導した。取材者と取材対象者間の男女の行為は取材上のそそのかしと認め、それによって知り得た真実は、たとえ国民の知る権利があったとしても違法性があるとして有罪を認めた最高裁の判断は、国家権力の目指す結論に導いたものであった。

一審で無罪の判決を出した裁判長の山本卓は、「取材方法がけしからんと検察は攻めたが、けしからんという罪はない」と語った。しかし最高裁判決は、合意の上での男女関係をからませた取材方法はけしからんとして有罪に導いた。

記者逮捕は総理の私怨か

余力の尽きた政権延命のため、総理大臣の佐藤はわずか半年余で四人の閣僚の首をすげ替え、衆議院副議長の失言による交代も野党との駆け引き材料にして延命策に利用した。クビになった五人のうち三人は、新聞報道がきっかけになって国会で大問題になり、沖縄国会の審議を優先するための犠牲となって更迭された。首を切るのは、閣僚任命権者の総理大臣の責任逃れの方策だったものであり、「トカゲのしっぽ切り総理」といわれた。

当時の新聞、テレビなどの報道は、国家権力のチェック機能の役割を意識し、時として野党寄りの論調を展開し、政権とメディアの間には緊張感があった。国会と行政の中で政策は揉まれ、行政にも緊張感が生まれていた。報道の自由と国民の知る権利を意識するリベラルな新聞記者群が、ある一定の勢力を保っていた。

そのような風土の中で毎日新聞記者の西山が、日米間の秘密交渉の内幕を示唆する論評や、指導力を失った佐藤を厳しく批判する記事を書き、佐藤のいらだちを増幅させただろう。そして年度末の予算国会の審議中に、外務省機密電信文が社会党に渡り、沖縄返還交渉での密約が追及されたことから国会が空転して予算案が年度内に通過せず、暫定予算を組んで乗り切るという失態を演じることになる。日米政府間の密約を裏付ける電信文が社会党に渡ったことは西山にまでさかのぼり、西山の逮捕へとつながっていった。

沖縄返還に最後の政治生命をかけた佐藤は、続発する閣僚の失言問題とそれを追及する新聞報道の対応に追われたため、怨嗟の感情を持ったとしても不思議ではない。日米秘密交渉の経過を伝える機密電信文の存在が国会で暴露されたことで佐藤の怒りは爆発し、発信元とされた西山に行きついて逮捕へとつながっていったと考えても無理はないだろう。

アメリカ公文書公開から国家機密が露見

二〇〇〇年五月、琉球大学教授の我部政明と朝日新聞は、アメリカ国立公文書記録管理局で、二五年間の秘密指定が解かれた公文書類の中に、沖縄返還に関する密約を裏付ける文書を発見した。

文書には、西山が入手した四〇〇万ドルの密約のほかに、日本が一億八七〇〇万ドルをアメリカに提供する密約も記されていた。さらに二〇〇二年には、「日本政府が四〇〇万ドルという数字と日米間の密約が公にならないように神経をとがらせている。メディアの追及に対して米国側に同一歩調をとるように要求してきている」と記載された一九七六年六月のアメリカ国家安全保障会議文書が公開された。

この事実に対し同年六月、記者会見で外相の川口順子は「事実関係として密約はない」と断言した。さらに国会審議の答弁の中で「二〇〇〇年に河野外相が吉野文六・元アメリカ局長に密約の有無を確認したところ、吉野氏は、密約はないと回答したと聞いている」と言明した。これを受けて官房長官の福田康夫は記者会見の中で「密約は一切ない」と語った。

西山による国家賠償請求訴訟の経過

二〇〇五年四月、西山が「国家による情報隠蔽・操作が容易にできることを裁判を通じて国民の前に明らかにする」として、東京地裁に国家賠償請求訴訟を起こした。これは西山が不当な有罪判決を受けたことによる精神的・経済的な損害と名誉棄損による損害の賠償を国家に要求して訴えたものである。

この裁判が進行中の二〇〇六年二月八日、外務省機密漏洩事件当時の外務省アメリカ局長、吉野文六が北海道新聞の取材に応じ、日本政府側の当事者として初めて密約の存在を認めた。このほかにも複数の新聞で密約があったことを公表した。これに対し官房長官の安倍晋三は、記者会見で「まったくそうした密約はなかった」と言明した。

二〇〇七年三月二七日、東京地裁（加藤謙一裁判長）は、「損害賠償請求の二〇年の除斥期間を過ぎており、請求の権利がない」として西山の訴えを棄却した。除斥期間とは一定期間権利を行使しないことにより、その権利を失うことになる期間をいう。いわゆる門前払い判決であり、密約の存在にはまったく触れなかった。西山は直ちに控訴した。

二〇〇七年一二月、外相の高村正彦は「歴代外務大臣が答弁しているように密約はございません」と国会で答弁した。

二〇〇八年二月二〇日、二審東京高裁（大坪丘裁判長）は、「二〇年の除斥期間で請求権は消滅」するとする一審判決を維持する判断を下し控訴棄却とした。密約の有無についての言及はなかった。西山は直ちに上告した。

二〇〇八年九月二日、最高裁第三小法廷（藤田宙靖裁判長）は、原告の上告を棄却し、一審・二審の判決が確定した。

二〇〇八年九月七日、作家や研究者、ジャーナリストら六三人が連名で情報公開法に基づき、沖縄返還をめぐり日米両政府間で交わされた密約文書三通の開示を外務省と財務省に請求した。この三通は、米公文書では開示されているものである。これに対し外務省と財務省は一〇月二日、対象文書の「不存在」を理由に不開示を決定する方針を示した。

民主党への政権交代で密約問題が再浮上

自民党から民主党へと歴史的な政権交代が起きる直前の二〇〇九年三月一四日、岡田克也・民主党副代表は政権奪取後の施策の中で、「やりたいのは情報公開である。政権交代が成ったら隠している物を全部出す、日本国政府がどれだけウソを言ってきたか解る」と発言した。

この発言に勇気づけられた西山ら二五人は、三月一八日、不開示処分取り消しと文書開示、慰謝料を請求する「沖縄密約情報公開訴訟」（密約情報開示訴訟）を東京地裁に起こした。同地裁は同年一二月に、元外務省アメリカ局長、吉野文六を証人として呼び、尋問することを決定した。

二〇〇一年四月の情報公開法施行に先立ち、二〇〇〇年には中央省庁各所で書類の廃棄処分が行われた。処分した件数は外務省が頭抜けて多く、しかも、廃棄された書類のなかには密約関係のものも含まれていた疑いがあることを朝日新聞が報道した。

二〇〇九年九月一七日、鳩山由紀夫内閣で外務大臣に就任した岡田克也は、非核三原則の裏で結ばれた日米核持ち込み密約問題と朝鮮半島有事における作戦行動に関する密約に加えて沖縄返還協定の密約も調査公表するよう外務事務次官の藪中三十二（やぶなかみとじ）に指示した。また直後に岡田は「日米密約調査に関する有識者委員会」設置を決定した。二つの報告書内容は前述したとおり、あたかも密約はなかったと言わんばかりのものだった。

同年一二月一日、密約情報開示訴訟に原告側証人として出廷した吉野文六は、これまで密約はなかったとの発言を撤回し、「過去の歴史を歪曲するのは、国民のためにならない」と証言し、密約が存在する事実を証言した。

吉野は、密約文書にある「BY」というイニシャルは「Bunroku Yoshino」のことであり、交渉相手だったアメリカの公使、リチャード・スナイダーは「RS」（Richard Snyder）とイニシャルで署名した事実を認めた。

その直後の一二月二二日、佐藤栄作の私邸から、佐藤・ニクソンが核について密約を交わした「秘密合意議事録」と繊維問題に係る密約文書が発見され、いずれの文書も佐藤家が保管していることが判明した。

二〇一〇年二月二七日、西山は訴訟支援集会で「最大の密約は六五〇〇万ドルの米軍施設改良工事費であり、一ドル分も返還協定書に記載されていない。外務省の予算項目を変えて潜り込ませて、国会の審議ではフリーパスだった」と発言。支援者らは「日米の共犯で米軍基地が残った。密約がその共犯関係を隠している」と訴えた。

同年四月九日、「密約情報開示訴訟」の判決があり、東京地裁（杉原則彦裁判長）は「国民の知る権利をないがしろにする外務省の対応は不誠実と言わざるを得ない」として外務省の非開示処分を取り消し、文書開示を命じた。

そして、本当に存在しないなら、いつ、誰の指示で、どのように処分されたのかも開示するように命じ、原告一人当たり一〇万円の損害賠償を支払うように国に命じた。国民主権を真っ向から認めた歴史的判決となった。これに対し外務省は、「保有していない文書についての開示決定を行うことはできない」との理由をあげて控訴した。

西山らはこの判決の報告会で、「歴史に残る判決」と評価し、「われわれが裁判を起こして今回の判決を導き出していなければ、外務省の外部有識者委員会による報告書が密約問題に関する唯一の解明文書となり、国民の知る権利は封殺されていただろう」と述べた。

二〇一一年九月二九日、密約情報開示訴訟の控訴審判決があった。判決の中で東京高裁は「政府が文書はあったが廃棄済みで存在しないと言っているからそれを信じるしかない」との理由で一審を破棄して文書開示と慰謝料請求を退ける逆転判決を下した。西山は直ちに上告した。

密約の不開示を妥当と認める最高裁判断

二〇一四年七月一四日、密約情報開示訴訟上告審判決で、最高裁第二小法廷（千葉勝美裁判長）は上告を棄却し、密約文書を不開示とした政府の決定を妥当だとする判断を下した。

このような経過をたどって西山の国家権力との闘いは、最高裁の判断でことごとく敗訴した。しかしこの過程の中で、国民主権を認める判断があったことは、国家体制の中にも正当な権利を認める「良心」が存在していることを示した。それは一審判決で次のような判断があったことだ。

①西山逮捕の一審判決で東京地裁は、外務省機密文書入手とその報道については正当な取材活動として無罪と判決した。

②「密約開示訴訟」の一審で西山らの主張が認められ、東京地裁は外務省に文書開示を命じた。

この二つの判決は、まともな法理で裁く裁判官がいることを示したものであり、国家権力を司法の立場で裁くことの意義を示したものであった。

関係者のその後

元内閣総理大臣・佐藤栄作のその後

一九七四年一二月、非核三原則（核を持たず、作らず、持ち込ませず）の実現に貢献したとしてノーベル平和賞を受賞した。しかしのちにノーベル財団側が、「核持ち込みの密約があった」として、それをノーベル賞三大誤りの一つにあげている。この密約は、七三年にベトナム戦争終結に貢献したとしてノーベル平和賞を授与されたキッシンジャーがお膳立てしたものといわれており、キッシンジャーは受賞した翌年に、佐藤を受賞候補者としてノーベル賞選考委員会（ノルウェー・オスロにあるノルウェー国会が行う）に推薦していたという。いずれにしても、選考経過は授与から五〇年後の二〇二三年に公開されることになっている。

筆者はその事実を、一九八九年にストックホルムのノーベル財団本部で、当時の専務理事のスティグ・ラメルと京都大学教授の矢野暢（やのとおる）とのやりとりを直接取材する中で確認した。当時矢野は、ノーベル平和賞のアジア地域のエージェント（調査員）をしており、平和賞選考委員会事務局の受賞候補者に関する業績調査の役割を担っていた。筆者は矢野から、エージェントに関する書面を多数見せられている。ただ、佐藤受賞当時、矢野はエージェントではなかった。一九八八年に矢野が刊行した『ノーベル賞』（中公新書）では、ノーベル平和賞受賞者は、多くが妥当かどうか話題になっていることを書き、

「佐藤栄作の受賞の当否については、ほかのさまざまな例と同じく、今でも意見の安定をみていない」と書いている。矢野は筆者に対し、佐藤への誤った授与について何度も語っていたが、ノーベル平和賞選考委員会に深く関与していた立場からこの件では明白に書けなかったのだろう。

またカロリンスカ研究所のヤン・リンドステン・ノーベル生理学・医学賞選考委員会事務局長が、一九九〇年に来日した際に「ノーベル賞の三大誤りのうち二つは生理学医学賞から出ているが、あとの一つは日本人受賞者である」と筆者に語った。筆者が「それはノーベル平和賞のことか」と質問すると「そうだ」と明確に反応した。佐藤のノーベル賞授与は、ニクソンとの核受け入れ密約が日本で露見する前のことであったが、ノーベル財団はこの授与は誤りとしていた。その理由は、筆者にはわからなかった。このときリンドステンは筆者に「ノーベル賞は授与したら取り消すことはできない。ノーベル賞授与で最も注意することは授与業績に誤りがないかという点である。これは授与する分野すべてに共通する最重要課題である」と語っている。

ちなみに他の二つの誤りは、一九二六年に世界で初めて人工的にがんを作成したとして授与されたデンマークのヨハネス・フィビゲルと、一九四九年に精神病治療で前頭葉の切截手術の治療法の開発で授与されたスイスのヴァルター・ヘス、ポルトガルのエガス・モニスであることがリンドステンの言葉から確認できた。いずれも後年、医学的に誤りであったことが証明されているが、受賞歴はそのまま残されている。

佐藤は、一九七五年五月一九日、築地の料亭「新喜楽」での政財界人らとの宴席で倒れ、昏睡状態に陥った。そのまま四日間、料亭で治療を続けたあと慈恵会医科大学病院に運ばれたが、六月三日に死去した。七四歳だった。大隈重信以来の「国民葬」が六月一六日に日本武道館で行われた。

元外務大臣・福田赳夫のその後

福田赳夫は、佐藤政権で大蔵大臣、外務大臣を務めていた当時、沖縄返還に絡んで、国会にも内密に巨額の資金が日本からアメリカへ支払われる際の指揮をとった。さらに密使となった京都産業大学教授の若泉敬を佐藤に紹介して秘密外交を誘導した。

福田は一九九五年に死去する直前に出版した『福田赳夫回顧九十年』（岩波書店、以下、福田回顧本）の中で「私が外務大臣の時に沖縄返還をめぐる日米間の交渉経過を記録した外務省秘密文書（筆者注、西山に漏洩された機密電信文）が盗まれ（筆者注、正確には漏洩）、国会で大問題になったことがあるが、実はあれは福田大蔵大臣とデービッド・M・ケネディ米財務長官との会談内容だった」と書いている。

一九七一（昭和四六）年の春、外務大臣の愛知揆一と国務長官のロジャーズが「見える形」（福田回顧本に出てくる表現）で、パリで交渉を進めていたが、それとは別に渡米した福田と財務官・柏木雄介とアメリカの財務長官ケネディと財務次官ボルカーの四人は、ジョージア州フェアフィールドパークにある大統領の秘密の接客場で、一泊二日の極秘会談を行ったという。沖縄返還にともなう補償問題、住宅・土地問題などカネに絡む細かい賠償金の大枠を決めていた。後年、賠償金支払いに絡む話は、外務省・国務省の外交折衝とは切り離すことを日本側が希望して実現し、賠償金の細部の交渉は大蔵省・財務省マターになったことが明らかになった。

福田回顧本では、日米の財務関係四人のトップで決めた基本内容にしたがって、柏木・ジューリックが、秘密で日本側が支払う細かい賠償金額を決め、四〇〇万ドルの肩代わり補償金に発展し、その後のやりとりをした際の機密文書が西山に渡って横路の国会追及につながったことを示唆することが書かれている。これは沖縄返還の賠償金支払いで、日米の財務官僚のトップが秘密会議を持って決めていたことを当事者の福田が語っていることになり、きわめて重要な証言となっている。

福田は佐藤退陣後の総裁選で田中角栄に敗れ、首相になれなかったが、三木政権退陣後の一九七六（昭和五一）年一二月、内閣総理大臣に就任し二年間務めた。一九九五（平成七）年七月五日、九〇歳で死去した。

極秘電信文を国会で追及した横路孝弘のその後

横路は父親の節雄の急逝を受けて一九六九年、衆院選に旧北海道一区から出馬して初当選。以後、五期連続当選後、一九八三年から北海道知事として三期務める。一九九六年に旧民主党に参加して衆院選に当選、以後五期連続当選。二〇〇九年の衆院選で一〇選となり、民主・社民・国民新党の連立政権発足に先立ち副議長から議長に昇格した。二〇一七年一〇月、政界から引退した。

沖縄返還交渉で佐藤の密使となった若泉敬のその後

若泉は、返還交渉が一段落した一九七一（昭和四六）年一一月二九日の朝九時に首相公邸を訪問した。待ち受けていた主席秘書官の楠田に最後の訪問であることを告げ、次いで総理の佐藤と会った。総理は繰り返し「お世話になった。ありがとう」と礼を述べ、今後の繊維交渉は駐米大使の下田にすべてを任せて年内に決着することを指示したと話した。

そのとき若泉が、ニクソンと署名を交わした核持ち込みを認める秘密議事録について、「あの取り扱いについては、くれぐれも注意して下さい」と念を押すと、佐藤は「君、あれはちゃんと処置したよ」と表情をゆるめて言ったことを著書に書き残している。

首相とは最後の面談であり、すべてに決着を付けたはずだったが、その後、繊維交渉がまったく進まず、若泉はキッシンジャーからの矢のような催促で再び繊維交渉に引き込まれていくが、若泉はその件の記録をすべて廃棄し、一切の記録を残さなかった。

佐藤に決別の言葉を残して離れていった若泉だが、その後も佐藤との付き合いは途絶せずたびたび会っていることが佐藤日記にも書かれている。京都産業大学では、同大世界問題研究所所長を務めた。一九八〇年、五〇歳を迎えた若泉は、突然、大学を辞め故郷の福井県鯖江市に居を移し、執筆活動に入った。大学の退職金は所長をしていた世界問題研究所に全額寄付し、同研究所はこれを基金として「若泉敬記念基金」を設立した。

一九九四（平成六）年、『他策ナカリシヲ信ゼムト欲ス』（文藝春秋社）を上梓した。膨大な資料を駆使した第一級の外交史の文書としてきわめて価値の高い文献だったが、政官界からの反響は薄く、自身の予想に反し国会から証人として呼ばれることもなかった。新聞も書評で取り上げた程度であり、記述内容の真偽を調査して報道することもなかった。

若泉はそれから、沖縄県の戦没者墓苑を喪服姿で参拝したり、激戦地を訪れて遺骨を収集して弔うなどの行動を通じて、核の持ち込みの密約を推進した自身の背信行為に対し自責の念に駆られていく。一九九六（平成八）年七月二七日、鯖江市の自宅で青酸カリを服毒して果てた。六六歳だった。

日中国交正常化交渉で佐藤の密使になった江鬮眞比古のその後

一九七二年六月一七日の佐藤退陣で佐藤・周恩来会談が幻と消えたが、その後の江鬮の動きを佐藤日記などをもとに追跡してみた。退陣から一か月後の七月一八日に久しぶりに江鬮は佐藤と面談するが、江鬮が佐藤の北京行きを進めようとしていることに佐藤は急ぐなと止めに入っている。八月一六日にも江鬮が来て、佐藤の北京行きを実現しようとしているようだが、日記には「政府間の交通が開かれた今日、我々の努力は実を結んだのだからそれでよろしい、ここで打ち切らないと問題が紛雑するおそれがあると（筆者注、江鬮に）注意する」とある。

その後も江鬮は佐藤の私邸を訪れる。九月二八日、一一月一五日、一九七三年一月八日、二月一三日などの面談で江鬮がしきりに佐藤の北京行きを画策し、佐藤がそれに乗り気でない記述が続いていく。八月一六日には、中国人二人を伴って江鬮が佐藤と会い北京行きを進める。佐藤は日記に「どこまで本気か。相手にしなかった」とある。九月一一日には記者が二人きて、江鬮から聞いたらしい北京行きの話をするので、佐藤は「江鬮君を相手にしておらぬので、何が行われておるか小生は知らぬ」と書いている。そして最後に一〇月一二日の日記には、来客（今井博）から「江鬮眞比古君の職のあっせんにも意見を聴されたが、この方は断る」と書いている。これが佐藤と江鬮にまつわる最後の日記の記述となった。

そしてその一か月後に月刊誌『宝石』に江鬮の手記が掲載された。発売日の一一月五日の朝日・読売の両紙に大きな広告が出たが、反響はそれほどではなかったようだ。佐藤日記には何も書かれておらず、西垣日記に「今日発行の『宝石』に江鬮論文がのっている。ずい分気を使って(ママ)くれていることはわかるのだが、写真と私の名前が数か所にのっているのには閉口」と書いている。この手記を最後に、佐藤・西垣と江鬮は縁が切れたようで、その後の交流の形跡は見当たらない。

江鬮は戦後の終戦処理内閣として首相になった東久邇宮稔彦(ひがしくにのみやなるひこ)と昵懇(じっこん)だったとの史実も残されており、ひところはホテルニュージャパンに事務所を構えて日中貿易関係の仕事をしていた。しかし脳血栓で三年間療養生活を続け、その後回復してからは中国人脈やそれに連なる人脈を頼りにビジネスらしいことをしていたが、晩年は恵まれなかったようだ。江鬮眞比古とは一体何者だったのか。気にせずにいられない人物であり、宮川著書にも江鬮のその後を執拗に追いかけた記録がかなりの紙幅で収録されている。結論として多くの未解明の経歴をもった人物とされているが、いつかは中国密使の先駆けとなった人物の全貌が解明されることがあるだろうか。江鬮は一九九七年一月一日死去した。行年七五歳だった。

あとがき

「人事の佐藤」「早耳の栄作」「政界の団十郎」などの異名を持ち、首相連続在任二七九八日の記録を持つ佐藤栄作元首相が退陣して、二〇二二年はちょうど五〇年目にあたる。それは同時に沖縄返還と日中国交正常化から五〇年目でもある。

筆者はこの五〇年間、頭の片隅のどこかに佐藤元首相のことが引っかかっていた。沖縄返還を成し遂げた首相であり、日本人としてただ一人のノーベル平和賞受賞者であり、戦後ただ一人、功績を称えられて国民葬で送られたことを思い出すことがあったからだ。加えてノーベル財団に数回、取材で訪れた際、本文にも書いたように、同財団の専務理事やノーベル生理学医学賞選考委員会事務局長らから、佐藤元首相のノーベル平和賞はノーベル賞三大誤りの一つと聞かされたことが、佐藤追憶の汚点となって心のどこかに突き刺さっていたからでもある。

佐藤政権最後の一年は、世間の耳目を集める多くの事件・事故が勃発した。一九七一（昭和四六）年五月から翌七二年五月までの一年間を思い出してもらうために、社会を騒がせた主な出来事を拾い出してみると、次のようなものをあげることができる。

一九七一（昭和四六）年

五月　群馬県で八人の女性を暴行殺害して山中に埋めた大久保清事件。

七月　東亜国内航空「ぽんだい号」が函館郊外に墜落六八人全員死亡。

岩手県雫石上空で全日空機と自衛隊機が衝突、一六二人全員死亡。

ニクソン米大統領の北京訪問の発表。日本の対中遅れが露見。

八月　ドル・ショック。アメリカのドル防衛措置発表で東証株価大暴落。

九月　成田空港第二次強制代執行。農民・学生ら各所で抵抗、警官三人死亡。

一〇月　沖縄協定批准に反対の全国統一行動。六〇〇か所、一五〇万人参加。

一二月　警視庁土田警務部長宅に過激派から小包爆弾。夫人即死、四男重傷。

一九七二（昭和四七）年

一月　グアム島で元日本陸軍兵士の横井庄一氏を発見。

二月　札幌オリンピック開催。

連合赤軍によるあさま山荘事件。その有様はテレビで実況中継された。

四月　川端康成が逗子市でガス自殺。

五月　大阪府大阪市南区（現中央区）千日前のデパートで火災。死者一一八人。

毎日新聞政治部の西山太吉記者が逮捕され、国民の知る権利をめぐってメディアと当局が鋭く対立する局面になったとき、筆者は事件記者として報道の自由と国民の知る権利をめぐる騒動に否応なく巻き込まれていた。あれから五〇年目が視野に入ってきた三年ほど前から、筆者はにわかにあの騒動にどっぷりつかった一九七一、二年の政治体制と世情を見直したいという気持ちに駆り立てられ、眠っていた取材記録や新聞切り抜き、資料類の整理に取りかかった。結局、佐藤政権最後の一年間に起きた政治の中枢の動きと自身の取材体験で蓄積した資料類を整理することで、沖縄返還交渉の密約と日中国交回復を目指して中国に密使を送っていた知られざる佐藤政権晩年の政治手法を書き残したいという新聞記者の衝動に駆り立てられていたのである。

書き進めながら、国家権力とはいかに強固な体制組織として組みあがっているかを痛切に感じ、国民主権の成熟した国家のあり方とは遠い距離にある日本の国家と国民意識を感じ、佐藤政権末期を語ることでその有様を明らかにしたいと思うようになった。佐藤政権時代から比べてみると、近時のメディアの機能は衰退の一途を辿っている。それは二一世紀に入ってから技術革新による産業構造の激変が起こり、社会と国家が急激に変貌してきたことと無縁ではなく、時代の変革期の中で新聞に代表されるメディアもまた混沌とした渦中に巻き込まれていったからである。

書き始めてから追加取材しなければならないことに気がついたが、多くの関係者はすでに物故者になっており、筆者自身の取材エネルギーも残された時間も少なくなっていることに改めて気がつき、一応書き終えたもののいまだ課題を積み残していることを感じている。

本書を書くにあたって多くの方々の助言と支援をいただいた。特に取材協力と助言をいただいた横路孝弘氏には深甚なる謝意を表したい。また国際ジャーナリストの北岡和義氏からは貴重な資料の提供と取材協力をいただいたことに心から謝意を表したい。北岡氏とは、筆者がこの原稿を仕上げる過程で何度も著述内容について意見交換し、助言をいただいたが、二〇二一年一〇月一九日、同氏は肝臓がんで亡くなった。八〇歳だった。さらに適切な助言と励ましをいただいたジャーナリストの千葉英之、山谷賢量、土江真樹子、大谷智通氏と塚本桓世（東京理科大学名誉教授）の諸氏に、感謝の気持ちを伝えたい。そのほかすべての人のお名前をあげることはできないが、多くの方々に資料の提供と調査の協力、助言をいただいたことを記して感謝の気持ちを伝えたい。

また若き記者時代に貴重な示唆をいただいた津田武徳（当時警視庁交通部長、のち警視監）、大堀太千男（当時警視庁交通部参事官、のち警視総監）、取材の助言と指導をいただいた中澤道明（当時、読売新聞社会部次長）、杉田幸雄（当時、読売新聞社会部・警視庁詰め記者クラブキャップ）の諸氏（いずれも故人）、そして取材現場で数々の労苦を分かち合い議論を戦わした仲間である今は亡き畏友・土屋達彦（元産経新聞）、坊園茂（元朝日新聞）、北岡和義諸氏の霊前に捧げる書としたい。

本書を上梓するにあたり、時間を惜しまず適切な助言と対応をしていただいた日本評論社の高橋耕氏に心から感謝の気持ちを伝えたい。

二〇二二年三月

馬場錬成

参考文献

本書の執筆に当たり、筆者が保存していた多くの新聞のコピーや切り抜きと、朝日・毎日・読売の各紙の縮刷版（特に1971年4月～1972年7月）をはじめ、日本経済、東京、中日、サンケイ、北海道、北国、高知新聞、赤旗などに掲載の関連記事を参考にした。以下では新聞以外の参考文献を記す。

【書籍】

I. M. デスラー・福井治弘・佐藤英夫『日米繊維紛争』（日本経済新聞社、1977年）
NHK取材班『戦後50年その時日本は 第4巻・沖縄返還日米の密約』（NHK出版、1996年）
「NHKスペシャル」取材班『沖縄返還の代償——核と基地 密使若泉敬の苦悩』（光文社、2012年）
沖縄密約情報公開訴訟原告団編『沖縄密約をあばく——記録・沖縄密約情報公開訴訟』（日本評論社、2016年）
片山正彦『ここに記者あり！——村岡博人の戦後取材史』（岩波書店、2010年）
我部政明『沖縄返還とは何だったのか』（NHKブックス、2000年）
——『日米安保を考え直す』（講談社現代新書、2002年）
——『世界のなかの沖縄、沖縄のなかの日本』（世織書房、2003年）
楠田實『楠田實日記』（中央公論新社、2001年）
後藤乾一『沖縄核密約を背負って——若泉敬の生涯』（岩波書店、2010年）
佐藤榮作（伊藤隆監修）『佐藤榮作日記』第1巻～第6巻（朝日新聞社、1997年）
澤地久枝『密約——外務省機密漏洩事件』（岩波現代文庫、2006年）
信夫隆司『若泉敬と日米密約——沖縄返還と繊維交渉をめぐる密使外交』（日本評論社、2012年）
千田恒『佐藤内閣回想』（中公新書、1987年）
高瀬保『誰も書かなかった首脳外交の内幕』（東洋経済新報社、1991年）
津田武徳『あなたの知らない東大安田講堂事件』（幻冬舎、2016年）
土屋達彦『叛乱の時代——一記者の見た反体制運動の戦後史』（トランスビュー、2013年）
土谷英夫『1971年——市場化とネット化の紀元』（NTT出版、2014年）

豊田祐基子『共犯の同盟史——日米密約と自民党政権』（岩波書店、2009 年）
中曽根康弘『政治と人生——中曽根康弘回顧録」（講談社、1992 年）
——『中曽根康弘が語る戦後日本外交』（新潮社、2012 年）
——『天地有情——中曽根康弘五十年の戦後政治を語る』（文藝春秋社、1996 年）
西山太吉『記者と国家——西山太吉の遺言」（岩波書店、2019 年）
——『沖縄密約——情報犯罪と日米同盟』（岩波新書、2007 年）
——『決定版 機密を開示せよ——裁かれた沖縄密約』（岩波書店、2015 年）
西山太吉監修、土江真樹子訳、高嶺朝一協力『検証米秘密指定報告書 ケーススタディ沖縄返還』（岩波書店、2018 年）
服部龍二『佐藤栄作——最長不倒政権への道」（朝日新聞出版、2017 年）
——「日中国交正常化——田中角栄、大平正芳、官僚たちの挑戦』（中公新書、2011 年）
馬場錬成『ノーベル賞の 100 年——自然科学三賞でたどる科学史』（中公新書、2002 年）
早坂茂三『田中角栄回想録』（小学館、1987 年）
早野透『田中角栄——戦後日本の悲しき自画像』（中公新書、2012 年）
前坂俊之『太平洋戦争と新聞』（講談社学芸文庫、2007 年）
三田和夫『戦後・新聞風雲録 読売梁山泊の記者たち』（紀尾井書房、1991 年）
宮川徹志『僕は沖縄を取り戻したい——異色の外交官・千葉一夫』（岩波書店、2017 年）
——『佐藤榮作 最後の密使——日中交渉秘史』（吉田書店、2020 年）
村井良太『佐藤栄作——戦後日本の政治指導者』（中公新書、2019 年）
森田吉彦『評伝 若泉敬——愛国の密使』（文春新書、2011 年）
諸永裕司『ふたつの嘘』（講談社、2010 年）
山岡淳一郎『田中角栄の資源戦争——石油、ウラン、そしてアメリカとの闘い』（草思社、2013 年）
山田栄三『正伝 佐藤栄作』上・下（新潮社、1988 年）
若泉敬『他策ナカリシヲ信ゼムト欲ス』（文藝春秋社、1994 年）
——「ロバート・マクナマラ米国防長官との単独会見」（『中央公論』1966 年 9 月号）
——「核軍縮平和外交の提唱」（『中央公論』1967 年 3 月号）

【論文・論評】

相沢英之「地声寸言：日米繊維交渉について」（ウェブサイト）
石井修「第二次日米繊維紛争（1969-1971）——迷走の 1000 日」（一橋法学 9 巻 1 号、2010 年 3 月）
奥平康弘「国民の知る権利　国政事項すべて対象」（読売新聞 1972 年 4 月 8 日）

我部政明「情報公開と外交文書管理――沖縄返還交渉の研究と開示請求裁判から」井上寿一ほか編『日本の外交 第6巻・日本外交の再構築』(岩波書店、2013年)
神先秀雄「知る権利への道標――外務省極秘公電事件の問題点」(関西大学学術リポジトリ、1973年3月31日)
河原仁志「佐藤榮作は恩人なのか」(『New Leadert』2021年5月号)
佐藤潤司「沖縄秘密情報公開訴訟と知る権利」『マス・コミュニケーション研究』No. 87 (2015年)
中島琢磨「1967年11月の佐藤訪米と沖縄返還をめぐる日米交渉」(ウェブサイト)
日本新聞協会「新聞倫理綱領」(読売新聞 (1972年4月7日)
福川伸次「沖縄返還めぐり密約説　大平氏、佐藤首相への不満漏らす」(日本経済新聞「私の履歴書」(2020年12月13日)
増田弘「1960年代日米経済関係の政治性――日米貿易経済合同委員会を中心に」(ウェブサイト)
横路孝弘「沖縄密約事件が提起したもの」『月刊社会党』184号 (1972年6月)
吉野文六『オーラルヒストリー』(政策研究大学院大学、1996年)

【その他資料】
スナイダー・吉野文六秘密議事録「沖縄返還協定第4条3項についての議論の要約」(1971年6月12日)
衆議院連合審査会議事録「衆議院沖縄及び北方問題に関する特別委員会内閣委員会地方行政委員会大蔵委員会連合審査会議録」(1971年12月7日)
衆議院沖特委議事録「衆議院沖縄及び北方問題に関する特別委員会議録第13号」(1971年12月13日)
衆議院予算委議事録「衆議院予算委員会議録第19号」(1972年3月27日)
「記者の良心とモラル」(『新聞研究』1972年4月号)
日本ジャーナリスト会議「言論の自由と民主主義の危機に当たって」(1972年4月7日)
札幌弁護士会「声明 政治的意図による憲法上の権利を踏みにじるもので許されない」(1972年4月14日)
「竹ヤリ事件とその結末」毎日新聞百年史刊行委員会編集『毎日新聞百年史』(1972年)
マイヤー駐日大使 (1969〜1972年)「オーラルヒストリーインタビュー」(ロバート・ワンプラー指揮、1996年1月17日)
吉野文六陳述書「東京地裁での陳述書」(日米の秘密文書作成について、2009年8月24日)
外務省調査チーム (薮中三十二事務次官ら15名)「いわゆる「密約」問題に関する調査報告書」(2010年3月5日)

外務省調査チーム「いわゆる「密約」問題に関する調査報告書」(2010 年 3 月 5 日)
有識者委員会（北岡伸一座長ら 6 名)「いわゆる「密約」問題に関する有識者委員会報告書」(2010 年 3 月 9 日)
市民による沖縄密約調査チーム「市民による沖縄密約調査報告書」(2011 年 5 月 10 日)
立教大学砂川ゼミ「在沖米軍基地に関する概要と歴史」(2015 年 12 月 26 日)

【テレビ番組】

琉球朝日放送「「告発」外務省機密漏洩事件から 30 年」(土江真樹子ディレクター) 2002 年 5 月 15 日
テレビ朝日「メディアの敗北　沖縄返還をめぐる密約と 12 日間の闘い」(土江真樹子ディレクター) 2003 年 5 月 13 日
NHK ニュース「鳥越俊太郎レポート 「検証・西山事件」沖縄返還 35 年目の真実」2007 年 8 月 12 日
NHK「追跡！ A to Z」「沖縄密約文書開示請求訴訟に勝訴」2010 年 4 月 9 日
NHK「NHK スペシャル」「密約問題の真相を追う～問われる情報公開～」2010 年 4 月 10 日
テレビ朝日「報道ステーション」「密使 若泉敬：沖縄返還の代償」2010 年 6 月 19 日
――「報道ステーション」「沖縄密約・吉野文六証言」

【雑誌・週刊誌】

『別冊ジュリスト マスコミ判例百選』(別冊ジュリスト 1971 年 2 月号)
週刊朝日 1972 年 6 月号〈新聞を知る権利〉大森実「西山記者はなぜ敗北したか」、福田恒存「新聞における「甘えの構造」」など
――1972 年 4 月 21 日号「外務省機密電報漏えい事件　知る権利に挑戦する佐藤首相、高姿勢の裏側」
――1973 年 7 月 13 日号「佐藤栄作 沈黙破り初めて現政局を縦横に批判」
――1974 年 2 月 15 日号「外務省機密漏えい事件二つの秘話」
――1974 年 4 月 19 日号「〝黙々栄作〟取材に泣いた　サトウ番記者物語」
週刊現代 1974 年 4 月 5 日号「佐藤寛子さんの宰相夫人秘録 第 19 回」
――1972 年 4 月 20 日号「外務省機密漏えい事件の裏を全部解明する」
週刊新潮 1973 年 5 月 24 日号「佐藤榮作総理在任八年間のメモワール」
――1971 年 10 月 30 号「不名誉な記事をのせた小新聞の買収に失敗した大臣」
週刊文春 1972 年 4 月 29 日号「泥にまみれた毎日新聞大戦争の終戦処理」
――1972 年 4 月 10 日号「総理を激怒させた後継レース戦況報告」
週刊ポスト 1972 年 5 月 1 日号「マスコミ三日英雄西山記者の退場 「言論の自由」と醜聞の谷間で」

微笑 1972 年 4 月 21 日号「特別レポート：外務省機密文書漏洩事件の厳密におそるおそる近づく」
女性自身 1973 年 5 月 13 日号「蓮見喜久子をだましたのは誰か！」
——1974 年 2 月 9・16 日号「蓮見喜久子さんが西山記者との関係を全告白」

馬場錬成（ばば・れんせい）

1940年生まれ。東京理科大学理学部卒業後、読売新聞社入社、編集局社会部、科学部、解説部を経て論説委員。2000年11月読売新聞社退社、読売新聞社社友。

東京理科大学知財専門職大学院教授、早稲田大学政治学研究科客員教授、国立研究開発法人科学技術振興機構（JST）・中国総合研究センター長、文部科学省科学技術政策研究所客員研究官、文部科学省、経済産業省、総合科学技術会議などの各種審議会委員を歴任。現在、認定NPO法人・21世紀構想研究会理事長。

主な著書に、『大丈夫か 日本のもの作り』（プレジデント社、2000年）、『ノーベル賞の100年』（中公新書、2002年）、『大丈夫か 日本の特許戦略』（プレジデント社、2003年）、『中国ニセモノ商品』（中公新書ラクレ、2004年）、『変貌する中国の知財現場』（日刊工業新聞社、2006年）、『物理学校』（中公新書ラクレ、2006年）、『大村智――2億人を病魔から守った化学者』（中央公論新社、2012年）、『青年よ理学をめざせ――東京理科大学物語』（東京書籍、2013年）、『「スイカ」の原理を創った男――特許をめぐる松下昭の闘いの軌跡』（日本評論社、2014年）、『知財立国が危ない』（日本経済新聞社、荒井寿光氏と共著、2015年）など多数。

沖縄返還と密使・密約外交
――宰相佐藤栄作、最後の一年

2022年4月30日　第1版第1刷発行

著　者――馬場錬成
発行所――株式会社 日本評論社
〒170-8474 東京都豊島区南大塚3-12-4
電話 03-3987-8621　FAX 03-3987-8590
振替 00100-3-16　https://www.nippyo.co.jp/
印刷所――平文社
製本所――難波製本　装　幀――レフ・デザイン工房
検印省略

ISBN978-4-535-58770-0　Printed in Japan